KB066822

향연

정암고전총서 플라톤 전집

향연

플라톤

강철웅 옮김

아카넷

'정암고전총서'를 펴내며

그리스·로마 고전은 서양 지성사의 뿌리이며 지혜의 보고이다. 그러나 이를 우리말로 직접 읽고 검토할 수 있는 원전 번역은 여전히 드물다. 이런 탓에 우리는 서양 사람들의 해석을 수동적으로 수용하는 처지를 완전히 극복하지 못하고 있다. 사상의 수입은 있지만 우리 자신의 사유는 결여된 불균형의 문제를 안고 있는 것이다. 이런 상황은 우리의 삶과 현실을 서양의 문화유산과 연관 지어 사색하고자 할 때 특히 심각한 문제를 야기한다. 우리 자신이 부닥친 문제를 자기 사유 없이 남의 사유를 통해 이해하거나 해결하는 것은 거의 불가능하기 때문이다. 우리의 문제에 대한 인문학적 대안들이 때로는 현실을 적확하게 꼬집지 못하는 공허한 메아리로 들리는 것도 그런 이유 때문일 것이다.

한 공동체에서 살아가는 사람들이 자신들의 생각과 말을 나누며 함께 고민하는 문제와 만날 때 인문학은 진정한 울림이 있는 메아리가 될 수 있다. 이것은 우리가 우리의 현실을 함께 고민하는 문제의식을 공유함으로써 가능하겠지만, 그조차도 함께 사유할 수 있는 텍스트가 없다면 요원한 일일 것이다. 사유를 공유할 텍스트가 없을 때는 앎과 말과 함이 분열될 위험에 노출될 수 있기 때문이다. 이런 점에서 진정한 인문학적 탐색은 삶의 현실이라는 텍스트, 그리고 생각을 나눌 수 있는 문헌 텍스트와 만나는 이중의 노력에 의해 가능할 것이다.

현재 한국의 인문학적 상황은 기묘한 이중성을 보이고 있다. 대학 강단의 인문학은 시들어 가고 있는 반면 대중 사회의 인문학은 뜨거운 열풍이 불어 마치 중흥기를 맞이한 듯하다. 그러나 현재의 대중 인문학은 비판적으로 사유하는 인문학이 되지 못하고 자신의 삶을 합리화하는 도구로 전락하는 경향이 없지 않다. 사유 없는 인문학은 대중의 욕망을 충족시키기 위해 소비되는 상품에 지나지 않는다. '정암고전총서' 기획은 이와 같은 한계상황을 극복할 수 있는 기본적인 토대를 마련하고자 하는 절실한 문제의식에서 시작되었다.

정암학당은 철학과 문학을 아우르는 서양 고전 문헌의 연구와 번역을 목표로 2000년 임의 학술 단체로 출범하였다. 그리고 그 첫 열매로 서양 고전 철학의 시원이라 할 『소크라테스 이전 철학자들의 단편 선집』을 2005년도에 펴냈다. 2008년에는 비영리 공익법인의 자격을 갖는 공적인 학술 단체의 면모를 갖추고 플라톤 원전 번역을 완결할 목표 아래 지금까지 20여 종에 이르는 플라톤 번역서를 내놓고 있다. 이제 '플라톤 전집' 완간을 눈앞에 두고 있는 시점에 정암학당은 지금까지의 시행착오를 밑거름 삼아 그리스 · 로마의 문사철 고전 문헌을 우리말로 옮기는 고전 번역 운동을 본격적으로 펼치려 한다.

정암학당의 번역 작업은 철저한 연구에 기반한 번역이 되도록 하기 위해 처음부터 공동 독회와 토론을 통해 이루어진다. 번역 초고를 여러 번에 걸쳐 교열 · 비평하는 공동 독회 세미나를 수행하여 이를 기초로 옮긴이가 최종 수정하는 방식으로 진행된다. 이같이 공동 독회를 통해 번역서를 출간하는 방식은 서양에서도 유래를 찾기 어려운 번역 시스템이다. 공동 독회를 통한 번역은 매우 더디고 고통스러운 작업이지만, 우리는 이 같은 체계적인 비평의 과정을 거칠 때 믿고 읽을 수 있는 텍스트가 탄생할 수 있다고 확신한다. 이런 번역 시스템 때문에 모든 '정암고전총서'에는 공동 윤독자를 병기하기로 한다. 그러나 윤독자들의 비판을 수용할지 여부는 결국 옮긴이가 결정한다는 점에서 번역의 최종 책임은 어디까지나 옮긴이에게 있다. 따라서 공동 윤독에 의한 비판의 과정을 거치되 옮긴이들의 창조적 연구 역량이 자유롭게 발휘될 수 있도록 노력하였다.

정암학당은 앞으로 세부 전공 연구자들이 각각의 연구팀을 이루어 연구와 번역을 병행함으로써 아리스토텔레스 철학 원전, 키케로 전집, 헬레니즘 선집 등의 번역본을 출간할 계획이다. 그리고 이렇게 출간될 번역본에 대한 대중 강연을 마련하여 시민들과 함께 호흡할 수 있는 장을 열어 나갈 것이다. 공익법인인 정암학당은 전적으로 회원들의 후원으로 유지된다는 점에서 '정암고전총서'는 연구자들의 의지뿐만 아니라 시민들의 소중한 뜻이 모여 세상 밖에 나올 수 있는 셈이다. 이런 점에서 '정암고전총서'가 일종의 고전 번역 운동으로 자리매김되길 기대한다.

'정암고전총서'를 시작하는 이 시점에 두려운 마음이 없지 않으나, 이런 노력이 서양 고전 연구의 디딤돌이 될 것이라는 희망, 그리고 새로운 독자들과 만나 새로운 사유의 향연이 펼쳐질 수 있으리라는 기대감 또한 적지 않다. 어려운 출판 여건에도 '정암고전총서' 출간의 큰 결단을 내린 아카넷 김정호 대표에게 경의와 감사의 뜻을 전한다. 끝으로 정암학당의 기틀을 마련했을 뿐만 아니라 앎과 실천이 일치된 삶의 본을 보여 주신 이정호 선생님께 존경의 마음을 표한다. 그 큰 뜻이 이어질 수 있도록 앞으로도 치열한 연구와 좋은 번역을 내놓는 노력을 다할 것이다.

2018년 11월

정암학당 연구자 일동

'정암학당 플라톤 전집'을 새롭게 펴내며

플라톤의 사상과 철학은 서양 사상의 뿌리이자 서양 문화가 이루어 온 지적 성취들의 모태가 되었다는 점에서 큰 의미를 지니고 있다. 특히 그의 작품들 대부분은 풍성하고도 심오한 철학적 문제의식을 담고 있을 뿐만 아니라 생동감 넘치는 대화 형식으로 쓰여 있어서, 오늘날까지 많은 사람이 최고의 철학 고전이자 문학사에 길이 남을 걸작으로 손꼽고 있다. 화이트헤드는 '유럽철학의 전통은 플라톤에 대한 일련의 각주'라고까지 하지 않았던가.

정암학당은 플라톤의 작품 전체를 우리말로 공유할 수 있도록 하자는 취지에서 뜻있는 학자들이 모여 2000년에 문을 열었다. 그 이래로 플라톤의 작품들을 함께 읽고 번역하는 데 매달려 왔다. 정암학당의 연구자들은 애초부터 공동 탐구의 작업 방식을 취해 왔으며, 이에 따라 공동 독회와 토론을 통해 텍스트를 이해하는 노력을 기울여 왔고, 초고를 여러 번에 걸쳐 교열 · 비평하는 수고 또한 마다하지 않았다. 2007년에 『뤼시스』를 비롯한 3종의 번역서를 낸 이후 지금까지 출간된 정암학당 플라톤 번역서들은 모두 이 같은 작업 방식으로 이루어진 성과물들이다.

정암학당의 이러한 작업 방식 때문에 번역 텍스트를 출간하는 데 출판사 쪽의 애로가 없지 않았다. 그동안 출판을 맡아 준 이제이북스는 어려운 여건에서도 플라톤 전집 출간의 의미를 이해하고 전집 출간 사업에 동참하여 많은 노력을 기울여주었다. 그 결과 2007년부터 2018년까지 20여 종의 플라톤 전집 번역서가 출간되었다. 그러나 최근 이제이북스의 여러 사정으로 인해 전집 출간을 마무리하기가 어려워졌다. 정암학당은 플라톤 전집 출간을 이제이북스와 완결하지 못하게 된 것에 대해 아쉬움을 표하는 동시에 그 동안의 노고에 고마움을 전한다.

정암학당은 이 기회에 플라톤 전집의 번역과 출간 체계를 전반적으로 정비하기로 했고, 이런 취지에서 '정암학당 플라톤 전집'을 '정암고전총서'에 포함시켜 아카넷 출판사를 통해 출간할 것이다. 아카넷은 정암학당이라는 학술 공간의 의미를 이해하고 '정암학당 플라톤 전집' 출간의 가치를 공감해주었다. 여러 가지 측면에서 많은 어려움이 있었음에도 어려운 결단을 내린 아카넷 출판사에 감사를 표한다.

정암학당은 기존에 출간한 20여 종의 번역 텍스트를 '정암고전총서'에 편입시켜 앞으로 2년 동안 순차적으로 이전 출간할 예정이다. 그러나 이런 작업이 짧은 시간에 추진되었기 때문에 번역자들에게 전면적인 수정을 할 시간적 여유가 주어지지는 않았다. 따라서 아카넷 출판사로 이전 출간하는 플라톤 전집은 일부의 내용을 보완하고 오식을 수정하는 선에서 새로운 판형과 조판으로 출간한다. 이 점에 대해서는 독자들께 양해를 구한다. 정암학당은 출판사를 옮겨 출간하는 작업을 진행하는 동시에, 플라톤 전집 중 남아 있는 텍스트들에 대한 번역본 출간 시기도 앞당길 수 있도록 노력할 것이다. 그리하여 오랜 공동 연구의 결실인 '정암학당 플라톤 전집' 전체를 독자들이 조만간 음미할 수 있도록 최선을 다할 것이다.

끝으로 정암학당의 기반을 마련해 주신 고 정암(鼎巖) 이종건(李鍾健) 선생을 추모하며, 새 출판사에서 플라톤 전집을 완간하는 일에 박차를 가할 것을 다짐한다.

2019년 6월

정암학당 연구자 일동

차례

작품 내용 구분

내용을 어떻게 나누어 보느냐 자체가 내용 이해에 중대한 영향을 준다. 읽는 이에게는 저마다 나눔을 실행할 권리와 의무가 있다. 아래 내용은 〈작품 안내〉를 하면서 이미 행한 분절을 일목요연하게 개관할 수 있도록 다시 모아 놓은 것이다. 옮긴이도 그저 읽는 이의 한 사람으로서 그 권리와 의무를 행한 것일 뿐이므로 참고용 이상의 가치가 있는 것은 아니다.

틀 이야기

1. **아폴로도로스의 도입 이야기(172a1–174a2)**

본 이야기

2. **아리스토데모스의 향연 이야기 서두(174a3–175e10)**
3. **향연 방식과 이야기 주제 결정(176a1–178a5)**
   1) 향연 진행 방식에 관한 참가자들의 발언과 합의(176a1–e10)
   2) 에뤽시마코스의 연설 주제 제안과 합의(177a1–178a5)
4. **파이드로스의 연설(178a6–180b8)**
5. **파우사니아스의 연설(180c1–185c3)**
6. **아리스토파네스의 딸꾹질(185c4–e5)**
7. **에뤽시마코스의 연설(185e6–188e4)**
8. **웃음에 관한 공방(189a1–c1)**
9. **아리스토파네스의 연설(189c2–193e2)**
10. **소크라테스의 걱정(193e3–194e3)**
11. **아가톤의 연설(194e4–197e8)**

12. 소크라테스의 계속되는 걱정(198a1–199c2)

13. 소크라테스의 이야기(199c3–212c3)

1) 소크라테스와 아가톤의 대화(199c3–201c9)

2) 디오티마의 이야기(201d1–212a7)

(1) 에로스의 정체: 중간자(201d1–203a8)

(2) 에로스의 기원과 본성(203a8–204c6)

(3) 에로스의 정의: 좋은 것을 늘 소유하려는 욕구(204c7–206a13)

(4) 에로스의 기능: 아름다운 것 안에서의 출산(206b1–207a4)

(5) 에로스의 원인: 새로운 것을 낳음에 의한 불사(207a5–208b6)

(6) 에로스의 효과: 불사의 자식(208b7–209e4)

(7) 에로스의 사다리: 아름다운 것 자체에 대한 앎으로의 상승(209e5–212a7)

3) 소크라테스의 맺는 말: 에로스로의 권유(212b1–c3)

14. 알키비아데스의 등장(212c4–215a3)

15. 알키비아데스의 연설(215a4–222b7)

1) 모상을 통한 찬양: 실레노스/사튀로스와의 유사성(215a4–216c3)

2) 아이러니와 방자함/절제(216c4–219e5)

3) 인내와 용기(219e5–221c1)

4) 독특함(221c2–222b7)

16. 소크라테스의 답사와 자리에 대한 승강이(222c1–223a9)

17. 향연의 파장(罷場)(223b1–d12)

틀 이야기의 등장인물

(이야기의 전달과 관련된 인물 포함)

아폴로도로스

이 작품의 이야기 전체를 들려주는 사람. 플라톤과 크세노폰의 소크라테스 관련 저작 속에서만 알려진 인물이며 소크라테스의 열렬한 추종자였다.

동료

한 사람이 아폴로도로스를 상대로 대화를 나누고 있기는 하지만 아폴로도로스의 이야기를 듣고 있는 동료들은 여럿으로 설정되어 있다. 아폴로도로스는 이들을 '부유하고 돈 잘 버는 자네들'(173c)이라고 부르고 있다.

글라우콘

며칠 전 여기 등장하는 동료들처럼 아폴로도로스에게서 향연 이야기를 청해 들은 친구로 나온다. 플라톤 집안에 같은 이름이 꽤 있었던 것으로 보이고 (예컨대 222b에도 언급되는 플라톤의 외조부도 그 이름이었다) 꼭 플라톤 집안 사람이어야만 할 특별한 이유는 없다고도 할 수 있지만, 『카르미데스』 도입부에서 플라톤이 작정이나 한 듯이 집안 사람들을 언급하는 것을 보면 그러지 말라는 법도 없을 것이다. 그의 친형이 글라우콘인데 큰형 아데이만토스와 함께 『국가』에 아주 비중 있게 등장하고 『파르메니데스』 도입부에도 언급되며 크세노폰의 『소크라테스 회상』에도 언급된다. 꼭 그래야만 하는 것은 아니지만, 그 사람으로 보고 읽어도 별 무리가 없을 것 같다.

포이닉스

172b에 언급된 것 말고는 알려진 것이 없는 인물이다. 거기 언급으로 미루어 보건대 소크라테스를 따르는 동아리의 일원이었음 직하다.

아리스토데모스

이 작품의 이야기 속에 나오는 향연 이야기를 아폴로도로스에게 들려준 사람. 그에 관해 별달리 알려진 것은 없지만, 이 작품에 나오는 대로라면 퀴다테나이온 마을 출신(173b)으로 소크라테스의 열렬한 추종자였고 이야기되는 그 향연에 소크라테스와 함께 직접 참석했다.

본 이야기의 등장인물

파이드로스

뮈리누스 마을 출신, 소크라테스 동아리의 일원이며 에뤽시마코스와 가까운 사이였던 것으로 보인다. 415년 알키비아데스처럼 종교적 추문에 연루되어 추방되고, 나중에 전쟁이 끝난 404년에 사면을 받아 아테네로 돌아온 것으로 추정된다. 393년 사망.

파우사니아스

『프로타고라스』와 크세노폰 『향연』에도 짧게 나오지만, 이 대화편에 나오는 내용 말고는 알려진 것이 별로 없다. 아가톤과 에로스 관계를 오래 지속했고 408년경 아가톤이 예술의 대 후원자였던 마케도니아의 아르켈라오스에게 갈 때 동행했다.

에뤽시마코스

448년경 출생. 의사 아쿠메노스의 아들이며 그 자신도 의사였다. 파이드로스와 가까운 사이였을 것으로 추정되며 그와 함께 종교적 추문으로 피소되었다.

아리스토파네스

450년경~386년경. 가장 유명한 아테네의 구 희극 작가. 작품 11개가 남아 있다. 그의 작품들에는 과장과 공상의 요소가 많이 들어가 있으며, 당대의 내로라하는 인물들(소크라테스나 아가톤도 그중 일부다)을 패러디하거나 풍자했다.

아가톤

198a에서 아리스토데모스가 '젊은이'(neaniskos)라 부르고, 223a에서 소크라테스도 '젊은이'(meirakion)라 부르는 것으로 보아 아직 30세 안쪽이었을 것이다. 그러니까 대략 445년경 출생. 416년 비극 경연에서 최초로 우승했을 때 잘생긴 외모를 가졌던 것으로 유명하다. 신화에서 줄거리를 끌어오지 않고 합창가를 줄거리와 통합시키지 않는 등 새로운 시도를 한, 3대 비극 작가 이후 가장 성공적이고 혁신적인 비극 작가였지만, 40행 미만의 소량만 남아 있다. 파우사니아스와의 오랜 에로스 관계가 잘 알려져 있었는데, 그와 더불어 408년경 마케도니아로 이주하여 아마도 399년 이전에 거기서 사망하였을 것이다. 이 대화편에 나오는 연설에서도 드러나듯 소피스트 운동에 영향 받았던 것으로 보이며, 아리스토파네스의 작품에서 현란한 문체를 구사하는 여성적인 사람이라는 조롱을 받았다.

소크라테스

469년~399년. 5세기 후반 아테네 지성인 가운데 가장 유명했던, 복잡하고 수수께끼 같은 인물. 장차 정치계로 나가게 되는 부자 젊은이들과 교류하며 큰 영향력을 행사했다. 선생을 자처하지 않고 수업료를 받지도 않았지만 받아들여진 믿음들에 대해 문제 제기하면서 대화 상대방을 논박하는 태도가 표면적으로 유사한 까닭에 소피스트와 끊임없이 혼동되었다. 무지를 자처하는 평소 주장에 어울리게 아무 저작도 남기지 않았다. 플라톤만이 아니라 동시대의 많은 사람들이 그가 등장하는 '소크라테스적 대화'(Sōcratikoi logoi)라 불리는 대화편을 썼지만 대개 소실되었다. 그나마 제자 플라톤이나 크세노폰 등의 저작들이 전해져 있어서 그의 면모를 미루어 짐작할 뿐이다. 극중 향연 시점에 50대 초반쯤이었을 것이다.

디오티마

이 이름이 다른 곳에도 나오기는 하지만 아마도 플라톤이 이 작품을 위해 만들어 낸 인물인 듯하다. 설사 역사적 인물이거나 역사적 인물에 바탕을 둔 인물이라 해도 이 대화편에서는 플라톤 교설의 대변자가 되어 있다. 플라톤 철학으로 소크라테스를 가르치는 셈이어서 액면 그대로 역사성을 인정하기는 어렵다.

알키비아데스

451년경~404년. 소크라테스와 더불어 당대 아테네를 떠들썩하게 했던 인물. 부유하고 정치적 영향력이 큰 가문 출신으로 어려서부터 출중한 외모로 뭇 남성들의 시선을 한 몸에 받았고 장성해서는 뭇 여성들의 가슴을 설레게 한 인물이다. 재능과 총명함을 갖추고 있어서 정치에 투신한 후에 일련의 성공을 거두며 펠로폰네소스 전쟁 기간 동안 탁월한 군 지휘관 노릇을 했다. 극중 향연 시점은 시칠리아 원정(415년) 전해에 일어난 것으로 설정되어 있는데, 아직 그가 잘나가던 시절이다. 그러나 개인적 야망 때문에 결국 조국 아테네를 배신하게 된다. 자신이 주도적으로 제창한 시칠리아 원정에 지휘관으로 출정하면서 야망을 펼치려 했지만, 두 가지 종교적 추문(엘레우시스 비의 모독과 헤르메스 상 훼손)에 연루되어 조국을 등지고 적국으로 망명하게 되며, 이후 짧게 아테네 장군으로 복귀(407년)한 것을 포함하여 배신에 배신을 거듭하는 파란 많은 삶을 살게 된다. 그의 파격적 행보와 변신은 아테네 사람들 사이에서 뜨거운 이슈로 끊임없이 인구에 회자되었고, 결국 404년 타지에서 불의의 암살을 당함으로써 풍운의 삶을 마감한다.

※ 높임법에 관하여

고대 희랍 사람들에게는 아무 문제도 아닌 것이 우리에게는 작지 않은 문젯거리가 될 수 있다. 그런 것들 가운데 하나가 바로 높임법의 문제다. 일곱 연설자들 가운데 50대인 소크라테스를 제외하면 나머지 여섯 사람은 대략 20대 말에서 30대 초반이다. 아리스토파네스와 알키비아데스가 34~35세로 대략 동년배이고 아가톤은 이들보다 다섯 살 정도 연하다. 나머지 사람들 나이는 대개 그 사이 어디쯤일 것으로 보이는데, 여러 정황들과 언급들을 고려해 보면 에뤽시마코스와 파우사니아스는 전자 쪽에, 파이드로스는 후자 쪽에 가까울 것 같기는 하지만 엄밀하게 확정하기 어렵다. 사실 우리에게도 친구의 친구는 친구라는 식으로 때에 따라 나이를 느슨하게 적용하는 문화가 없지 않았다. 게다가 높임법이라는 것 자체가 원 텍스트에는 아예 없는 요소이므로 가능하면 덜 도입하는 것이 좋다고 생각한다. 따라서 편의상 이 여섯 사람은 서로 평어를 쓰고, 세대가 다른 소크라테스에게만 높임말을 적용하기로 한다.

소크라테스와 디오티마 사이에도 비슷한 문제가 있다. 이 경우에도 가능한 한 원 텍스트에 없는 높임법을 도입하지 않는 것이 좋다는 점, 두 사람 사이의 연배 차이가 꽤 있는 것으로 설정되었을 수도 있지만 반드시 그러리라는 법은 없다는 점, 사실 디오티마라는 인물 자체가 허구적 설정일 가능성이 높다는 점 등을 고려해 편의상 서로 존대를 하되 디오티마가 소크라테스에게 약간 편한 어투를 사용하는 정도로 처리하기로 한다.

그리고 이름 뒤에 붙인 '… 선생' 혹은 '… 선생님' 등도 원문에 '선생'에 해당하는 말이 따로 있는 것이 아니라 우리식 어투를 자연스럽게 살리다 보니 끼어든 군더더기다. 다시 한 번 강조하자면, 이 번역 전체에 걸쳐 높임법과 관련된 모든 표현들은 우리말로 옮기는 과정에서 부가된 사항이지 원문의 정신에는 포함되어 있지 않다.

※ 약어에 관하여

텍스트를 희랍어로 읽는 이들에게는 가장 중요한 자료라 할 수 있는 것으로 다음 세 가지가 있다. 자주는 아니지만 꼭 언급할 필요가 있을 때는 약어를 이용하여 부를 것이다.

OCT: Oxford Classical Text(s). 옥스퍼드 대학교 출판부가 펴내는 고대 희랍과 로마 문헌의 텍스트 편집본. 종이 텍스트 가운데서 가장 널리 표준으로 이용되고 있는 판본이다. 별다른 언급이 없는 한 'OCT'는 『향연』이 들어 있는 다음 부분을 지칭한다. Plato, *Symposium*: in John Burnet (ed.), *Platonis Opera*, vol. Ⅱ, Oxford Clarendon Press, 1901

LSJ: Liddell, Scott & Jones. 1848년에 초판이 나온 이래 증보를 거듭하여 9판의 보충판까지 나와 있는 희랍어 용례 사전. Liddell, Henry George & Robert Scott (rev. & aug. by Henry Stuart Jones), *A Greek-English Lexicon*, 9th ed. with a revised supplement, Oxford Clarendon Press, 1996

TLG: Thesaurus Linguae Graecae. 본래 캘리포니아 대학교의 한 연구 센터 이름이지만, 그 센터가 집성하고 디지털화한, 호메로스에서부터 기원후 1453년 비잔틴(혹은 비잔티움) 제국 멸망 시기까지의 희랍어로 된 텍스트 모음으로 더 잘 알려져 있다. 온라인에서 이용하거나 (http://www.tlg.uci.edu/) 소프트웨어를 구입하여 이용할 수 있다.

일러두기

1. 기준 판본

   번역의 기준 판본은 옥스퍼드 고전 텍스트(OCT) 시리즈의 해당 부분으로 삼고, 쪽수 표기도 그곳에 언급되어 있는 '스테파누스 쪽수'를 따른다. (예: '203a' 등). 거기서 언급되는 주요 사본 B, T, W는 각각 다음 사본을 지칭한다.

   B = cod. Bodleianus, MS. E. D. Clarke 39 (895년 사본)

   T = cod. Venetus Append. Class. 4, cod. 1 (10세기 중반 사본)

   W = cod. Vindobonensis 54, suppl. phil. Gr. 7 (11세기 사본)

2. 괄호 사용

   1) 둥근 괄호 ( )는 다음의 경우에 사용한다.

      (1) 괄호 안의 내용과 밖의 내용에 동일성이 성립하여 바꿔 쓸 수 있는 경우

         ① 우리말 번역어에 해당하는 한자어를 병기하거나 원어를 밝히기 위해 사용한다. 이때 희랍어 단어는 읽는 이의 편의를 위해 로마자로 표기한다.

         ② 제시된 희랍어(특히 희랍 신 이름)의 뜻을 밝혀 주기 위해 사용한다. 예: 카오스(틈)

         ③ 반대로 우리말 번역어의 희랍어 원어(특히 신 이름)를 밝혀 주기 위해서도 사용한다. 예: 천상의(우라니아)

      (2) 괄호 안의 내용이 밖의 내용과 바꿔 쓸 수 없는 경우

         ④ 말의 앞뒤 흐름이 끊기고 다른 말이 삽입됨으로 해서 생각의 연결이 잘 드러나지 않을 때 삽입된 말을 묶기 위해 사용한다. 본문이 아닌 주석 등에서 앞의 말에 대한 상세한 설명이나 부연을 할 때도 사용한다.

         ⑤ 주석 등에서 어떤 말을 넣어서 읽거나 빼서 읽거나 둘 다가 가능한 경우에 사용되기도 한다. 예: (성문)법을, 꿈(의 신)이

   2) 삼각 괄호 〈 〉는 사본에 없지만 보충되어야 한다고 텍스트 편집자가 판단한 내용을 표시하기 위해 사용한다.

3) 사각 괄호 [ ]는 주석 등에서 다음의 용도로 사용한다.

(1) 문맥 이해에 도움을 줄 목적으로 옮긴이가 원문에 없는 내용을 삽입 혹은 보충할 때 사용한다.

(2) 괄호가 중복될 때 둥근 괄호보다 상위의 괄호로 사용한다.

3. 주석

1) 각주와 미주로 나누되 기본적으로 다음 기준을 적용한다.

(1) 어구 설명, 논의의 흐름 설명, 배경 설명 가운데 비교적 평이하면서도 본문의 기본적인 이해에 긴요한 사항들은 각주에 다루며, 비교적 전문적이며 본문의 심화된 이해에 도움이 되는 사항들은 미주에 다룬다.

(2) 지시 어구의 설명은 최소한으로 하되 대개 각주에 다룬다.

(3) 대안 번역어는 긴요한 경우에 대개 각주에서 제시하며, 기타 경우는 부록의 찾아보기를 참조하도록 한다.

(4) 사본의 문제, 다소 복잡한 원어상의 문제, 심도 있는 내용의 상세한 해설 등은 대개 미주에서 다룬다.

2) 각주는 *, **, ***, …으로, 미주는 1, 2, 3 …으로 표시한다.

4. 표기법

고유명사 등 희랍어 단어를 우리말로 표기할 때는 고전 시대의 발음에 가깝게 표기한다. 특히 후대 희랍어의 이오타시즘은 따르지 않는다. 다만 우리말 안에 들어와 이미 굳어진 것들은 관행을 존중하여 표기한다.

5. 연대 표시

이 번역에 언급되는 연대는 기본적으로 기원전 연대다. 혼동의 여지가 있거나 다른 특별한 이유가 있을 때를 제외하고는 대개 '기원전'을 덧붙이지 않는다.

향연

향연

아폴로도로스, 동료

아폴로도로스 : 나는 자네들이 묻고 있는 일들에 대해 이야기할 준 172a
비가 꽤 되어 있다[1]고 생각하네. 실은 바로 며칠 전에도* 마침 팔레론**에 있는 집에서 시내로 올라가는 중이었는데, 지인 중 하나가 뒤쪽에서 알아보고는 멀찍이서 나를 부르더군. 놀리는 투로 부르면서[2] 말했네. "어이, 팔레론 출신 아폴로도로스, 기다려 주지 않겠나?"

그래서 난 멈춰 서서 기다렸지.

그러자 그가 말했네. "아폴로도로스, 안 그래도 요 며칠간*** 자

* 혹은 '엇그제도'.

** 아테네에서 남동쪽으로 10리(4킬로미터)쯤 떨어진 곳에 있던 아테네의 옛 항구.

*** 혹은 '막'.

네를 찾아다니던 참이었네. 아가톤과 소크라테스 선생님과 알
b 키비아데스, 그리고 그때 그 만찬에 참석했던 다른 사람들이 가진 그 모임에 대해, 그들이 펼쳤던 사랑에 관한 이야기들*이 어떤 것들이었나 물어보고 싶어서 말일세. 다른 누군가가 필리포스의 아들 포이닉스에게서 들은 걸 내게 이야기해 주었는데, 그 사람이 자네도 알고 있다고 말하더군. 하지만 그는 아무것도 분명하게 말하지 못했네. 그러니 자네가 직접 내게 이야기해 주게. 자네 동료**의 이야기들을 전달해 주기로는 자네가 제일 마땅하니 말일세. 근데 먼저," 하고 그가 말했네, "말해 보게. 자네가 직접 그 모임에 참석했나, 안 했나?"

그래서 내가 말했네. "자네에게 이야기해 준 그 사람은 정말 아무것도 분명하게 이야기해 주지 않은 것 같군. 자네가 묻고 있
c 는 이 모임이 나도 참석할 수 있었을 정도로 최근에 일어난 일이라고 자네가 생각하고 있다면 말일세."

"난 정말 그렇게 생각했네." 그가 말했네.

* '로고스'(logos)는 대개 '이야기'로 옮길 것이다. '연설'이나 '논변', '논의' 등으로 좁혀 새겨도 좋은 대목들이 많지만 옮긴이의 이야기를 할 때만 도입하기로 하고 본문에서는 그냥 '이야기'로 새기기로 한다. 물론 때때로 더 일반적인 말인 '말'로 옮기기도 하고, 간혹 좁은 의미를 취해 '이유'나 '이치' 등으로 옮길 수도 있다.

** 소크라테스를 가리키는 것으로 보인다.

내가 말했네. "어째서 그렇게 생각하게 되었나,* 글라우콘? 아가톤이 고향인 이곳을 떠나 산 지 여러 해 되었고,** 또 내가 소크라테스 선생님과 함께 시간을 보내면서 날마다 그분이 무슨 말을 하는지 혹은 무슨 일을 하는지 알아내는 데 관심을 기울여 온 게 아직 3년이 채 안 되었다는 걸 자넨 알지 않는가? 그전에는 아무 데나 닥치는 대로 돌아다니면서 뭔가 중요한 일을 하고 있 173a
다고 생각했지만 실은 그 어느 누구보다도 불쌍했었지. 꼭 지금 자네만큼이나 말일세. 자넨 지혜를 사랑하기보다는 오히려 다른 일이면 아무거나 해야겠다고 생각하니까 말이네."

그러자 그가 말하더군. "놀리지 말고 이 모임이 언제 있었는지나 내게 말해 주게."

그래서 내가 말했네. "우리가 아직 아이였을 때, 아가톤이 첫 비극 작품으로 우승했을 때였네.*** 그 자신과 가무단원들이 우승 기념 제사를 드리던 날의 바로 다음날이지."

* 혹은 "어떻게 내가 참석할 수 있었겠나?"

** 아가톤이 아테네를 떠나 마케도니아의 아르켈라오스 궁정으로 간 것이 411년에서 405년 사이로 볼 만한 증거가 있으며, 대체로 408년경의 일이라고들 생각한다. 404년 알키비아데스가 죽기 직전에 이 대화가 벌어진 것으로 설정되어 있다고 추측하는 이도 있다. 망명 중인 알키비아데스의 귀환 문제가 첨예한 이슈였던 시점에 향연 이야기가 다시 회상된다고 보는 것이다.

*** 고대 전거에 따르면 416년 이른 봄이다. 저자 플라톤도 아이였던 때다.

"어, 그럼 아주 오래전 일인 것 같군. 그건 그렇고 누가 당신에게 이야기해 준 건가? 소크라테스 선생님이 직접 해 주셨나?" 그가 말했네.

b 내가 말했네. "제우스 신에 맹세코[3] 그건 아니고 포이닉스에게 이야기해 준 바로 그 사람이 해 주었네. 아리스토데모스라는 사람인데 퀴다테나이온[*] 출신이고 작달막하고 늘 맨발로 나다니던 사람이지.[**] 그는 그 모임에 참석했더랬네. 내가 보기에 당시에 가장 열렬하게 소크라테스 선생님을 사랑하는 사람[4]들 중 하나였으니까 말일세. 하지만[***] 저 사람에게 들은 것들 가운데 일부를 나중에 소크라테스 선생님에게도 여쭤 보았는데, 선생님은 그것들이 저 사람이 이야기해 준 대로라고 확인해 주셨네."

그가 말했네. "그렇다면 내게 이야기해 주지 않겠나? 어쨌거나 시내로 가는 길은 우리가 걸어가면서 서로 말하고 듣기에 안성맞춤이라네."

이렇게 해서 우리는 함께 걸어가면서 그것들에 관해 이야기를
c 했고, 그래서 서두에 말한 것처럼 난 꽤나 준비가 된 상태라네.[5]

* 아테네 성벽 안쪽에 있는 마을(dēmos)이다. 아리스토파네스의 출신지이기도 하다. 소크라테스의 마을 알로페케는 성벽 바로 바깥, 일리소스강 건너편에 있다.

** 174a의 소크라테스에 대한 언급 및 203d의 에로스에 대한 언급과 비교할 것.

*** 즉 소크라테스 선생님에게 직접 들은 건 아니지만.

그러니 자네들에게도 이야기해 주어야 한다면 그렇게 해야겠네. 게다가 나로서도 지혜 사랑에 관한 어떤 이야기들을 내가 직접 말하거나 아니면 다른 사람들이 말하는 걸 듣거나 할 때는 유익하다고 생각하는지 아니라고 생각하는지와 상관없이 몹시 즐겁거든. 하지만 다른 이야기들, 특히나 부유하고 돈 잘 버는 자네들의 이야기들을 들을 때는 나 자신 짜증스럽기도 하고 동료들인 자네들이 정말 안됐다 싶어지기도 하지. 아무 대단한 일도 하지 않으면서 대단한 일을 하고 있다고 생각들을 하니 말일세. 그런데 아마 자네들 쪽에서는 내가 불행하다고 여기고 있을지도 d
모르며, 자네들로서는 맞게 생각하고 있다고 난 생각하네. 하지만 나는 자네들이야말로 그렇다고 그저 생각하는 것이 아니라 잘 알고 있네.

동료 : 자넨 늘 똑같군, 아폴로도로스. 늘 자네 자신과 다른 사람들을 헐뜯고 있고 소크라테스 선생을 제외하고는 자네 자신을 비롯해서 그야말로 모든 사람들이 불쌍하다고 여기는 것으로 보이니 말일세. 도대체 어떻게 해서 자네가 이 '유약한 사람'[6]이라는 별칭으로 불려 왔는지 나로서는 모르겠네. 이야기를 할 때는 늘 이런데 말이야. 자넨 자네 자신과 다른 사람들에게 사납게 굴지, 소크라테스 선생한테만 빼고.

아폴로도로스 : 아주 소중한 친구, 내가 나 자신과 자네들에 관해 e
이런 의도를 갖고 있다면 그야말로 분명 난 미친 거고 정신이 나

간 거겠군?

동료 : 이것들을 놓고 지금 다투는 건 적절치 않네, 아폴로도로스. 자네에게 우리가 부탁했던 대로 다른 건 하지 말고 그 이야기들이 어떤 것들이었는지나 이야기해 주게.

아폴로도로스 : 그러니까 그 이야기들은 다음과 같은 어떤 것들이
174a 었다네. 아니, 그보다는 저 사람이 이야기했던 대로 나도 자네들에게 처음부터 순서대로 이야기해 보도록 하겠네.

그는 소크라테스 선생님이 목욕도 하고 신발도 신은 채 (이건 그분이 좀처럼 하시지 않던 일이지.) 자기와 맞닥뜨리게 되었다고 말했네. 그래서 그분께 이렇게 멋쟁이가 되셔서 어딜 가시냐고 물었다고 하네.

그러자 그분이 말씀하셨다더군. "아가톤의 집에서 열리는 만찬에 가네. 어제 우승 기념행사에서 군중을 두려워하여 그 사람을 피해 나왔는데, 그러면서 오늘 참석하마고 약속했거든. 그래서 이렇게 멋을 부리게 되었지. 멋있는 자의 집에 멋있는 자로 가려고 말이네. 그건 그렇고 자네는," 하고 그분이 말씀하셨네.*

* 어느 결에 전달자가 아리스토데모스에서 아폴로도로스로 옮겨져 있다. "소크라테스 선생이 …라고 말했다고 아리스토데모스가 말했다"고 계속 말해야 하는데, 불필요한 인용 표현이 지루하게 반복되어야 하므로 여기서처럼 "아리스토데모스가 말했다"는 부분이 생략된 채 아리스토데모스의 말이 인

"어떤 생각인가? 초대받지 않은 채 만찬에 기꺼이 갈 의향이 있나?" b

"그래서 나는* '선생님이 하라시는 대로 하겠습니다.' 하고 말했네."라고 그가 말했네.

그분이 말씀하셨네. "그렇다면 따라오게. 그래서 우리도 속담을 망가뜨려 보세나. 하, 이렇게 바꾸면서 말이네. '훌륭한 자들은 훌륭한 자들의[7] 연회(宴會)에 자진해서** 간다'[8]라고. 호메로스는 이 속담을 망가뜨렸을 뿐만 아니라 그것에다 방자(放恣)함을 부리기***까지 했다고 할 수 있거든. 그는 아가멤논은 전쟁 수행에 있어 유별나게 훌륭한 사나이로, 반면에 메넬라오스는 '소심한 c
창수(槍手)'로 그려 놓고서는 아가멤논이 제사 지내면서 잔치를 베풀 때 메넬라오스가 초대받지 않은 채 잔치에 오는 것으로 그렸지. 더 못난 자가 더 나은 자의 잔치에 오는 것으로 말일세."****

용되고 있는 것이다.

* 이번에는 아리스토데모스가 직접 화법으로 인용되고 있다.

** 바로 위에서 말한 '초대받지 않은 채'와 같은 의미의 말로 해석되고 있다.

*** 제멋대로 이 속담의 원의(原義)를 해치는 방자함(hybris)을 보였다는 뜻이다. 이 문맥만 고려하면 "그것에 모욕을 가하기까지 했다"라고 옮길 수도 있겠다.

**** '소심한 창수'(malthakos aichmētēs)라는 평가는 『일리아스』 17.587-588에 나오고, 아가멤논의 제사 자리에 '자진해서 갔다'는 이야기는 『일리아스』 2.408에 나온다. 흥미로운 것은 후자의 구절에서 메넬라오스가 고함 소리

이 말을 듣고 그는 이렇게 말했다고 했네. "아마도 실로 저는, 소크라테스 선생님, 선생님이 말씀하시는 대로가 아니라 호메로스가 그리고 있는 대로 보잘것없는 자로서 초대받지 않은 채 지혜로운 사람의 잔치에 가게 될 것 같습니다. 그러니 절 데려가시면서 무슨 변명을 하실지 생각해 봐 주십시오.[9] 저는 초대받지
d 않은 채 온 거라고 인정하지 않고 선생님이 초대하셔서 온 거라고 할 테니까요."

그분이 말씀하셨네. "'둘이 함께 길을 가면'[10] 우리가 무슨 말을 해야 할지 계획을 세울 수 있을 거네. 그러니 자, 가세."

자기들이[11] 대강 이런 말들을 서로 나눈 후에 가게 되었다고 그는 말했네. 그런데 도중에 소크라테스 선생님이 스스로 뭔가 골똘히 생각하게 되면서[12] 뒤처져 가게 되었고, 자기가 기다리니까 그분이 먼저 가라 하셨다고 했네. 아가톤의 집에 다다랐을 때
e 문이 열려 있는 걸 보게 되었는데, 바로 그 자리에서* 다소 우스운 처지[13]에 놓이게 되었다고 그는 말했네. 안에서 한 아이**가 나

가 '훌륭한'(boēn agathos) 자로 묘사되고 있다는 점이다. 물론 그 말은 서사시의 상투적 표현인 장식적 형용어구로 볼 수도 있지만 말이다.

* 혹은 '바로 그때'.

** 노소를 불문하고 노예를 이렇게 '아이'(pais)라고 불렀다. 아래에서 몇 번 더 노예를 가리키기 위해 사용된다. '애야', '애들아' 하고 부르는 말 역시 노예를 부르는 말이다. 대개 문맥상 분명하므로 앞으로 그냥 '아이'로 옮길

와 자기와 마주치자마자 곧바로 다른 사람들이 앉아 있는[14] 곳으로 데려갔고 그는 그들이 막 식사하려는 참이라는 걸 알게 되었다는 거네. 그런데 아가톤이 그를 보자마자 말했다고 하네. "아리스토데모스, 함께 식사할 수 있게 때맞춰 왔구만. 다른 어떤 일 때문에 왔다면 다른 때로 미루게. 자넬 초청하려고 어제도 찾아다녔는데 만날 수가 없더군. 그건 그렇고 어째서 소크라테스 선생님을 우리에게 모셔 오지 않았나?"

그래서 내가* 뒤를 돌아보았지만 소크라테스 선생님이 따라오시는 모습이 어디에도 보이지 않았네. 그래서 나는 실은 나 자신이 소크라테스 선생님과 함께 왔다고, 그분이 여기 만찬에 초청하셔서 온 거라고 말했지, 하고 그가 말했네.

그가 말했네. "그거 정말 잘한 일이네. 그건 그렇고 그분은 어디 계신가?"

"방금 전까지도 내 뒤에서 들어오고 계셨는데 어디 계시는 건 175a
지 나도 궁금하네."

아가톤이 말했다고 그가 말했네. "얘야, 소크라테스 선생님을 찾아보고 모셔 오지 않으련? 그리고 자넨," 하고 그**가 말했네,

것이고 노예를 직접 가리키는 용어들만 '노예'로 옮길 것이다.

* 역시 아리스토데모스가 직접 화법으로 인용되고 있는 대목이다.

** 아가톤.

"아리스토데모스, 에뤽시마코스 옆자리에 앉게."

그러자 자기가 앉을 수 있게 그 아이가 자기를 씻겨 주었다[15]고 그는 말했네. 그런데 다른 아이 하나가 와서 소크라테스 선생님이 와 계시긴 한데[16] 이웃집 문전(門前)*으로 피해 가 서 계신다고, 자기가 들어오십사 부르는데도 한사코 안 들어오시겠단다고 전했다고 했네.

"거 황당한 얘기구나. 그럼 그분을 그냥 둘 게 아니라 들어오시게 계속 권하지 않고?" 그가 말했네.

b 그러자 그는 이렇게 말했다고 했네. "그러지 말고 그냥 그분 그대로 두게들. 그게 그분이 갖고 계신 일종의 버릇이라네. 가끔씩 그냥 아무 데로나 피해 가셔서는 거기 서 계시곤 하지. 내 생각엔 곧 오실 거네. 그러니 방해들 말고 그냥 그대로 두게."

"그래, 자네가 그렇게 생각한다면** 그렇게 해야겠네." 아가톤이 말했다고 그가 말했네. "그건 그렇고, 얘들아, 우리 나머지 사람들에게 잔치를 베풀어라. 아무도 너희들을 감독하지 않을 때

* '문전'으로 옮긴 '프로튀론'(prothyron)은 말 그대로 (집 밖에서 보았을 때) 문(thyra) 앞(pro-)의 공간을 가리킨다. 가난한 사람들의 집은 문밖이 바로 길거리인 경우가 많았지만, 부유한 이들의 집은 커서 문이 담벼락보다 약간 집 안쪽으로 들어가 있어서 문과 길거리 사이에 문만큼의 너비를 가진 공간이 있었는데, 이 공간이 바로 프로튀론이다.

** 혹은 '그게 좋다고 자네가 생각한다면'.

는 그냥 너희들이 원하는 대로 무엇이든 식탁에 내어놓거라.[17] (난 이런 일을 한 번도 해 본 적이 없다네.*) 그러니까 지금은 나와 여기 있는 다른 사람들을 너희들이 만찬에 초청했다고 생각하고 c 시중을 들어라. 우리가 너희를 칭찬하게끔 말이다."

그러고 나서 그들은 식사를 하게 되었지만 소크라테스 선생님은 들어오시지 않았다고 그가 말했네. 그래서 아가톤이 여러 번 소크라테스 선생님을 부르러 사람을 보내자고 했지만 자기가 허용하지 않았다고 했네. 그랬는데 그분이 늘상 그랬듯 그리 오래 지체하지 않고 오셨고,[18] 그때 그들은 식사를 기껏해야 반쯤 끝낸 상태였다네. 그래서 아가톤이 (마침 맨 끝에 혼자 앉아 있었기에) 이렇게 말했다고 그가 말했네. "이리 제 옆에 앉으시지요, 소크라테스 선생님. 선생님과 접촉함으로 해서 문전에서 선생님께 떠오른 그 지혜를 저도 누릴 수 있게 말입니다. 선생님은 분명 d 그걸 발견해서 갖고 계십니다. 발견하기도 전에 그만두시지는 않았을 테니까요."

그러자 소크라테스 선생님이 앉으면서 말씀하셨다고 하네. "참 좋을 것이네, 아가톤. 지혜가 우리가 서로 접촉할 때 우리 가운데 더 가득한 자에게서 더 빈 자에게로 흐르게 되는 그런 거라면 말일세. 마치 잔 속의 물이 털실을 타고 더 가득한 잔에서부

* 주변의 친구들에게 하는 말일 것이다.

터 더 빈 잔으로 흘러가는 것처럼 말이네. 지혜도 이런 거라면
e 난 자네 옆에 앉는 걸 아주 귀중히 여기겠네. 나 자신이 자네에게서 나오는 많은 아름다운 지혜로 채워질 것으로 믿으니 말일세. 내 지혜는 보잘것없고 꿈처럼 의심스런 것이지만 자네 지혜는 빛이 나며 많은 늘품을 갖고 있거든. 바로 그 지혜가 젊은 자네에게서* 그토록 맹렬하게 빛을 발하여 밝게 빛나게 되었지. 엊그제 3만이 넘는 희랍 사람들이 증인이 된 가운데 말일세."

"도가 지나치십니다,** 소크라테스 선생님." 하고 아가톤이 말했네. "이 문제는, 즉 지혜에 관해서는 좀 이따가 저와 선생님이 함께 디오뉘소스를 재판관으로 삼아 시비를 가리기로 하고 지금은 무엇보다도 만찬에 집중하시지요."

176a 그러고 나서 소크라테스 선생님이 앉아서 나머지 사람들과 식사를 마쳤고, 그들은 헌주를 하고 그 신을 기리는 노래를 부르고

* '젊은 자네에게서' 대신 '자네가 비록 젊지만 그런 자네에게서'로 옮길 수도 있다.

** 직역하면 "방자하시군요."가 된다. 자신의 지혜에 대한 칭찬이 과도하여 놀리는 말 혹은 모욕으로 들린다는 뜻일 것이다. 대중 앞에서 비극 작품을 통해 선보인 아가톤의 지혜에 대한 소크라테스의 칭찬에는 아이러니가 깃들어 있고, 아가톤도 그것을 간파하고 있다. 지혜에 대한 두 사람의 공방은 아가톤 연설 직전의 막간에 다시 이어진다. 194a–c에서 벌어지는 두 사람의 대화 및 미주 81을 참고할 것.

또 다른 의례적인 일들을 행한 후에 술 마시는 일에 착수하게 되었다[19]고 그는 말했네. 파우사니아스가 다음과 같은 내용으로 이야기를 시작했다고 그는 말했네. "자 이보게들, 우리가 어떤 방식으로 술을 마셔야 가장 쉽게 마시는 게 될까? 나로서는 어제 술판 때문에 정말이지 아주 버거운 상태여서 약간 숨 돌릴 필요가 있다고 자네들에게 말해야겠는데, 자네들 중 상당수도 그러리라고 생각하네. 자네들도 어제 참석했으니까 말이네. 그러니 어떤 방식으로 우리가 가능한 한 쉽게 술을 마실 수 있을지 숙고 b
해 보게들."

그러자 아리스토파네스가 말했다고 하네. "그거 정말 잘 말했네, 파우사니아스. 어떤 방법을 써서든 쉽게 술 마시는 어떤 방도를 마련하자는 것 말일세. 나도 어제 술독에 빠졌던 사람들 가운데 하나거든."

그러자 그들의 말을 듣고 아쿠메노스의 아들 에뤽시마코스가 말했다고 하네. "정말 자네들 멋진 말 했네. 그런데 나는 아직 자네들 중 한 사람의 상태가 어떤지 그 사람의 말을 듣고 싶네. 술을 마시고 싶어 하는지 어떤지. 아가톤이 말일세."

"전혀 아닐세. 나도 마시고 싶지 않네." 그가 말했다고 하네.

그가 말했네. "가장 술이 센 자네들이 지금 못 마시겠다고 하 c
니 우리에게는, 즉 나와 아리스토데모스와 파이드로스, 그리고 여기 이 친구들에게는 다행스러운 일인 것으로 보이네. 우린 늘

술이 약하거든. 물론 소크라테스 선생님은 논외로 하고 말일세.*
어느 쪽이든 다 잘하시는 분이어서 우리가 어느 쪽을 하게 되든
만족해하실 테니까 말일세. 자, 어쨌거나 여기 참석자들 가운데
아무도 술을 많이 마시는 데 연연하지 않는 것으로 보이니, 아
마도 술에 취하는 것에 관해 내가 그게 어떤 건지 진실을 말해도
불쾌감을 덜 살 것 같네. 의술을 실행한 경험으로부터 적어도 이
d 것만큼은 정말 내게 분명해졌다고 생각하네. 술 취함이 인간들
에게 버겁다는 것 말일세. 그래서 나 스스로도 자발적으로는 술
마시는 데 있어 너무 멀리 나가지 않으려 하고, 다른 사람에게도
그러지 말라고 조언하고 싶네. 특히나 전날 마신 술로 인해 아직
숙취가 안 풀린 경우에는 그러지 말라고 말이네."

뮈리누스 출신인 파이드로스가 끼어들어 말했다고 하네. "아
니, 나는 자네 말에 늘상 따르네. 다른 경우도 그렇지만 의술에
관해 어떤 이야기들을 할 때는 특히나 그러하네. 지금 나머지 사
람들도 잘 숙고한다면 그리할 걸세."[20]

e 그러자 이 말을 듣고 모두가 지금의 모임을 술 취함으로 일관
하는 모임으로 만들 게 아니라 즐거울 만큼만 마시자는 데 동의
했다고 하네.

* 나중에 나올 알키비아데스 연설에도 술 센 소크라테스의 모습이 언급되어 있다(220a).

에뤽시마코스가 말했다고 하네. "자, 이제 각자가 원하는 만큼만 마시기로, 아무런 강제[21]도 안 하기로 결정을 보았으니* 그 다음으로 제안하겠네. 방금 들어온 피리 부는 소녀는 내보내서 홀로 피리를 불거나 아니면 그녀가 원할 경우 안에 있는 여인들을 위해 피리를 불게 하고, 우리는 오늘만큼은 이야기를 통해 서로 교제를 나누기로 하세. 그리고 어떤 이야기를 통해 할 것인지는 자네들이 원한다면 내가 자네들에게 제안할 의향이 있네."

그러자 모두가 그걸 원한다고 말하면서 그에게 제안하라고 권 177a
했다더군. 그래서 에뤽시마코스는 말했다고 하네. "내 이야기는 에우리피데스의 멜라니페의 말을 인용하는 것으로 시작하네.** 내가 하게 될 '이야기는 내 것이 아니라' 여기 이 파이드로스의 것이네.*** 파이드로스는 매번 나를 향해 못마땅해하며 말하거든. '에뤽시마코스, 다른 신들에게는 시인들이 지어 놓은 송가

* '결정을 보았다'(dedoktai)는 표현은 당대의 민주주의적 절차를 떠올리게 하는 어법이다.

** '멜라니페'는 주인공 이름이면서 작품 이름이기도 하므로 『멜라니페』로 보아도 된다. 여기 '이야기'는 지금까지 그래 왔듯이 '로고스'(logos)인데, 다음 문장의 '이야기'는 인용 구절에 들어 있는 '뮈토스'(mythos)다.

*** 에우리피데스의 소실된 작품 『멜라니페』에 나오는 한 행을 패러디한 것이다. 그 행의 내용은 이렇다. "이야기(mythos)는 내 것이 아니라 내 어머니에게서 온 것입니다."

와 찬가[22]가 있는데, 그토록 오래되고 그토록 위대한 신인 에로
b 스에게는 도대체 이제까지 살았던 하고많은 시인들 가운데 어느 한 사람도 그 어떤 찬미가 하나 지어 놓은 게 없다는 건 좀 심한 일 아닌가?[23] 또 그러고 싶다면 쓸 만한 소피스트들을 살펴볼 수도 있겠는데, 그들은 헤라클레스나 다른 자들에 대한 찬양을 산문으로 짓고 있다네. 가장 뛰어난 프로디코스 같은 사람이 말일세. 이건 그다지 놀라운* 일이 아니지만, 나는 언젠가 지혜로운 사람이 쓴 어떤 책을 접한 적이 있는데 거기엔 소금이 그 유용함과 관련해서 놀랄 만큼 찬양을 받는 내용이 들어 있었네. 또 이
c 런 다른 숱한 것들이 찬미된 바 있다는 걸 자넨 알 수 있을 거네. 그러니 이런 것들에 관해서는 아주 열성(熱誠)을 기울이는 반면에 에로스에 대해서는 오늘날에 이르기까지 사람들 가운데 도대체 어느 누구도 그 신에 걸맞게 찬송하겠다고 호기를 부리고 나선 적이 없다는 것이야말로 놀라운 일이네. 그토록 위대한 신이 그토록 관심을 못 받아 왔다니!'라고 말일세. 바로 이 말들을 파이드로스가 했는데 잘한 말인 것 같네. 그래서 나는 그 신을 위한 내 몫의 부조(扶助)**를 해서 이 사람을 기쁘게 해 주고 싶고,

* '놀라운'(thaumastos, thaumasios)과 '놀라다'(thaumazein)는 우리말에서도 그렇듯 원어에서도 긍정적, 부정적인 뉘앙스를 다 포함하고 있는 말이다. 문맥에 따라 다른 뉘앙스를 읽어 내는 것은 읽는 이의 몫이다.

** 누군가에게 재화나 서비스를 제공하면 그것을 받은 사람에게는 적절한 대

동시에 지금, 여기 참석한 우리들이 그 신을 영예롭게 하는 게 알맞다고 생각하네. 그러니 자네들도 같은 생각이라면 이야기를 d 하면서 시간을 보내는 것으로도 우리에게 충분히 만족스런 일이 될 것이네. 우리 각자가 오른쪽 방향으로 차례차례 돌아가면서 에로스를 찬양하는 이야기를 할 수 있는 한 가장 아름답게 해야 한다고 난 생각하고 있거든. 그런데 파이드로스가 맨 먼저 시작해야겠네. 맨 처음 자리에 앉아 있을 뿐만 아니라 동시에 이 이야기의 아버지이기도 하니 말일세."

소크라테스 선생님이 말씀하셨다 하네. "에뤽시마코스, 아무도 자네에게 반대표를 던지지 않을 것이네. 나로서는 사랑(에로

응을 할 도덕적 의무가 주어진다는 생각은 고대 희랍인들에게 아주 뿌리 깊은 사고방식이다. 에라노스(eranos)는 바로 이런 상호성에 본질적으로 연루되어 있는 제도적 장치다. 처음에는 음식에 관한 것이었다가 나중에는 돈에 관한 것으로 바뀌게 되었다. 예컨대 호메로스에서 에라노스는 각 식사자가 자기 몫에서 십시일반으로 떼어 내놓는 음식을 가리킨다(『오뒤세이아』 1.226). 그러다가 기부자들이 궁핍한 지인을 돕기 위해 작은 돈을 빌려 주는 신용 체계를 포함하는 것으로 발전한 것이 늦어도 5세기 말 이전의 일이었다. 빌려 주는 것도 강한 의무였지만 빌린 자가 가능한 한 빨리 되갚는 것 역시 그에 상응할 만하게 강한 의무였다. 이자는 없지만 법적으로 되돌려 받을 수 있는 기부금이다. 이제까지 제대로 대접받지 못했던 에로스에 대한 찬양을 에로스에 대한 에라노스로 규정하고 있는 것은 나중에 향연 참석자들이 필요할 때 에로스의 도움을 받게 되리라는 기대를 포함하는 것이다. 『법률』 11권 915e에 이 제도에 대한 플라톤의 생각의 일단이 표명되어 있다. 거기 언급에 따르면 에라노스는 친구들 사이에서 자발적으로 이루어져야 하며 이와 관련한 어떤 분쟁도 소송의 대상이 될 수 없다.

스)에 관한 일들 말고 다른 어떤 것도 알지 못한다고 주장하는 터
e 라서 아마도 거부하지 못할 것이고, 아가톤과 파우사니아스도 아마 그러지 못할 것이고,* 디오뉘소스와 아프로디테에 온통 관심을 쏟으며 시간을 보내는 아리스토파네스도 물론 그러지 못할 것이며, 내가 보고 있는 이 사람들 가운데 다른 어느 누구도 그러지 못할 것이네. 물론 끝자리에 앉아 있는 우리에게는 공평하지 못하게 되지. 하지만 앞사람들이 충분하게, 그리고 아름답게 말한다면 우리로서는 만족할 걸세. 그러니 파이드로스가 이야기를 시작하여 에로스를 찬미함에 있어 행운이 함께하길 바라 마지않네."

이 말에 다른 사람들도 모두 동의했고 소크라테스 선생님이
178a 말씀하신 대로 하라고 그에게 권했네. 그런데 각자가 말한 것들 전부는 아리스토데모스도 온전히 기억하지 못했고 나 또한 그 사람이 말해 준 것들 전부를 기억하지는 못하네. 다만 그가 가장 잘 기억하고 말해 준 것들, 그리고 그 가운데서도 기억할 만하다고 내게 보인 것들을 자네들에게 말해 주겠네. 각자의 이야기를 차례대로 말이네.

맨 먼저는, 내가 말한 대로 파이드로스가 대강 이런 취지의 말

* 이 둘이 에로스 관계를 맺고 있다는 것은 아래 아리스토파네스의 연설(193b)에서 분명해진다.

로 이야기를 시작했다고 그는 말했네. 에로스는 인간들과 신들 사이에서 위대하고 놀라운 신이며, 그것은 다른 많은 방식으로도 그렇지만 특히나 그 기원*에 있어서 그렇다고 말이네.

그는 말했네. "가장 오래된 신이라는 것으로 그 신은 존경받 b
고 있거든.[24] 그 증거는 다음과 같다네. 에로스에게는 부모가 없으며 산문 작가**든 시인이든 그 누구도 그 부모에 대해 말하고 있지 않네.[25] 오히려 헤시오도스는 맨 처음에 카오스(틈)***가 생겨났고

그리고 그다음으로
늘 모든 것들의 굳건한 터전인 가슴 넓은 가이아(땅)가,
그리고 에로스가****[26]

생겨났다고 말하네. 아쿠실라오스도 헤시오도스와 같은 말을 하고 있지.[27] 카오스 다음으로 이 둘, 즉 게*****(땅)와 에로스가 생겨

* '게네시스'(genesis)를 몇몇 곳에서 '기원'으로 옮길 것인데, '생성'이나 '생겨남'으로 새겨도 좋다.

** 혹은 '보통 사람'.

*** 필요할 때마다 신 이름 뒤 괄호 안에 그 이름의 뜻을 병기하기로 한다.

**** 『신통기』 116−120.

***** 위 시에 '가이아'(Gaia)로 나온 신을 아티카 산문에서는 '게'(Gē)라고 부른다.

났다고 말이야. 그리고 파르메니데스는 그 기원에 대해

그녀는[28] 모든 신들 가운데 제일 먼저 에로스를 고안해 냈다*

c 고 말하네. 이렇게 여러 곳에서 에로스는 가장 오래된 자라고 인정받고 있네.

그리고 가장 오래된 자로서** 그는 우리에게 있는 최대로 좋은 것들의 원인이네. 어린 사람에게는, 그것도 아주 어렸을 적부터, 자기를 사랑해 주는 쓸 만한 사람[29]을 갖는 것보다, 그리고 사랑하는 사람에게는 쓸 만한 소년 애인을 갖는 것보다 더 크게 좋은 어떤 것이 있을지 나로서는 말할 수 없거든.[30] 왜냐하면 아름답게 살려는 사람들을 전 생애 동안 이끌어 가야 하는 이것***을 혈연이나 공직이나 부(富)나 다른 아무것도 에로스만큼 그렇게 아름답게 만들어 넣어 줄 수 없기 때문이네.**** 그런데 방금 말한 이

* 파르메니데스 단편 13(DK 28B13).

** 좀 더 의미를 좁혀 읽으면 '가장 오래된 자이기에'로 새길 수도 있다.

*** 달리 표현하면 '아름답게 살려는 사람이 자신의 전 삶을 이끌 원리로 받아들여야 하는 것'.

**** 사정이 허용하는 한 이 번역서에서 '칼로스'(kalos) 계열의 말과 '아가토스'(agathos) 계열의 말은 각각 '아름다운' / '멋진'과 '훌륭한' / '좋은'으로 통일하여 옮긴다. 우리말로만 보면 '칼로스' 계열의 말에 '훌륭한'을 할당하여 더 자연스럽게 읽히는 경우가 많다. 지금 문맥도 '아름답게'보다 '훌륭하게'

것이 무엇을 염두에 두고 하는 말이냐? 추한[*] 것들에 대해서는 d
수치심을, 아름다운 것들에 대해서는 열망[**]을 갖는 것을 말하네.
이런 것들 없이는 국가든 개인이든 크고 아름다운 일들을 이루
어 낼 수 없거든.

그래서 내가 주장하는 바는 누군가를 사랑하는 사람이 뭔가
추한 일을 하다가, 혹은 누군가에 의해 추한 꼴을 당하면서도 용
기가 없어서 스스로를 방어하지 못하다가 그런 일들이 공공연히
밝혀지는 경우, 아버지나 동료나 다른 어느 누구에게 들키는 것
보다 소년 애인에게 들키는 것을 더 고통스러워하리라는 것이
네. 그리고 이와 마찬가지 것을 우리는 사랑받는 자의 경우에서 e
도 본다네. 사랑받는 자는 어떤 추한 일에 연루되어 있다가 들
키게 될 때 자기를 사랑하는 자들에 대해 유독 수치심을 느낀다
는 것 말이네. 그러니 국가나 군대가 사랑하는 자들과 소년 애인
들로 이루어지게 할 어떤 방도가 생기게 된다면, 이렇게 서로를

가 더 부드럽게 읽힌다. 두 개념을 나누어 쓴 저자의 의도를 가능한 한 살리고자 함이다.

* '추한' 대신 '수치스런'으로 새길 수 있다. 아래에서도 계속 그러한데, 편의상 '추한'으로 통일하여 옮긴다. '아름다운'(kalos)과 '추한'(aischros)이 그저 미학적인 의미만이 아니라 도덕적인 의미로도 사용된다는 점에 유의할 필요가 있다. 그럴 때는 거의 '옳은'과 '못된', '그른'으로 옮길 수도 있는 말이다.

** '자부심'으로 새길 수도 있다.

의식하면서 모든 추한 일들을 멀리하고 명예를 추구하는 것보다 그들이 자기들의 국가를 더 잘 운영할 방법이란 없고, 또 이
179a 런 사람들이 서로와 더불어 전투를 수행하게 되면 아무리 적은 수라 할지라도, 말하자면 모든 사람들을 이길 수 있다 할 것이네.* 왜냐하면 누군가를 사랑하고 있는 사람이 제 위치를 떠나거나 무기를 내던질 때 다른 어느 누구에게보다도 소년 애인에게 들키는 것을 가장 꺼릴 게 분명하며, 이렇게 되느니 차라리 여러 번 죽기를 택할 것이니 말일세. 곤경에 처한 소년 애인을 못 본 체 내버려 두거나 위험에 빠져 있는데도 도우러 나서지 않는 것에 대해 말한다면, 에로스 자신이, 덕**을 향한 열망을 갖도록 신지핀 상태로 만들어 나면서부터 아주 용감한 자와 비슷하게 되

* 실제로 남성 커플 150쌍으로 이루어진 '테베의 신성 부대'(Hieros Lochos tōn Thēbōn)라 불리는 정예 부대가 379/8년 테베의 장수 고르기다스에 의해 조직되었고, 활약이 대단하여 결국 레욱트라 전투(371년)의 승리에도 크게 기여하였다고 한다. 테베가 스파르타의 지배에서 벗어나 그 세력을 팽창시키는 계기가 된 전투로서, 희랍인들 사이에 벌어진 전투 가운데 최고의 결전이라는 파우사니아스(기원후 2세기의 여행가이며 지리학자)의 평을 받기도 한 그 전투에서 말이다. 그런 군대를 조직할 '어떤 방도(mēchanē)가 생기게 된다면'이라는 가정 표현으로 보아 아직 '신성 부대'가 생기기 전의 저작으로 볼 수 있다는 것이 중론이다. 크세노폰에도 같은 내용이 파이드로스가 아닌 파우사니아스의 발언으로 소개되어 있는데(크세노폰, 『향연』 8.32), 플라톤의 이 대목을 참조한 것이라 할 수 있다.

** 혹은 '탁월함'. 여기서는 특히 용기를 가리킨다. 아래에서도 파이드로스 연설에서는 계속 이런 의미로 사용된다.

도록 하지 못할 만큼 그렇게 비겁한 자는 아무도 없네.* 그리고 신이 어떤 영웅들에게 '힘을 불어넣어 준다'고 호메로스가 말한 b
바로 그것이야말로 에로스가 자신에게서 생겨나는 일로 사랑하는 자들에게 제공하는 것이네.

그리고 실로 사랑하는 자들만이 누군가를 위해 기꺼이 죽으려 하네. 남자들만이 아니라 여인들까지도 말일세. 펠리아스의 딸 알케스티스도 바로 나의 이 말을 지지하는 충분한 증거를 희랍 사람들에게 제공해 주고 있네.** 그녀만이 자기 남편을 위해 기꺼

* '아주 용감한'의 원어는 흔히 '가장 훌륭한'으로 옮기는 '아리스토스'(aristos)인데, '덕'을 용기와 거의 동일시하듯이 이 말 역시 이렇게 좁혀 사용하기도 한다. 파이드로스 연설에서는 이 경향이 매우 뚜렷하다. 보통 '나쁜'으로 옮기는 '카코스'(kakos)를 '비겁한'으로 새긴 것도 같은 정신에 따른 것이다.

** 알케스티스는 테살리아에 있는 이올코스의 왕 펠리아스의 딸이요 같은 지역에 있는 페라이의 왕 아드메토스의 아내다. 지금 언급되고 있는 그녀의 용감한 자기희생 이야기는 그녀의 이름을 제목으로 삼은 에우리피데스의 작품에서 다루어지기도 했다. 직접 관련되는 부분만 간략히 언급하면 이렇다. 아폴론의 도움으로 알케스티스와 결혼하게 된 아드메토스는 결혼식 때 아르테미스 여신에게 제물 바치는 것을 잊음으로 해서 미움을 사 죽음의 징조를 만나게 되는데, 역시 아폴론이 누이를 달래어 그 위기를 모면하게 해 준다. 아드메토스가 죽을 차례가 되었을 때도 아폴론은 대신 죽을 사람을 내세우면 죽음을 면해 주도록 운명의 여신들을 설득한다. 다들 미루적거리는 상황에서 알케스티스만이 남편 대신 죽기를 자청하고 나서게 된다. 그 뒷이야기는 설이 나뉘는데, 그중 하나가 여기 플라톤이 소개하고 있는 설로서, 알케스티스의 정절 혹은 사랑에 감동한 페르세포네가 그녀를 남편 곁으로 되돌려 보낸다는 것이다. 다른 설은 에우리피데스가 따르고 있는

이 죽으려 했지. 그에게는 아버지와 어머니가 있었는데도 말이
c 네. 그녀는 사랑으로 인해 친애(親愛)[31]에 있어서 그들을 능가했
네. 그들이 아들에게 이름만 친족이지 남이나 다름없는 사람들
임을 드러내 줄 정도로 말이네. 이런 일을 해냈을 때 그녀는 인
간들에게만이 아니라 신들에게도 아주 아름다운 일을 해낸 것으
로 여겨졌네. 그래서 신들은 그녀가 한 일이 마음에 들어 하데스
로부터 그녀의 영혼을 돌려보내 주었다네. 많은 사람들이 많은
아름다운 일들을 해냈지만, 그 가운데서 신들이 하데스로부터
영혼을 돌려보내 주는 이런 상을 준 사람들은 손에 꼽을 만큼 소
d 수인데도 말이네. 이렇게 신들도 사랑에 관련된 열성과 덕을 대
단히 높이 평가한다네.

그러나 오이아그로스의 아들 오르페우스의 경우에는 신들이 그를 목적 달성 못한 채로 하데스에서 돌려보냈네.* 그가 만나러

설로서, 알케스티스가 죽게 되었을 때 마침 그 궁전에 손님으로 와 있다가 이를 알게 된 헤라클레스가 아드메토스의 환대에 대한 보답으로 알케스티스를 구해 준다는 것이다.

* 오르페우스는 희랍 신화에서 최고의 시인/음악가이기도 하지만, 여기 언급되고 있는 아내 에우뤼디케의 죽음에 관한 이야기로 더욱 잘 알려져 있다. 아폴론의 아들 혹은 제자라 하기도 하고 일설에는 트라키아왕 오이아그로스의 아들이라 하기도 한다. 어머니는 뮤즈인 칼리오페였다. 또 그는 디오뉘소스의 신봉자이기도 했다는데, 역사적 인물이었다면 아마도 자기 이름을 딴 오르페우스교의 창시자였을지도 모른다. 아르고 호 선원들의 항해에 참여하여 음악으로 여러 도움을 주었고 트라키아에 돌아와 에우뤼디

온 아내의 환영(幻影)만 보여 주고 정작 그녀 자신은 주지 않은 채로 말이네. 그들이 보기에 그는 키타라 가수여서 유약하고 알케스티스처럼 사랑을 위해 죽는 일을 감행하는 게 아니라 오히려 살아서 하데스에 들어갈 궁리만 하고 있었기 때문이네. 그래서 바로 이 때문에 그들은 그에게 벌을 주어 그가 여인들에 의해 죽음을 당하게 만들었네. e

케를 아내로 맞게 되는데, 얼마 후 아내는 자신의 미모에 끌려 쫓아오는 아리스타이오스에게서 도망치다가 뱀을 밟게 되고 그 뱀에 다리를 물려 죽게 된다. 슬픔에 방황하던 오르페우스는 하데스로 찾아가게 되는데 그의 음악이 아름다웠기 때문에 하데스에 이르는 여행이 순조로웠고 결국은 하데스와 페르세포네도 그에게 호의를 갖게 된다. 한 가지 조건을 내세워 아내를 데려가도록 허락하는데, 그 조건이란 오르페우스가 앞서서 걷되 지상에 이르기 전에는 그녀를 돌아보지 말아야 한다는 것이었다. 아주 오래된 설에 의하면 그가 그 조건을 잘 지켜서 결국 죽음을 초월하는 디오뉘소스의 능력을 입증했다고 한다. 그러나 그가 성공하지 못했다는 설도 만만치 않다. 여기 플라톤도 그 계열에 속한다고 할 수 있겠는데, 좀 더 자세한 이야기를 풀어 놓는 로마의 베르길리우스나 오비디우스에 따르면 빛이 보이자 이제 귀환 여행의 끝이라는 생각에 더 이상 참지 못해 아내를 돌아보았고 그래서 아내는 안개의 정령으로 변해 하데스로 사라져 버리고 말았다는 것이다. 이후 그는 세상을 등지고 모든 여성을 멀리하면서 살게 되는데, 트라키아의 마이나스들(즉 광기 어린 황홀경에 빠져 디오뉘소스 의식을 수행하는 여인들)이 예전과 달리 자신들을 무시하는 그에게 원한을 품게 되고, 결국 자신들의 괴력을 이용하여 그를 갈가리 찢어 죽이게 되었다. 혹은 그들이 정욕을 품고 서로 오르페우스를 차지하겠다고 다투다가 그만 찢어 죽이게 되었다는 설도 있다. 아무튼 머리만은 찢김을 면했는데 강에 떨어져 바다로 흘러가는 동안에도 계속 "에우뤼디케!"라고 소리를 질렀다고 한다. 결국 레스보스섬에 이르렀을 때 사람들이 그 머리를 건져 장례를 치러 주었고, 그 후로 그 섬사람들이 시적인 소양을 지니게 되었다고 한다.

테티스의 아들 아킬레우스의 경우와는 달랐지. 그들은 아킬레우스를 높이 평가하여 축복받은 자들의 섬으로 보내 주었네. 그가 헥토르를 죽이면 그도 죽게 될 것이지만 죽이지 않으면 집으로 돌아가 늙어서 죽게 되리라는 말을 어머니에게서 듣고도, 자기를 사랑하는 자 파트로클로스를 도우러 나서서 복수를 하고
180a 서, 단지 파트로클로스를 위해 죽는 것만이 아니라 이미 죽은 그를 뒤따라 죽는 것까지도 과감히 선택했기 때문이네.* 바로 이 때문에 신들이 대단히 마음에 들어 하게 되어 그를 단연 높이 평가했네. 그가 자기를 사랑하는 자를 그토록 중요하게 여겼기 때문에 말이네. 헌데 아킬레우스가 파트로클로스를 사랑하고 있다**고 말한 아이스퀼로스는 엉뚱한 말을 하고 있는 것이네. 아킬레우스는 파트로클로스만이 아니라 다른 모든 영웅들보다도 더 멋있었고 아직 수염이 없었으며, 게다가 호메로스가 말하기로는 훨

* 파트로클로스를 위해 죽는 일(hyperapothanein)과 그를 뒤따라 죽는 일(epapothanein), 이 둘 다를 했다는 말이라기보다는 파트로클로스를 위해 죽는 일 정도에 그치지 않고 그가 이미 죽었는데도 그를 뒤따라 죽기까지 했다는 말로 읽어야 할 것이다. 전자는 이미 파트로클로스가 죽었기 때문에 선택지가 될 수 없다. 또 알케스티스도 했던 일이다. 『소크라테스의 변명』에서 플라톤은 아킬레우스와 어머니 테티스 간의 비장한 대화를 『일리아스』로부터 직접 인용하면서 이 설화를 자세히 다루고 있다(28c–d). 죽음을 앞둔 소크라테스의 선택이 걸린 상황을 아킬레우스의 상황과 비교하려는 의도에서 말이다.

** 아킬레우스가 파트로클로스의 에라스테스(사랑하는 자)라는 말이다.

씬 더 어렸으니 말일세.* 실제로 신들이 사랑과 관련된 이런 덕을 매우 높이 평가하긴 하지만, 사랑하는 자가 소년 애인을 소중 b
히 여길[32] 때보다는 사랑받는 자가 자기를 사랑하는 자를 소중히 여길 때 더욱 놀라워하고 마음에 들어 하며 잘해 준다네. 사랑하는 자가 소년 애인보다 더 신적이거든. 신 지펴 있기 때문에 그렇지. 이런 이유로 그들은 알케스티스보다 아킬레우스를 더 높이 평가했네. 축복받은 자들의 섬으로 보내 주면서 말이네.

바로 이렇게 나는 주장하는 바이네. 에로스가 신들 가운데 가장 오래되고 가장 존경받을 만하고 또 살아 있든 죽은 후에든 인간들에게 있어서 덕과 행복을 얻는 일과 관련하여 가장 권위 있는 자라고 말이네."

파이드로스가 대강 이런 이야기를 했고 파이드로스 뒤로 다른 c
몇몇 이야기들이 있었다고, 그런데 자기는 뚜렷이 기억나는 게 별로** 없다고 그는 말했네. 그래서 그는 그 이야기들을 제쳐 두고 파우사니아스의 이야기를 죽 이야기해 주었네. 파우사니아스는 이렇게 말했다고 하네. "파이드로스, 우리 이야기의 방향이 아름답게 설정되지 않은 것으로 내겐 보이네. 그저 이렇게 단순하게

* 『일리아스』 11.786.

** '전혀'로 옮길 수도 있다.

에로스를 찬미하기로 정한 것 말이네. 에로스가 하나라면야 그
것이 아름다운 상태겠지만, 실은 그게 하나가 아니니 말일세. 그
d 게 하나가 아니면 어떤 종류의 에로스를 찬양해야 하는지를 먼저
말하는 게 더 옳네. 그래서 나는 이 점을 바로잡으려고 시도할
것이네. 즉 우선 우리가 찬양해야 하는 에로스가 누구인지*를 밝
히고, 그런 다음에 그 신에 걸맞게 찬양하려 시도할 것이네.

사실 에로스 없이 아프로디테가 없다는 걸 우리 모두 알고 있네.** 그러니 그 여신이 하나라면 에로스가 하나일 테지만, 실은 그 여신이 둘이 있으니까 에로스 역시 둘일 수밖에 없네. 그 여신이 어찌 둘이 아닐 수 있겠나? 분명히 그중 하나는 더 나이 든,*** 어머니 없는, 우라노스의 딸이며, 그래서 그녀를 우리가 천상의(우라니아) 아프로디테라는 이름으로 부르네.**** 다른 하나는

* 혹은 '우리가 어떤 에로스를 찬양해야 하는지'.

** 이 말은 얼핏 에로스가 아프로디테보다 먼저 있다는 의미의 말로 들리기도 한다. 하지만 파우사니아스는 에로스가 오래된 신이라는 파이드로스의 입장과 다소 거리가 있는 입장을 취하고 있고, 에로스가 아프로디테보다 선행한다는 식의 주장을 펼치고 있지 않다. 그저 아프로디테에게는 꼭 에로스가 붙어 다닌다거나 아니면 성(性)에는 항상 사랑이 결부되어 있다는 생각을 표명하는 정도로 이해할 수 있겠다.

*** 이하의 논의에서 파우사니아스는 "더 오래된 것이 더 훌륭하다"는 파이드로스의 입장에는 수긍하는 것으로 보인다.

**** '우라니아'는 '우라노스의 딸'을 뜻하면서 동시에 '하늘의', '천상(天上)의'라는 의미를 함께 갖는다.

더 젊은, 제우스와 디오네의 딸이고, 그래서 그녀를 우리가 범속
의(판데모스) 아프로디테라 부르네.* 그러니 에로스도 하나는 한 e
쪽 여신과 함께 일하는 자로서 범속의(판데모스) 에로스라 부르고, 다른 하나는 천상의(우라니오스) 에로스라 부르는 것이 옳을 수밖에 없네. 물론 우리가 신들 모두를 찬양해야 하지만, 그 둘 각각이 어떤 것들**을 맡아 갖고 있는지 말하려 시도해야 하네.

무릇 행위란 다음과 같기 때문이네. 행위 자체가 그 자체만으
로는 아름답지도 추하지도 않네. 가령 지금 바로 우리가 하고 있 181a
는 것은 그게 술 마시는 일이든 노래하는 일이든 대화하는 일이든 간에 이것들 가운데 아무것도 그 자체로 아름다운 것은 없네. 다만 행위 속에서 그것이 어떻게 행해지느냐에 따라 그러그러한 것이라고 드러나게 되는 거지.*** 아름답고 올바르게 행해지면 아름다운 것이 되고 올바르지 않게 행해지면 추한 것이 된다는 말이네. 사랑하는 일도 바로 이러하며, 그래서 에로스 일반이 다 아름답거나 찬미받을 만한 게 아니라 아름답게 사랑하도록 유도

* '판데모스'는 특정 지역이나 가문에 국한되지 않고 '온 백성이 섬기는 자'라는 의미로 쓰인 듯하며, 따라서 여기서는 '범속(凡俗)의' 혹은 '통속(通俗)의' 정도로 새길 수 있겠다.

** 관할 영역이나 기능 등을 가리키는 듯하다.

*** 달리 풀어 옮기면 "다만 행해지는 와중에 그것이 행해지는 방식에 따라 그것의 성격도 정해지는 거지."

하는 에로스만 그러하네.*

그런데 범속의 아프로디테에 속하는 에로스는 참으로 범속해
b 서 닥치는 대로 무엇이건 상관없이 해내려 하네.[33] 그리고 이게 바로 보잘것없는 사람들이 사랑하는 그런 사랑(에로스)이지.** 이런 사람들은 우선 소년들을 사랑하는 것 못지않게 여인들을 사랑하고, 또한 자기들이 사랑하는 자들의 영혼보다 오히려 몸을 더 사랑하며, 게다가 그들이 할 수 있는 한 가장 어리석은 자들을 사랑하는데, 일을 치러 내는*** 데만 혈안이 되어 아름답게 하느냐 그렇지 않느냐에는 신경을 쓰지 않기 때문에 그렇다네. 바로 이 때문에 그들은 닥치는 대로 무엇이든, 좋은 것이든 그 반대 것이든 상관없이 행하게 되네. 이 에로스가, 다른 쪽 여신보다
c 다 훨씬 더 젊고 또 생겨나면서**** 여성과 남성 모두를 나눠 갖고

* "사랑하는 일과 에로스가 다 아름답거나 찬미받을 만한 게 아니라 아름답게 사랑하도록 유도하는 에로스만 그러하네"로 옮길 수도 있다.

** 보잘것없는 사람들이 바로 이 범속의 사랑을 한다는 말이면서 동시에 바로 이 범속의 에로스를 사랑한다는 말이 되기도 한다. '에로스'를 보통명사로 보면 동족목적어로 사용되어 이 맥락에 직접 어울리는 전자의 의미가 되고, '에로스'를 고유명사로 보면 후자의 의미가 된다. 희랍어 '에로스'가 이 두 용법을 다 허용하는 애매성을 가지기에 이런 함축성 있는 표현이 가능하다. 아래에서도 계속 이 말은 애매하게 사용되고 있으며, 따라서 번역문에서 '에로스'와 '사랑'이 적당히 혼용될 것이다.

*** 성행위 특히 오르가슴을 에둘러 점잖게 표현한 것이다.

**** '기원에 있어서'로 옮길 수도 있다.

있는* 쪽 여신에게서 온[34] 것이기 때문이지.

반면에 다른 한 에로스는 우선 여성을 나눠 갖지 않고 남성만 나눠 갖고 있고,** (그리고 이게 바로 소년들에 대한 사랑이지.[35]) 또 더 나이 들었기에 방자함이라곤 조금도 안 가진 천상의 아프로디테에 속하는 에로스라네. 바로 그 때문에 이 에로스에 영감을 받은 자들은, 본성상 더 건장하고 지성을 더 많이 가진 것을 소중히 여겨 남성에게로 향한다네. 바로 소년 사랑 그 자체에서도 순수하게 이 에로스에 고무되어 있는 자들을 누구라도 알아볼 수 d
있을 것이네. 그들은 그냥 소년들이 아니라 이미 지성을 갖기 시작할 때의 소년들을 사랑하거든. 그런데 이때란 수염이 나기 시작하는 것과 비슷한 때라네.[36] 내 생각에 이때부터 그들을 사랑하기 시작하는 사람들은 전 생애 동안 그들과 함께 지내면서 그들과 함께 삶을 공유할 준비가 되어 있으니 말이네. 어려서 분별이 없을 때 잡아 놓고는 결국 비웃으면서 그***를 버려두고 다른 누군가에게로 달려가 버리는 식으로 기만하려는 게 아니고 말이네.[37]

실은 어리디 어린 소년들[38]을 사랑하지 못하게 하는 법****이 또

* 디오네와 제우스에게서 난 것을 가리킨다.

** 어머니 없이 우라노스에게서 난 것을 가리킨다.

*** 에로스의 대상인 소년이 앞에서 복수로 이야기되다가 단수로 바뀌었다.

**** '노모스'(nomos)는 법만이 아니라 관습, 관행, 불문율 등을 포괄하는 개념이다. 몇몇 서양 번역이 일관되게 '관습'으로 옮기는 것도 이 때문이다. 그

e 한 있어야 하네. 결과가 불분명한 일에 많은 열성을 쏟아붓는 일
이 없으려면 말이네. 소년들이 자라서 이르게 될 끝이 어느 쪽
일지, 즉 그들이 영혼이나 몸과 관련해서 나쁨과 훌륭함* 가운데
결국 어느 쪽으로 가게 될지가 불분명하거든. 그러니 훌륭한 사
람들은 스스로 자발적으로 자신들을 위해 이 법을 정하지만, 범
속의 사랑을 하는 이자들에게도 이런 유의 강제를 가해야만 하
네. 우리가 할 수 있는 한, 그들이 자유인 신분의 여인들을 사랑
하지 못하도록 강제하는 것과 꼭 마찬가지로 말일세.** 사랑하는
182a 자들에게 살갑게 응하는 것은 추한 일이라고까지 말하는 사람들

러나 역사적으로 기원전 4세기에 '노모스'라 하면 대체로 (성문)법을 가리킨다. 게다가 이어지는 말들로 볼 때도 이 좁은 문맥에서는 법을 가리킨다고 보는 것이 자연스럽다. 물론 이후 논의가 진행되면서 파우사니아스가 '노모스' 및 그 관련어들을 관습, 관행을 포괄하는 넓은 의미로 사용하게 되지만, 그것도 법을 일차적으로 염두에 두면서 점차 의미를 넓혀 논의하고 있는 것으로 볼 수 있다. 여기서부터 미리 '관습'이라고 옮기는 것은 이 좁은 문맥에 어울리지 않을 뿐만 아니라 나중 문맥을 고려하더라도 법에 주어진 일차적 관심이 배제된 번역이어서 적절치 않다고 생각한다. 게다가 우리말 '법'의 쓰임새 가운데 "손님을 밖에 세워 두는 법이 어디 있어?"(예의나 도리), "노력하는 사람에게는 못 당하는 법이지"나 "아무리 궁해도 죽으라는 법은 없다"(으레 그렇게 됨, 혹은 당연함, 혹은 이미 버릇이 됨)고 말할 때의 '법'을 떠올린다면, 이 말이 희랍어 '노모스'와 그리 멀지 않다고 할 수 있겠다.

* 혹은 '덕'.

** 고대 희랍에서 일반적으로 그랬듯 아테네에서도 노예가 아닌 여인에게는 아버지나 남편 혹은 가장 가까운 남자 친척이 후견인 노릇을 했고, 그들의 성적 활동 역시 이 남자 후견인들에 의해 철저하게 통제되었다.

이 나올 정도로 비난거리를 만들어 낸 자들이 바로 이자들이거든. 사람들은 바로 이자들을 염두에 두고 이들의 부적절함과 불의에 주목하면서 그런 말을 하는 거지. 분명히, 적어도 질서에 따라, 그리고 법에 맞게 행해진 일이라면 그 무엇이든 비난을 산다는 것이 정당하지 않을 테니까.

게다가 다른 국가들*에서는 사랑에 관한 법**이 단순하게 규정되어 있어서 파악하기가 쉽지만, 이곳***과 라케다이몬의[39] 법은 b
복잡다단하네.[40] 엘리스와 보이오티아 그리고 사람들이 말솜씨가 없는 곳에서는 사랑하는 자들에게 살갑게 응하는 것이 아름다운 일이라고 단순하게 법이 정해져 있으며, 젊건 나이 들었건 아무도 그게 추한 일이라고 말하지 않을 것이네. 그들이 말하는 데 무능하기 때문에 굳이 젊은이들을 말로 설득하려고 노력하는 번거로움을 겪지 않으려고 그러는 것이라 생각하네. 하지만 사

* 혹은 '도시들'.

** 이 문맥에서는 '노모스'가 관습이나 관행까지도 포괄하는 넓은 의미로 사용되는 것으로 보인다. 아울러 '노모스'와 관련된 동사도 위에서 사용된 'nomon tithenai'(법을 정하다, 제정하다)와 같은 계열의 동사인 'nomotheteisthai'(법으로 정해지다)와 더불어 'nomizesthai'(법이나 관습으로 받아들여지다, 통하다, 통용되다)가 함께 사용된다. 그러므로 이하에서 '법'으로 옮긴 말은 넓은 의미로 이해해도 좋을 것이다. 또한 '정하다', '받아들이다'로 옮긴 말들도 마찬가지로 넓은 의미로 이해할 수 있을 것이다.

*** 아래에서도 계속 그러겠지만, 이야기가 이루어지고 있는 곳이 아테네여서 '여기', '이곳'이라 할 때는 대개 아테네를 가리킨다.

람들이 야만인들의 지배하에 살고 있는, 이오니아의 여러 곳과 다른 많은 곳에서는 그것이 추한 일로 받아들여져 왔네.* 그 야
c 만인들에게는 바로 이것**이, 그리고 지혜를 사랑하는 일과 체력 단련을 좋아하는 일이 추한 일인데, 이는 그들의 참주정 때문이네. 내 생각에 다스림을 받는 자들에게 대단한 생각[41]이, 그리고 강한 친애와 연대가 (다른 모든 것들도 그렇지만[42] 특히나 사랑이 바로 이것을 심어 넣어 주는 일을 즐겨하지.) 생기는 것이 다스리는 자들에게는 이롭지 않거든. 여기 참주들도 이걸 실제 경험으로 알게 되었지. 아리스토게이톤의 사랑과 하르모디오스의 친애***가 확

* 여기 기술되고 있는 상황은 극중 연대가 아니라 집필 연대를 반영한다. 즉 소아시아의 희랍인들이 페르시아 제국에 다시 복속되는 시점인 '안탈키다스의 평화(조약)'(기원전 387/6년) 이후를 가리킨다. 향연의 시점(416년)이나 이야기의 시점 모두 소크라테스가 사망한 399년 이전이고, 사실 그 시대에 이오니아의 도시들은 모두 아테네 제국에 속해 있었다. 작가가 향연 시점과 이야기 시점을 서로로부터, 그리고 집필 시점으로부터 멀리 떼어 놓는 태도를 취하면서도 집필 당시 시대 상황을 굳이 끼워 넣고 있는 것이다. 이는 거리를 취하면서 동시에 그 거리를 단번에 무화(無化)시키는 효과를 노린 의도적인 연대 착오(anachronism)라 할 수 있겠다.

** 좁은 문맥에서는 물론 '사랑하는 자들에게 살갑게 응하는 것'을 가리킨다고 보아야 한다. 하지만 내용상으로, 그리고 넓은 문맥에서 볼 때 '소년 사랑' 일반을 가리키는 것으로 이해할 수 있겠다.

*** '필리아'(philia)를 편의상 '친애'라고 옮기긴 했지만, 이 말은 그 내용상 위에서 계속 언급된 '사랑하는 자에게 살갑게 응하는 것'(charizesthai)과 같은 뜻이다. 사랑받는 자(에로메노스)인 하르모디오스가 자기를 사랑하는 자(에라스테스) 아리스토게이톤의 사랑(에로스)에 애정과 호의를 갖고 대

고해져서 그들의 권세를 결딴냈거든.* 이렇게,[43] 사랑하는 자들에게 살갑게 응하는 것이 추한 일로 정해진** 곳에서는 그런 법을 정한 사람들***이 나빠서,[44] 즉 다스리는 자들의 탐욕과 다스림을 d
받는 자들의 비겁함으로 인해 그런 상황에 처해 있는 반면, 단순히 아름다운 일로 받아들여진 곳에서는 그렇게 정한 사람들의 영혼이 가진 게으름 때문에 그런 상황에 있는 것이네.

하지만 여기는 이것들보다 훨씬 더 아름다운**** 법이 정해져 있는데, 내가 말했듯이 파악하기가 쉽지 않네. 가령 다음과 같은 것들을 숙고해 보는 사람에게는…***** 은밀하게 사랑하는 것보다 공

하는 것을 '필리아'라고 간결하게 표현한 것이다.

* 투키디데스 6.54–59에 의하면 514년에 아리스토게이톤과 하르모디오스가 아테네 참주 히피아스와 그의 형제 히파르코스를 살해하려 시도했는데, 히파르코스를 살해하는 데만 성공했고 그해에 두 사람은 처형되었다. 이후 참주정은 3년 뒤에 무너지는데, 그들은 자유를 가져다준 인물로 숭앙받게 되고 그들의 자손은 (『소크라테스의 변명』에서 소크라테스가 언급하기도 한) 국가 유공자에게 주어지는, 프뤼타네이온에서의 식사 대접 특권을 받게 되었다.

** 혹은 '간주되는'.

*** 문맥상 통치자와 피치자를 함께 가리키는 말이다.

**** 46쪽의 각주에서 말한 대로 '칼로스'(kalos)를 '아름다운' 대신 '훌륭한'으로 새기지 않는다. 앞으로는 따로 주석하지 않는다.

***** 이 말에 호응하는 주문장이 이어지지 않는다. 저자는 사랑에 관한 아테네의 법이 얼마나 복잡한지를 설명하는 문장 자체를 복잡하게 꾸미고 있는 것이다. 굳이 생략된 말을 보충해 보자면 "가령 다음과 같은 것들을 숙고

공연하게 사랑하는 것이, 그것도 특히 가장 고귀하고* 가장 훌륭한** 자들을 (비록 그들이 남들보다 더 추하다 해도 말이네.) 사랑하는 것이 더 아름답다고들 한다는 것, 그리고 또 모든 사람들이 사랑하는 자에게 해 주는, 그가 뭔가 추한 일을 하는 게 아니라는 격려야말로 가장 놀랄 만하다는 것, 그리고 그가 소년 애인
e 을 잡으면 그에게 아름다운 일이요 못 잡으면 그에게 추한 일이라는 평판이 붙는다는 것, 그리고 잡으려고 시도하는 것과 관련해서 법은 사랑하는 자가 놀랄 만한 일들을 행하면서도 칭찬받을 수 있을 만큼 마음 놓고 행동할 수 있게 허용해 주었다는 것을 말이네. 그런데 바로 그 놀랄 만한 일들은 누군가가 이것 말
183a 고 다른 무언가를 추구하여 이루어 내기를 바라면서 그 일들을 감히 행하려 할 경우에는 지혜 사랑에 대한 아주 큰 비난을 초래하게 될 그런 일들이네.[45]

가령 누군가가 누군가에게서 돈을 받기를 바라면서, 혹은 관직이나 다른 영향력 있는 자리를 얻기를 바라면서, 사랑하는 자들이 소년 애인들에게 하는 바로 그런 일들을 하려 한다고 해 보세. 애타게 탄원하고 간청하면서, 맹세를 하면서, 소년 애인 집

해 보면 그 사람은 아테네의 법이 알기는 쉽지 않지만 더 아름답게 만들어져 있다는 것을 알게 될 것이다"쯤이 될 것이다.

* 보통 귀족 계층의 자제를 가리키는 말로 많이 쓰인다.

** 파이드로스 연설에서는 '가장 용감한'으로 바꾸어도 좋은 말이었다(179a).

문가에 누워 자면서 어떤 노예도 안 하려 할 그런 노예 노릇을 기꺼이 하려 하면서 말이네. 그럴 때 친구들만이 아니라 적들까지도 그가 이런 행동을 하지 못하게 막을 것이네. 적들은 그가 아첨하면서 자유인답지 못하게 구는 것을 비난할 것이고, 친구 b
들은 훈계하면서 그의 그런 일들에 대해 수치스러워할 것이네. 하지만 사랑하는 자가 이런 모든 일들을 할 경우에는 다들 호의를 갖고 대하며, 그가 비난받는 일 없이 그것들을 행하도록 법이 허용하네. 그가 뭔가 아주 아름다운 일을 수행하고 있는 것으로 대하면서 말일세. 그런데 무엇보다도 심한 일은, 적어도 이건 많은 사람들이 하는 말인데, 그 사람만이 맹세를 한 상태에서 그 맹세를 벗어난 일을 하고도 신들에게서 용서를 받는다는 것이네. 그들이 말하기로는 아프로디테에 속하는 맹세*란 없기** 때
문이라네. 이렇게, 여기 법이 말해 주는 바에 따르면 신들도 인 c
간들도 사랑하는 자에게 마음 놓고 행동할 수 있게 허용해 주었네. 그래서 이런 점에서 볼 때는 사랑하는 것과 자기를 사랑하는 자들에게 친구가 되는 것[46]이 이 국가에서는 아주 아름다운 일로 받아들여지고 있다고 누군가가 생각할 수도 있을 것이네.

하지만 다음과 같을 때는 사정이 다르네. 부모들은 자식들이

* 즉 성애(性愛)와 관련된 맹세.

** '없기' 대신 '맹세가 아니기'로 새길 수도 있다.

사랑받는 자들이 되었을 때 그들에게 아동 보호자[47]들을 감독자로 두어 그들이 자기들을 사랑하는 자들과 대화를 나누는 것을 허용하지 않고 아동 보호자들에게도 이런 명령이 내려지지. 또 뭔가 그 비슷한 일이 일어나고 있는 것을 동년배나 동료들이 보면 비난을 하곤 하네. 또 나이든 사람들 쪽에서도 그런 비난을
d 하는 자들을 막지도 않고 옳지 않은 말을 한다고 야단을 치지도 않지. 이것들을 보고서 이번에는 반대로, 여기서는 그런 일이 아주 추한 일로 받아들여지고 있다고 누군가가 생각할 수도 있겠네.

헌데 실은 사정이 다음과 같다고 생각하네. 서두에서 말한 대로 그건 단순하지가 않네. 그것 자체가 그 자체만으로 아름답거나 추한 게 아니라 아름답게 행해지면 아름답고 추하게 행해지면 추한 것이네. 그런데 추하게라 함은 못된 사람에게 못된 방식으로 살갑게 대하는 것이요, 아름답게라 함은 쓸 만한 사람에게 아름다운 방식으로 그리하는 것이네. 그리고 못된 사람이란
e 영혼보다는 오히려 몸을 사랑하는 저, 범속한 사랑을 하는 자* 라네. 그는 또 확고부동하지도 않은데, 이는 그가 사랑하는 대상이 또한 확고부동하지 않기 때문이지. 그가 사랑했던 몸의 꽃이 시들자마자 '그는 날아가 버린다'[48]네. 많은 이야기들과 약속

* 혹은 '범속한 구애자'.

들을 무색케 하면서 말일세. 하지만 성품을 (그것이 쓸 만한 것*일
때) 사랑하는 사람은 일생 동안 내내 확고부동한 상태를 유지하
는데, 이는 확고부동한 것과 한 덩어리로 융합되었기 때문이네.
바로 이런 사람들을 우리 법은 잘, 그리고 멋지게 시험하려 한다 184a
네. 어떤 자들에게는 살갑게 대하고 다른 어떤 자들은 피하라고
말일세.[49] 그러니까 바로 이 때문에 그것은 어떤 자들에게는 쫓
아가라고, 다른 어떤 자들에게는 피하라고 권하네. 사랑하는 자
가 둘 중 어느 쪽에 속하고 사랑받는 자가 또 둘 중 어느 쪽에 속
하는지 경쟁을 붙여 놓고 시험하면서 말일세. 바로 그래서 이런
까닭으로 첫째, 빨리 잡히는 것이 추한 일로 간주되는데, 이는
시간이 사이에 끼어들어 오게 하기 위해서지. 시간이야말로 많
은 것들을 멋지게 시험한다고 생각되니까 말이네. 그다음으로는
돈이나 정치권력에 잡히는 것이 추한 일로 간주되네. 험한 꼴을 b
당해서 위축되어 꿋꿋하지 못하든, 아니면 돈이나 정치적 목적
달성을 위해 친절을 제공받고서 그걸 무시하지 못하든 말일세.
이것들 가운데 어떤 것도 안정적이거나 확고부동하지 않다고 생
각되거든. 그것들로부터 고귀한 친애가 생겨날 수조차 없게끔
되어 있다는 것을 빼고는 말일세.

그래서 우리 법에는 단 하나의 길이 남아 있네. 소년 애인이

* 혹은 '쓸 만한 사람의 것'.

자기를 사랑하는 자에게 살갑게 응하는 일을 아름답게 하려면 말일세. 우리 법은 다음과 같거든. 사랑하는 자들의 경우 소년 애인을 위해 그 어떤 노예 노릇이든 기꺼이 하겠다는 것은 아부
c 가 아니고 비난받을 만한 일도 아니었지. 바로 그런 것처럼 이 경우에도 다른 단 하나의 자발적인 노예 노릇만이 비난받을 만하지 않은 것으로 남아 있는데, 그게 바로 덕과 관련한 노예 노릇이라네. 실로 우리에게 받아들여진 바에 따르면 누군가가 다른 누군가를 통해 자기가 어떤 지혜에 있어서나 아니면 덕의 그 어떤 다른 부분에 있어서나 더 훌륭한 자가 되리라고 생각하면서 그에게 기꺼이 봉사하려[50] 할 때, 이런 기꺼이 하는 노예 노릇 역시 추하지 않고 아부도 아니라네.

따라서 이 두 법이, 즉 소년 사랑에 관한 법과 지혜 사랑 및 다
d 른 덕에 관한 법이 같은 곳에서 함께 만나야[51] 하네. 사랑하는 자에게 소년 애인이 살갑게 응하는 것이 아름다운 것이 되는 일이 일어나려면 말일세. 사랑하는 자와 소년 애인이 각자가 자기 법을 가지고 (즉 전자는 살갑게 응한 소년 애인에게 어떤 봉사를 하든 자기가 봉사하는 게 정당할 수 있다는 법을, 그리고 후자는 자기를 지혜롭고 훌륭한 자로 만들어 주는 자에게 어떤 봉사를 하든 자기가 봉사하는 게 정당할 수 있다는 법을 가지고) 같은 곳으로 가게 될 때,
e 그리고 전자는 분별 및 다른 덕에 있어서 기여할 능력이 있고 후자는 교육 및 다른 지혜를 얻어 가져야 할 필요가 있을 때, 바로

그때, 즉 이 법들이 같은 곳으로 가게 될 때, 다른 어느 곳에서도 아니고 바로 그곳에서만 소년 애인이 자기를 사랑하는 자에게 살갑게 응하는 것이 아름다운 것이 되는 일이 일어나거든.

이런 경우에는 기만당하는 것조차도 전혀 추한 일이 아니네. 다른 모든 경우엔 기만당하고 있을 때든 그렇지 않을 때든 그것이 수치심을 가져다주지만 말이네. 누군가가 자기를 사랑하는 자를 부자로 생각해서 부 때문에 그에게 살갑게 응했다가 자기 185a
를 사랑하는 그자가 가난뱅이라는 것이 밝혀져 돈을 얻어내지 못하고 기만당하는 경우 기만당하지 않는 경우보다 조금이라도 덜 추하지 않거든. 그런 자는 적어도 자신의 것*만큼은 드러낸 것으로, 즉 돈을 위해서라면 누구에게든 무슨 봉사든 하려 할 것이라는 점은 드러낸 것으로 여겨지는데, 이건 아름답지 못한 것이니까 말일세. 바로 그것과 똑같은 이치에 따라 누군가가 자기를 사랑하는 자를 훌륭한 자로 생각해서, 그리고 자기를 사랑하는 그자의 친애[52]로 인해 자기 자신이 더 훌륭한 자가 되겠다는 생각으로 그에게 살갑게 응했다가 저 사람이 나쁘고 덕을 소유하고 있지 않다는 것이 밝혀져 기만당하는 경우를 상정하면, 비 b
록 그렇게 기만당했다 하더라도 그 기만은 아름답다네. 아까의

* '자신의 것'(to hautou), 그리고 아래 185b의 '자신에게 속한 것'(to kath' hauton)은 성품을 가리키는 것으로 보인다. 파우사니아스 자신이 이미 '성품'(ēthos)을 언급한 바 있다(183e).

경우처럼 이 경우 이런 사람도 역시 자신에게 속한 것은 이미 보여 준 것으로, 즉 적어도 덕을 위해서라면, 그리고 더 나은 자가 되기 위해서라면 누구를 위해서든 무슨 일이든 기꺼이 하려 들 것이라는 점은 보여 준 것으로 여겨지는데, 이건 아까의 경우와 달리 이번에는 모든 것들 가운데 가장 아름다운 것이니까 말일세. 이렇게, 덕을 위해서 자기를 사랑하는 자에게 살갑게 응하는 것은 전적으로 아름다운 것이네. 이 에로스는 천상의 여신에 속한 천상의 에로스요, 국가에도 개인들에게도 아주 값진 에로스이네. 사랑하는 자 자신과 사랑받는 자가 자기 덕에 대해 대단한 관심을 기울이도록 강제하기 때문에 그렇다네. 반면에 다른 에
c 로스들은 모두 다른 여신, 즉 범속의 여신에 속하는 것들이라네.

파이드로스, 이 정도가 내가 자네를 위해 당장에 에로스에 관해 내 몫으로 내어놓을* 수 있는 것들이라네." 그가 말했네.

파우사니아스가 이야기를 멈추었을 때 (바로 이렇게 비슷한 음운(音韻)으로 말하는 것**은 말솜씨가 좋은 자들이 내게 가르쳐 주었거든.) 다음으로 이야기해야 할 사람은 아리스토파네스였네, 하고

* 177c에서 언급된 '부조'(eranos)를 염두에 둔 말이다.

** 바로 앞 '파우사니아스가 이야기를 멈추었을 때'로 옮긴 말은 원어로 '파우사니우 파우사메누'(Pausaniou pausamenou)다. 두 단어가 비슷한 음운으로 이루어져 있고, 음절의 수와 각 음절의 장단이 같다.

아리스토데모스가 말했네. 하지만 과식 때문인지 아니면 어떤 다른 것 때문인지 그에게 마침 딸꾹질이 일어나서 이야기를 할 수 없었고 그저 그는 다음과 같이 말할 수 있었을 뿐이라네. (그 d
의 아래쪽 침상에 의사인 에뤽시마코스*가 앉아 있었거든.) "에뤽시마코스, 자네는 내 딸꾹질을 멈추게 해 주든가 아니면 내가 딸꾹질을 멈출 때까지 내 대신 이야기를 하든가 해야 마땅하네."

그러자 에뤽시마코스가 말했다네. "아니, 그 둘 다를 해 주겠네. 자네 차례에 내가 말을 하고 자네는 딸꾹질을 멈추게 되면 내 차례에 하게. 그리고 내가 이야기하는 동안 자네가 오랫동안 숨을 멈추고 있으면 자네의 그 딸꾹질이 혹시 멈추게 될 수도 있겠네. 안 멈추면 물을 입에 물고 울걱거려 보게. 하지만 과연 그 e
딸꾹질이 대단히 센 놈이다 싶으면 코를 간질일 수 있을 만한 어떤 것을 구해 가지고 재채기를 해 보게. 이걸 한두 번 하면 아무리 센 놈이라 해도 멈추게 될 걸세."

"어서 이야기 시작하게.[53] 난 자네가 말한 그 일들을 해 볼 테니." 아리스토파네스가 말했다네.

* 에뤽시마코스는 아버지 아쿠메노스처럼 플라톤과 크세노폰에서 의사로 언급된다. 『프로타고라스』 315c에도 나온다. 그의 이름은 '트림과 싸우는 자'를 뜻하는데, 아리스토파네스의 딸꾹질을 고쳐 주려고 시도하는 지금의 상황과 잘 부합하는 이름이다. 이 대화편에서 의술의 대표자로 등장하는데, 다소 우스꽝스럽게 나온다.

그래서 에뤽시마코스가 말했다네. "자 그럼, 파우사니아스가
186a 이야기를 멋지게 시작해 놓고도 끝마무리를 만족스럽게 못했으니 별 수 없이 내가 그 이야기의 뒤끝을 마물러 주도록 시도해야 할 것으로 보이네. 내가 이런 말을 하는 건 다음과 같은 생각 때문이지. 에로스가 두 부류가 있다는 건 그가 멋지게 구분한 것으로 나는 생각하네. 하지만 에로스가 사람들의 영혼에만, 그리고 아름다운 자들에 대해서만 있는 게 아니라 다른 많은 것들에 대해서도, 그리고 다른 것들 속에도 (즉 모든 동물들의 몸에도 땅에서 자라나는 것들에도, 그러니까 말하자면 있는 모든 것들 속에) 있다는 것을 나는 우리 기술인 의술로부터 깨달았다고 생각하네. 그
b 신이 얼마나 위대하고 놀랄 만한 신인지, 그리고 어떻게 모든 것에, 즉 인간적인 사물들과 신적인 사물들에 세력을 뻗치고 있는지를 말일세.

나는 이야기를 의술에서부터 시작할 것인데, 그건 우리가 그 기술에 특별한 존경을 표하기 위해서이기도 하네. 몸들의 본성이 바로 이 이중의 에로스를 갖고 있네. 몸의 건강함과 병듦이 다른 것이고 서로 비슷하지 않은 것이라는 게 흔히 받아들여지며, 비슷하지 않은 것은 비슷하지 않은 것들을 욕망하고 사랑하거든.[54] 그러니까 건강한 것에게 있는 사랑이 다르고 병든 것에게 있는 사랑이 다르지. 방금 전에 파우사니아스도 말했듯이 사람들 가운데 훌륭한 자들에게 살갑게 대하는 것은 아름답지만

방종한 자들*에게 그렇게 하는 것은 추한 일이라네. 바로 그처 c
럼 몸들 자체에 있어서도 각 몸에 속하는 훌륭하고 건강한 것들에게 잘 대해 주는 것은 아름다운 일이고 또 그렇게 해야만 하는 것이지만 (그리고 바로 이것이 의술이라고 우리가 부르는 것이지.), 나쁘고 병든 것들에게 그렇게 하는 것은 추한 일이고 또 누군가가 기술에 능한 자가 되려면 그것들에게 호의적으로 대하지 말아야 하네.

골자만 말하면 의술은 채움이나 비움과 관련하여 에로스가 몸 안에서 하는 일들[55]에 대한 앎이며, 이런 일들에서 아름다운 사
랑과 추한 사랑을 분간하는 자가 있다면 이자야말로 가장 의사다 d
운 자이네. 또 그는 환자의 몸이 한 사랑 대신 다른 사랑을 얻을 수 있도록 변화를 일으켜 주는 자이네. 그리고 사랑이 안에 생겨나야만 하는데 정작 안에 없는 자들에게는 사랑을 만들어 넣어 주고, 있으면 안 되는 사랑이 안에 있을 때는** 제거해 줄 줄 아는 자가 훌륭한 장인(匠人)일 것이네. 사실 그는 몸 안에서 가장 적대적인 것들이 서로 친하도록, 그리고 서로를 사랑하도록 만들어 줄 수 있어야만 하거든. 그런데 가장 반대되는 것들이 서로에

* 훈육을 제대로 받지 못했다는 어원적 의미를 살려 '제멋대로인 자들'로 옮길 수도 있다.

** '있으면 안 되는 사랑이 안에 있을 때는' 대신에 '안에 있던 사랑은'으로 옮길 수도 있다.

게 가장 적대적이지. 차가운 것이 뜨거운 것에, 쓴 것이 단 것에,
e 마른 것이 축축한 것에, 그리고 그런 모든 것들이 그러하네. 이
런 것들에 사랑과 한 마음을 만들어 넣어 줄 줄 알았기에, 여기
이 시인들*이 말하고 또 나 자신도 그들을 따라 믿고 있듯이, 우
리 조상 아스클레피오스께서 우리 기술을 확립하셨던 것이네.

그러니까 내가 말하고 있는 대로 의술 전체가 이 신**을 통해 조
187a 종되며, 체육 기술과 농사 기술도 마찬가지이네. 그리고 조금이
라도 주의를 기울이는 자라면 그 누구에게도 시가 기술이 이것
들과 똑같은 상태라는 것이 분명하다네. 아마 헤라클레이토스도
바로 그런 말을 하려 했던 것 같네. 비록 적어도 그가 사용한 어
구로만 보면 그리 멋지게 말하지 못했지만 말이야. 그는 하나에
대해 이렇게 말하고 있지. "그것 자체가 자신과 불화하면서도 화
합한다. 마치 활과 뤼라의 조화가 그렇듯이."[56]라고 말이야. 그런
데 조화가 불화한다거나 계속 불화하는 것들로부터 조화가 있다
고 말하는 건 대단히 불합리하지. 하지만 그는 아마도 오히려 다
음과 같은 것을 말하고 싶었던 것 같네. 고음과 저음이 이전에는
b 불화했는데 그러다가 나중에 일치하게 되어 그것들로부터 조화
가 시가 기술에 의해 생겨났다고 말이야. 확실히 고음과 저음이

* 아리스토파네스와 아가톤을 가리키는 것으로 보인다.

** 아스클레피오스가 아니라 에로스를 가리킨다.

적어도 아직 불화하고 있을 때는 그것들로부터 조화가 있게 될 수는 없거든. 조화는 화음*이요 화음은 일종의 일치이기 때문이지. (그런데 불화하고 있는 것들이 불화하고 있는 동안은 그것들로부터 일치가 있다는 것이 불가능하네. 그런가 하면 불화하고 있는 것이 일치하지 않으면 조화시킨다는 것 또한 불가능하네.[57]) 바로 리듬의 경우도 꼭 그렇듯이 말이네. 빠른 템포와 느린 템포가 이전에는 c
불화했는데 나중에 일치되어 그것들로부터 리듬이 생겨나 있는 거지. 그런데 이것들 모두에 일치를 집어넣어 주는 것이 앞의 경우에는 의술이었던 것처럼 이 경우에는 시가 기술이네. 서로 간의 사랑과 한 마음을 만들어 넣어 줌으로써 그렇게 한다네. 그리고 시가 기술은 이번에는** 조화나 리듬과 관련하여[58] 에로스가 하

* '화음'(和音)의 현대적 의미는 높낮이가 다른 소리가 '같은 시점에' 울려 잘 어우러지는 것을 가리킨다. 여기 '쉼포니아'(symphōnia)가 플라톤 시대에 동시에 울려 나는 소리를 가리키는지는 논의의 여지가 있다. 편의상 '화음'으로 번역했지만 일단 안전하게는 '같은 시점에' 울린다는 것이 꼭 포함되지 않을 수도 있다는 점을 감안하는 것이 좋겠다. 아래에서 이야기될 리듬의 경우 움직임의 단위들이 앞 단위들을 빨리 따라오느냐 느리게 따라오느냐에 따라 일정한 리듬이 생기는데, 그 경우처럼 여기 화음의 경우에도 어떤 높이의 소리가 앞소리에 뒤따르느냐에 따라 소리의 일정한 어울림이 생긴다고 이해할 수 있을 것이다. 물론 이 경우 앞소리의 여운이 남아 뒷소리와 어우러지므로 동시성이 완전히 배제되는 것은 아닐 테지만, 일차적으로는 화음과 리듬 모두 단위들의 '잇따름'에 의해 발생하는 것으로 이해하는 것이 안전하고 이 문맥에도 적당할 듯하다.

** 즉 의술의 경우와 비교하면.

는 일들에 대한 앎이네.

적어도 조화와 리듬의 구성 그 자체에서는 에로스의 일들이 분간하기 어렵지 않고, 이중의 에로스도 여기에는 아직[59] 없네. 그러나 리듬과 조화를 사람들에게 적용해야 할 경우가 있겠는
d 데, 곡조와 운율을 만들거나 (그걸 바로 사람들은 '작곡'이라 부르지.) 아니면 이미 만들어진 것들을 제대로 이용하거나 (그게 바로 '교양 교육'이라 불리는 거지.) 하면서 그렇게 하지. 바로 이런 경우에는 어려움이 있고 훌륭한 장인이 필요하네. 앞서의 경우와 똑같은 이야기가 다시 나오게 되었거든.* 사람들 가운데 질서 있는 자들에게는 (그리고 아직 그렇지 않은 자들의 경우에는 그들이 더 질서 있게 될 수 있는 방식으로**) 살갑게 대해 주어야 하고 이들의 에로스를 지켜 주어야 하는데, 이 에로스가 바로 아름다운, 천상의(우라니오스) 에로스요, 천상의(우라니아) 뮤즈 여신에 속한 에로

* 앞의 186b7 이하에서 에뤽시마코스는 "사람의 경우 훌륭한 자들에게 살갑게 대하는 것은 아름답지만 제멋대로인 자들에게 그렇게 하는 것은 추한(즉 수치스런) 일이라는 파우사니아스의 말처럼, 몸의 경우에도 각 몸의 훌륭한 요소에 잘 대해 주는 것은 아름다운 일이요 해야만 하는 일이지만 나쁜 요소에 대해 그렇게 하는 것은 추한 일이며, 이렇게 몸의 요소에 대해 적당한 처우를 하는 것이 바로 의술이다."라고 말했는데, 바로 그것과 똑같은 이야기 혹은 이치(logos)가 시가 기술의 경우에도 적용된다고 말하고 있는 것이다.

** 뜻으로 풀어 새기면 '그리고 아직 질서 있는 상태에 도달하지는 못했지만 그런 방향으로 계속 진전할 가능성이 있는 자들에게'로 읽을 수 있겠다.

스이네. 반면에 많은 송가의(폴륌니아) 뮤즈 여신[60]에 속한 에로 e
스, 즉 범속의(판데모스) 에로스는 그걸 적용할 때 누구에게 적용
하든 간에 주의를 기울여야 하네. 그것의 쾌락은 누리게 하되 그
어떤 방종도 만들어 넣지 않도록 말이네. 이는 우리 기술에서 요
리 기술에 관련된 욕망들을 아름답게 사용하는 것, 그래서 질병
없이 쾌락을 누릴 수 있게 하는 것이 중요한 일인 것과 마찬가지
이네. 그러니까 시가 기술에서나 의술에서나, 그리고 인간적인
일이건 신적인 일이건 막론하고 다른 모든 일들에서 우리는 할
수 있는 한 두 에로스 각각을 지켜보아야 하네. 둘 다가 그것들
안에 있으니까 말일세. 188a

한 해의 계절들의 구성도 이 둘로 가득 차 있네. 그리고 방금 전에 내가 말한 것들, 즉 뜨거운 것들과 차가운 것들, 마른 것들과 축축한 것들이 서로에 대해 질서 있는 에로스에 이르게 되어 절제된 조화와 혼화(混和)를 얻게 될 때는, 그것들이 찾아와서 인간들과 다른 동물들, 그리고 식물들에게 번성과 건강을 가져다주게 되며 아무런 해도 끼치지 않네. 반면에 방자함을 가진 에로스가 한 해의 계절들에 대해 더 힘을 갖게 될 때는 많은 것들
을 망치고 해를 끼치네. 이런 것들로부터[61] 역병(疫病)과 다른 많 b
은 불규칙한 질병들이 짐승들과 식물들에게 곧잘 생기곤 하거든. 가령 서리, 우박, 녹병(綠病)[62]이 생기는데, 이건 이런 것들이 서로를 침해하고 질서를 어지럽힘에 의해 생긴다네. 바로 이 일

들에 대한 앎, 즉 별들의 움직임이나 한 해의 계절들과 관련하여
에로스가 하는 일들에 대한 앎이 천문학이라 불리네.

게다가 더 나아가 온갖 제사들, 그리고 예언술이 관할하는 것
c 들(이것들이 바로 신들과 인간들 상호 간의 교제인데)은 다름 아닌
에로스를 지키는 일과 치유하는 일에 관련된다네. 누군가가 질
서 있는 에로스에게 살갑게 응하지 않고 또 그를 존경하지도 않
고 모든 행동에 있어서 그에게 특별한 존경을 표하지도 않으면
서 오히려 나머지 한 에로스에게는[63] 그렇게 할 경우, 부모들에
대해서든 (그들이 살아 있거나 이미 죽었거나 간에), 신들에 대해서
든 온갖 불경건[64]이 곧잘 생기곤 하니까 말일세. 바로 이 일들과
관련하여 에로스들을[65] 잘 살피고 치유하는 일이 예언술에 할당
d 되어 있으며, 예언술은 이번에는* 인간들에 관련된 에로스의 일
들을 앎으로써, 즉 그 일들 중에 온당함과 경건[66]으로 이르는 것
들이 무엇인지를 앎으로써 신들과 인간들의 친애를 만들어 내는
자라네.

이렇게 많은 큰 능력을, 아니 한마디로 말해 일체의 능력을 에

* 즉 의술의 경우나 시가 기술의 경우와 대비하면. 두 경우는 각각 186d와 187d에 언급되어 있다. 전자는 환자의 몸 안에 들어 있어야 하는 사랑(즉 여러 적대적 요소들의 친화)을 만들어 주고 들어 있으면 안 되는 사랑을 제거해 주는 것이요, 후자는 시가를 작곡하거나 그것을 교육에 이용할 때 받아들이는 자의 영혼을 질서 있고 조화롭게 하는 사랑을 지켜 주고 또 사랑의 열매는 누리되 방탕하지 않도록 치유해 줄 수 있는 것으로 언급되었다.

로스 전체가 갖고 있다네. 하지만 우리들에게 있어서, 그리고 신들에게 있어서, 좋은 것들과 관련하여 절제와 정의를 갖고 일을 이루어 내는 에로스, 바로 이 에로스야말로 가장 큰 능력을 갖고 있고 우리에게 일체의 행복을 마련해 주며 우리가 서로서로와, 그리고 우리보다 더 뛰어난 이들인 신들과 사귀고 친구가 될 능력을 갖게 해 주네.

그런데 아마 나도* 에로스를 찬양하면서 많은 걸 빼먹었을 수 e
있네. 하지만 그렇다고 해도 적어도 부러 그런 건 아니네. 내가 뭔가 빼놓은 것이 있다면, 아리스토파네스, 그걸 채우는 게 자네가 할 일일세. 아니면 어떤 다른 방식으로 그 신을 찬미할 작정이라면 그렇게 찬미하게나. 자네 딸꾹질도 멈췄으니 말일세."

그러자 아리스토파네스가 순서를 이어받아 다음과 같이 말했 189a
다고 그는 말했네. "딱 멈춰 버렸네그려. 하지만 그것에 재채기 요법을 적용하기 전에는 멈추지 않았지. 그래서 난 놀라워하고 있다네. 몸의 질서가** 재채기 같은 그런 소음과 간지럼 태우기를 욕망한다는 것에 말일세.*** 그것에 재채기 요법을 적용하자마자

* 즉 파우사니아스가 그랬듯이.

** 혹은 '몸의 질서 있는 부분이'.

*** 여기서 아리스토파네스는 에뤽시마코스가 말했던 의학 이론과 그것의 연

곧바로 멈춰 버렸거든."

그러자 에뤽시마코스가 말했다고 하네. "훌륭한 아리스토파네스, 자네가 무슨 일을 하고 있는지 살펴보게. 막 이야기하려는 찰나에 우스개를 부리고 있고 그래서 나를 자네 자신이 하는 이
b 야기의 지킴이가 되도록 강제하고 있네. 즉 자네가 평화롭게 이야기를 할 수 있는데도, 혹시나 뭔가 우스갯소리*를 하지 않을까 지켜보는 자가 되도록 말일세."

그러자 아리스토파네스가 웃음을 터뜨리면서 말했다고 하네. "좋은 말이네, 에뤽시마코스. 내가 말한 것들 말 안 한 걸로 치세나. 하지만 나를 지켜볼 필요는 없네.[67] 앞으로 말해질 것들과 관련하여 내가 저어하는 것은 혹여 우스갯소리를 하게 되지나 않을까 하는 것이 아니니까 말일세. 이건 유익한 것이고 또 우리 뮤즈 여신**에게 고유한 것이거든. 오히려 내가 저어하는 것은 웃

장선상에서 계속 사용한 '질서 있는'(kosmios)이라는 말(187d, 188a, 188c 등)을 희화화하고 있다. 의도적으로 '욕망한다'(epithymei)는 말을 쓴 것도 186b에서 에뤽시마코스가 한 "비슷하지 않은 것은 비슷하지 않은 것들을 욕망하고 사랑한다"는 말을 비꼬기 위한 것이다.

* 아래 아리스토파네스의 대응을 고려하여 'geloion'을 이렇게 옮겼는데, 에뤽시마코스의 의도만 고려하면 웃음을 살 만하다는 뜻과 비웃음을 살 만하다는 뜻이 함께 들어 있으면서도 후자 쪽 뉘앙스가 강한 '우스꽝스런 말'로 옮기는 것이 더 정확할 수 있다.

** '우리 뮤즈 여신'이라는 말은 에뤽시마코스가 거듭 사용했던 '천상의 뮤즈 여신'이나 '우리 기술'을 빗대어 하는 말이다.

음거리를 말하게 되지나 않을까 하는 것이네."*

그가 말했다네. "아리스토파네스, 자넨 치고 빠지기를[68] 할 수 있으리라 생각하는구만. 그럴 게 아니라 주의를 기울여서, 이유를 제시해야 할 수도 있다는 걸 염두에 두고 말해 주게. 물론 그러는 게 좋다고 내가 생각할 경우에 아마 자넬 놓아주게 될 수도 c
있지만 말일세."

아리스토파네스가 말했다고 하네. "그래, 에뤽시마코스, 사실 자네와 파우사니아스가 말했던 방식과는 다소 다른 방식으로 말할 작정이네.** 내가 보기에 인간들은 에로스의 능력을 완전히 깨닫지 못했네. 그들이 그걸 깨닫고 있다고 한다면 그에게 가장 큰 신전들과 제단들을 마련해 주었을 테고 가장 성대한 제사를 지내려 할 텐데, 실제로는 이 일들 가운데 아무것도 그와 관련하여 일어나고 있지 않거든. 무엇보다도 그런 일들이 일어나야 마

* 여기서 아리스토파네스는, 그러니까 플라톤은 'geloia'와 'katagelasta'를 구별하여 사용하고 있다. 전자는 웃음을 살 만한 말, 즉 웃을 거리의 의미로, 후자는 비웃음을 살 만한 말, 즉 웃음거리로 대비된다. 본래 전자는 후자의 의미로도 쓰이는 말이고, 78쪽의 각주에서도 언급했듯이 아마 에뤽시마코스가 그것을 경계하겠다고 말했을 때는 후자까지도 포괄하는, 아니 오히려 후자 쪽에 기우는 넓은 의미로 썼을 수 있다. 그런데 아리스토파네스는 그것을 좁은 의미로 받아들여 후자와 대비시키고 있는 것이다.

** 앞에서 에뤽시마코스가 했던 "어떤 다른 방식으로 그 신을 찬미할 작정이라면 그렇게 찬미하게나."(188e)라는 말을 염두에 두고 말하고 있다.

땅한데도 말일세. 왜냐하면 그가 신들 가운데서 누구보다도 가
d 장 인간에게 우호적인 분으로서 인간들의 조력자요 다음과 같은 것들의, 즉 그것들이 치유되면 인류에게 가장 큰 행복이 있게 될 그런 것들의 치유자이니까. 그러기에 나는 여러분에게 그의 능력을 소개하려고 시도할 테니 여러분은 다른 사람들에게 그것을 가르치는 선생이 되어 주시게.

우선 여러분은 인간의 본성과 그것이 겪게 되는 일들을 배워야 하네. 오래전 우리들의 본성은 바로 지금의 이것과 같은 것이 아니라 다른 유의 것이었네. 우선 인간들의 성(性)이 셋이었네. 지금처럼 둘만, 즉 남성과 여성만 있는 게 아니라 이 둘을 함
e 께 가진 셋째 성이 더 있었는데, 지금은 그것의 이름만 남아 있고 그것 자체는 사라져 버렸지. 그때는 남녀추니가 이름만이 아니라 형태상으로도 남성과 여성 둘 다를 함께 가진 하나의 성이었지만, 지금은 그것의 이름이 비난하는 말 속에 들어 있는 것을 빼고는 남아 있지 않네.

그다음으로 각 인간의 형태는 등과 옆구리가 둥글어 전체가 구형이었네. 네 개의 팔, 그리고 팔과 같은 수의 다리, 그리고 원
190a 통형의 목 위에 모든 면에서 비슷한 두 개의 얼굴을 가지고 있었네. 서로 반대 방향을 향해 있는 두 얼굴 위에 한 개의 머리, 그리고 네 개의 귀, 두 개의 치부(恥部), 그리고 다른 것들도 전부 이것들로부터 누구라도 미루어 짐작할 만한 방식으로 가지고 있

었네.* 지금처럼 곧추 서서 두 방향 중 어느 쪽으로든 원하는 대로 걸어 다녔고, 빨리 달리기 시작할 때는 마치 공중제비 하는 사람들이 다리를 곧게 뻗은 채 빙글빙글 돌아가며 재주를 넘는 것처럼 그때는 여덟 개였던 팔다리로 바닥을 디뎌 가면서 재빨리 빙글빙글 굴러다녔네. b

인간의 성이 셋이고 또 그런 성격을 가지고 있었던 것은 다음과 같은 이유 때문이네. 즉 남성은 애초에 해의 자손이었고 여성은 땅의 자손이었으며, 둘 다를 나눠 갖는 것은 (달이 바로 그 둘을 나눠 갖고 있기에) 달의 자손이었다는 것 때문이라네. 그리고 그것들 자체도, 그리고 그것들의 걸음걸이도 구형이었던 것은 바로 그 부모들을 닮았기 때문이네. 그런데 그것들은 힘이나 활력이 엄청났고 자신들에 대해 대단한 생각[69]을 가지고 있었으며, 신들을 공격하게 되었네. 호메로스가 에피알테스와 오토스에 관해 이야기하고 있는 것은 바로 저것들에 관해 이야기되고 있는 것이라네. 즉 그들이 신들을 공격하겠다고 하늘로 올라가려 시도했다는 이야기를 만든 것 말이네.** 그래서 제우스와 다른 신들 c

* 아래 이 본래 인간의 변형이 기술되는 대목에서 자세한 내용들이 밝혀진다. 이 인간은 가슴이나 배는 없이 두 개의 등을 갖고 있었고, 지금 엉덩이가 있는 자리에 그들의 치부(생식기)가 바깥쪽을 향해 있었다.

** 희랍 신화에 따르면 1년간 아레스를 잡아 가둔 적도 있던 '지상에서 가장 큰 인간'인 에피알테스와 오토스는 올륌포스산 위에 오사산을, 오사산 위

은 그들에 대해 무슨 일을 해야 할지를 숙의하면서 어쩔 줄 몰라 막막해하고 있었네. 그들을 죽이거나 거인들에게 그랬던 것처럼 벼락을 쳐서 그 족속을 싹 없애 버릴 수도 없었고 (그렇게 되면 인간들에게서 그들이 받는 숭배와 제사가 싹 없어져 버리게 될 테니까 말일세), 또 그렇다고 제멋대로 구는 것을 그냥 내버려 둘 수도 없었거든. 그래서 제우스가 간신히 생각을 짜내어서는 다음과 같이 말했네. '어떻게 하면 인간들이 계속 살아 있으면서도 힘이 약해져서 방종을 멈추게 될 수 있을지 그 방도를 나는 갖고 있다
d 고 생각한다.[70] 이제 나는 그들 각각을 둘로 자르겠다. 그러면 한편으로는 그들이 약해지면서 동시에 다른 한편으로는 그 수가 더 많아지게 되어 우리에게 더 쓸모 있게 될 것이다. 그리고 그들은 두 다리로 곧추 서서 걸어 다니게 될 것이다. 그런데도 여전히 그들이 제멋대로 구는 걸로 보이고 얌전히 있으려 하지 않을 때는 다시 한 번 더 둘로 자르겠다. 그렇게 되면 그들은 외다리로 서서 깡충거리며 걸어 다니게 될 것이다.'

이렇게 말하고서 그는 인간들 각각을 둘로 자르는데, 그건 마치 마가목[71] 열매들을 말려 저장하려고 자르는 자들이 하듯, 혹은 마치 터럭으로 계란을 자르는 자들이 하듯 했네.[72] 각 인간을

에 펠리온산을 쌓아 하늘에 도달함으로써 신들을 전복시킬 계획을 세웠는데, 제우스의 아들 아폴론이 그들을 죽였다(『오뒤세이아』 11.307-320).

자를 때마다 그는 아폴론에게 (그 인간이 자신의 잘린 곳*을 바라보 e
면서 더 질서 있는 자가 되게 하기 위해서) 그 얼굴과 반쪽 목을 잘
린 곳 쪽으로 비틀어 돌려놓으라고 명했고, 또 다른 것들**을 치
료해 주라고 명했네. 그러자 아폴론은 얼굴을 비틀어 돌려놓았
고, 마치 끈으로 돈주머니를 졸라매듯 몸의 모든 곳으로부터 살
가죽을 지금 배라고 불리는 것 쪽으로 끌어모아서는 배 한가운
데에 꽉 묶어 주둥이 하나를 만들어 놓았는데, 바로 그걸 사람
들은 배꼽이라 부르지. 또 그는 다른 곳의 여러 주름들은 펴 매
끄럽게 했고 갖바치들이 구두 골에 놓고 가죽의 주름들을 매끄 191a
럽게 할 때 쓰는 것과 비슷한 어떤 도구를 가지고 가슴을 만들어
냈지만*** 배 자체, 즉 배꼽 주변에 있는 약간의 주름들은 그냥 남
겨 두었네. 오래전에 겪은 일을 그들에게 상기시키도록 말일세.

그런데 이제 그들의 본성이 둘로 잘렸기 때문에 반쪽 각각은
자신의 나머지 반쪽을 그리워하면서 줄곧 만나려 들었네. 서로
팔을 얼싸안고 한데 뒤엉켜 한 몸으로 자라기를 욕망하다가 결
국에는 상대방과 떨어진 채로는 아무것도 하고 싶어 하지 않았
기 때문에 굶어서 혹은 다른 아무 일도 하지 않음으로 해서 죽어 b

* 이 말(tmēsis)의 원래 의미를 살려 '자신이 잘렸다는 것'으로 옮길 수도 있다.

** 즉 자를 때 생긴 다른 상처들.

*** 여기서 아리스토파네스는 남녀의 가슴이 다르다는 것을 말하지 않고 그냥 넘어가고 있다. 생식 방식의 변화가 아직 언급되지 않았기 때문일 것이다.

갔네. 또 반쪽들 가운데 어느 하나가 죽고 나머지 하나가 남게 될 때면 그 남은 자는 다른 것을 찾아다니다가 그것과 한데 뒤엉키게 되었는데, 전체가 여인인 자의 반쪽(지금 우리가 여인이라 부르는 게 바로 그것이지.)과 만날 때도 있었고 남자의 반쪽과 만날 때도 있었다네.* 어쨌거나 그렇게 그들은 멸망해 가고 있었네.

그런데 제우스가 그들을 가엾이 여겨 다른 방도를 강구하게 되는데, 그들의 치부를 앞쪽으로 옮겨 놓았지. 그때까지 그들은
c 이것도 다른 것들처럼 바깥쪽에다 가지고 있었고, 상대방 속에다가 자식을 낳고 출산하고[73] 하는 것이 아니라 매미들처럼 땅속에다가 그렇게 했거든.** 그래서 그는 그들의 〈이것을〉[74] 이렇게 앞쪽으로 옮겨 놓았고 이로 인해 그들이 상대방 속에서, 즉 남성을 통해 여성 속에서 생식을 하도록 해 주었네. 다음과 같은 일들을 위해서지. 즉 한편으로 남자가 여인을 만나 한데 뒤엉킴이 일어날 때는 자식을 낳아 그 종족이 계속 생겨나게 되고, 동시에 다른 한편으로 남성이 남성과 만날 때도 어쨌거나 함께함에서 오는 포만(飽滿)은 있게 되어 그들이 막간에 한숨 돌리고 일로 돌

* 아리스토파네스는 제3의 가능성, 즉 반쪽으로 나뉘기 전에 남녀 양성이었던 것과의 만남을 생략하고 있다. 그 경우는 온전히 남성이었던 것의 반쪽과 온전히 여성이었던 것의 반쪽 가운데 어느 하나와 사실상 다름이 없기 때문일 것이다.

** 실제로 매미는 통상의 짝짓기를 한다. 어떤 종류의 메뚜기들은 직접 땅속에 알을 낳는데, 플라톤은 아마 매미와 메뚜기를 혼동했을지도 모른다.

아가 여타의 삶*을 돌보게 되도록 하기 위해서라네. 바로 그래서
그토록 오래전부터 내내 서로에 대한 사랑이 인간들에게 나면서 d
부터 들어 있게 되고, 그것은 옛 본성을 함께 모아 주며, 둘에서
하나를 만들어 내어 인간 본성을 치유하려 노력하네.

그러기에 우리 각자는 한 인간의 부절(符節)**이네. 마치 넙치들 모양으로 하나에서 둘로 잘라져 있으니까 말일세.[75] 각자는 자신의 부절을 하염없이 찾아다닌다네. 그런데 남자들 가운데 두 성을 함께 가진 것(그게 그때는 남녀추니라 불렸지.)에서 잘려 나온 자들은 여색을 밝히는 자들이고, 간통하는 남자들 가운데 다수는 바로 이 족속에서 나온 것이며, 그와 마찬가지로, 사내
를 밝히는 여인들과 간통하는 여인들도 이 족속에서 나오고 있 e

* 끝없는 욕망에 갇혀 사는 삶 이외의 다른 삶. 혹은 '나머지 삶'으로 새길 수도 있다.

** 주사위 등의 물건을 반으로 잘라 서로 다른 지역에서 온 두 사람(xenoi)(혹은 임의의 두 계약 당사자)이 각각 나누어 갖고 있다가 어떤 목적(개인적, 상업적, 혹은 정치적 목적 등)에 필요할 때 그것들이 서로 아귀가 맞는지 맞추어 봄으로써 자기 신분을 입증하였는데, 바로 그렇게 신분 확인을 위해 물건을 둘로 나눈 것 각각을 '쉼볼론'(symbolon)이라 하였다. 우리말과 역사에서 그것과 가장 가까운 것이 부절(符節)이다. 지난날 돌이나 대나무쪽, 청동 등으로 만들어 주로 사신의 신표(信標)로 이용된 것이 바로 부절인데, 하나는 본인이, 나머지 하나는 조정이 갖고 있었다. 비슷한 역할을 한 것으로 부신(符信)이 있는데, 지난날 나뭇조각이나 두꺼운 종잇조각에 글자를 적고 도장을 찍은 후 둘로 쪼개어 나누어 가짐으로써 후일을 위한 증표로 삼은 것을 가리킨다.

지.* 반면에 여인들 가운데 여인에게서 잘려 나온 자들은 남자들한테는 별로** 눈길을 주지 않고 오히려 관심이 온통 여인들에게 쏠려 있으며, 동성애하는 여인들도 이 족속에서 나오고 있네.***

그런가 하면 남성에게서 잘려 나온 자들은 남성들을 쫓아다니네. 남성에게서 잘려 나온 토막****들인 까닭에 소년일 동안은 남자***** 들을 친애하며 남자들과 함께 눕고 한데 뒤엉키기를 즐기는데,
192a 이들이야말로 소년들과 젊은 사내애들 가운데 가장 훌륭한 자들

* 간통하는 남녀가 이성애(異性愛)의 대표 사례처럼 열거되고 있는데, 지금 우리에게는 아무래도 좀 이상스런 일로 보인다. 고전기 아테네에서 결혼은 대개 부모가 짝지어 주는 대로 이루어졌으니 그렇게 만난 남녀 사이의 관계가 여기서 다루어지고 있는 열정적인 사랑의 표준 모델 노릇을 하기 어려웠을지 모른다. 물론 연애결혼이 보편화되어 있는 지금도 대중 매체에서는 여전히 '불륜'이 뜨거운 사랑의 대표적 사례인 양 대우받고 있기는 하지만 말이다.

** 문맥상 '아예'라는 의미로 강하게 읽을 수 있는 말이다. 일종의 완곡어법(litotēs)이다.

*** 전해지는 고전기 아테네 문헌 가운데 여성 동성애의 존재를 인정하는 유일한 구절이다. 평범하게 '동성애하는 여인'으로 옮기기는 했지만, 사실 원어 '헤타이리스트리아'(hetairistria)는 자기 자신이나 다른 여인과 타고난 본성을 벗어나 부도덕한 일을 행하는 여인이라는 뜻으로, 비하의 뉘앙스가 꽤 들어 있는 말이다.

**** 주로 생선에 대해 쓰던 '토막'(temachion)이라는 말은 위에서 사용한 넙치 직유의 연속선상에 있는 말이다.

***** '아네르'(anēr)를 줄곧 '남자'로 번역하고 있는데, 남자아이와 대비되는 어른 남자를 가리키는 말로 이해해야 한다. '남정'(男丁)쯤으로 옮겨야 더 정확하겠지만 덜 쓰는 말이어서 채택하지 않았다.

이라네. 본성상 가장 용감한 자들이기 때문에 그렇지.* 어떤 사
람들은 그들이 후안무치하다고 말들을 하지만 잘못된 말이네.
그들이 이런 일을 하는 것은 후안무치해서가 아니라 대담하고
용기 있고 사내다워서이며,[76] 자기들과 비슷한 것을 반기기 때문
이거든. 그에 대한 큰 증거가 하나 있네. 다 자란 후에 국가의 일
들을 할 만한 남자라고 판명되는 자들은 오직 이런 자들뿐이라
는 것 말일세. 반면에 남자가 된 후에는** 소년을 사랑하는 자들
이 되며 본성상 결혼과 애 만드는 일에는 눈길을 주지 않고 다만 b
그러도록 법에 의해 강제될 뿐이네. 그들은 결혼하지 않고 서로
와 더불어 삶을 살아가는 것으로 만족하네. 그래서 어쨌든 간에
이런 자는 늘 동류(同類)인 것을 기꺼워하기에 소년을 사랑하는
자가 되고 자기를 사랑해 주는 자를 친애하는 자가 되지.

그런데 소년을 사랑하는 자든 다른 어떤 자든 누구나 자신의
저 반쪽 자체와 만날 때면 친애와 친근함***과 사랑에 놀라울 정도 c

* 여기 '용감한', '용기 있는'은 '남자다운'으로 바꾸어 생각할 수도 있는 말이다. 가장 용감하니까 가장 훌륭하다고 말하는 것은 용감함과 훌륭함을 단순히 동일시한 파이드로스(179a)와는 접근 방식이 사뭇 달라 보인다. 앞서의 다른 연설자들, 예컨대 파우사니아스는 어떻게 접근하고 있었는지 탐색해 볼 만하다(182d 등).

** 191e 말미의 '소년일 동안은'에 대비된다. 이미 말했듯이 '남자'는 '소년'과 대비되는 말이다.

*** 혹은 '제 것임'.

로 압도되어, 이를테면 잠깐 동안도 서로에게서 떨어져 있고 싶어 하지 않게 된다네. 그리고 바로 이들이야말로 전 생애 동안 내내 서로와 더불어 끝까지 살아가는 자들이네. 상대방으로부터 자기들에게 도대체 무엇이 생기기를 바라고 있는지조차 말할 수 없는 자들인데 말일세. 아무도[77] 이것이 그저 성적인 함께함이라고, 즉 바로 이것을 위해 그토록 대단한 열성을 가지고 어느 하나가 다른 하나와 함께 지내면서 즐거워한다고는 생각하지 않을 거거든. 오히려 두 쪽 각각의 영혼은 다른 어떤 것을 원하는 게
d 분명하네. 그걸 말로 표현할 수는 없지만 자기가 무엇을 원하는 것인지 어렴풋하게 직감하고 막연하게 암시하는[78] 거지.

자, 그들이 같은 곳에 누워 있을 때 헤파이스토스가 자기 연장들을 들고 그들 곁에 서서 묻는다고 해 보세. '인간들이여, 그대들이 서로에게서 받아 갖게 되었으면 하고 바라는 게 무엇인가?' 하고 말일세. 또 그들이 어쩔 줄 몰라 하고 있을 때 재차 묻는다고 해 보세. '그대들이 욕망하는 게 바로 이것인가? 밤이고 낮이고 서로에게서 떨어져 있지 않을 정도로, 할 수 있는 한 많이 서로와 같은 곳에 있게 되는 것, 그것인가? 그대들이 욕망하는 게 이거라면 나는 기꺼이 그대들을 한데다 융합, 용접시켜 줄 용의
e 가 있거든. 그렇게 되면 그대들은 둘이던 것이 하나가 되어 살아 있는 동안에는 하나로 있으니까 둘 다가 삶을 공유하게 되고, 죽은 후에는 이번에는 저곳 하데스의 집에서 둘 대신 하나가 되어

죽음을 공유하게 되지. 그대들이 사랑하는 게 바로 이것인지, 이걸 얻게 되면 그대들이 만족하는지 살펴보게.' 하고 말일세.* 이런 말을 듣고 거절할 사람 아무도 없을뿐더러 다른 어떤 것을 원한다고 밝혀질 사람 역시 아무도 없으리라는 걸 우리는 알고 있네. 오히려 각자는 덮어놓고 이렇게 생각할 거네. 실은 오래전부터 자기가 바라던 게 바로 그건데, 그걸 들은 거라고 말일세. 즉 자기가 사랑하는 자와 한데 모여 융합되어 둘이던 게 하나가 되는 것 말이네. 그 이유는 바로 이것이네. 우리의 옛 본성이 이제까지 말한 바로 이런 것이었고 우리가 온전한 자들이었다는 것 말일세. 그래서 그 온전함에 대한 욕망과 추구에 붙여진 이름이 사랑(에로스)이지. 193a

그리고 이전에 우리는 내가 말했던 것처럼 하나였네. 그런데 지금은 우리의 불의 때문에 신에 의해 뿔뿔이 흩어져 살게 되었지. 마치 라케다이몬 사람들에 의해 아르카디아 사람들이 그랬

* 지금 이 장면은 『오뒤세이아』 8.266-366에 나오는 헤파이스토스 이야기를 연상케 한다. 아내 아프로디테와 아레스가 동침한다는 소식을 들은 헤파이스토스가 화가 나서 자신의 대장장이 기술로(technēisi: 332행) 보이지 않는 튼튼한 끈(desmoi: 274행 등) 혹은 그물(dolos: 276행 등)을 만들어 두 간통자가 누워 있는 침상 곁에 놓아 그들을 옴짝달싹 못하게 가두고는 여러 신들을 불러 창피를 주는 장면이 가인의 노래로 펼쳐진다. 그곳에서는 헤파이스토스가 에로스를 벌주려고 자기 기술을 사용하는 반면, 여기서는 에로스를 도우려고 자기 기술을 사용하는 것으로 설정되어 있다.

던 것처럼 말일세.* 그래서 우리가 신들에 대해 얌전히** 굴지 않으면 다시 쪼개져서, 마치 묘석에 얇은 돋을새김으로 윤곽이 새겨져 있는 자들처럼 코 쪽을 중심으로 잘려 마치 반쪽 주사위***처럼 된 상태로 헤매어 다니게 될지도 모른다는 두려움이 우리에겐 있다네. 그렇기 때문에 모든 사람은 모든 일들에 있어서 신들에 대해 경건한 일을 하도록[79] 서로에게 권유해야 하네. 에로스
b 가 우리 인도자요 장군이 되어 우리가 어떤 것들은 피하고 또 다른 어떤 것들은 얻게 될 수 있도록 말일세. 아무도 그에게 맞서 행하지 못하게 하게. (그런데 신들의 미움을 사는 자가 바로 그에게 맞서 행하는 거지.) 그 신과 친구가 되고 화해하게 될 때 우리는 우리 자신들의 애인을 발견하고 만나게 될 거니까 말이네. 그건 오늘날 사람들 가운데서 소수만이 하는 일이지. 그리고 에뤽시마코스는 내가 파우사니아스와 아가톤****을 염두에 두고 있다고 내

* 스파르타가 아르카디아의 도시 만티네아의 성벽을 파괴하고 주민들을 네 마을로 갈라놓은 사건이 385년에 있었는데, 그 사건을 연대 착오적으로 가리킨다.

** 직역하면 '질서 있게'다.

*** 위 191d에서 언급한 바 있는 부절 비유가 계속되고 있다. 주사위는 부절로 많이 사용되었다.

**** 플라톤은 『프로타고라스』 315d-e에서도 아가톤이 파우사니아스의 소년 애인(paidika)이라고 언급한 바 있다. 크세노폰도 그의 『향연』 8.32에서 파우사니아스가 아가톤을 사랑하는 자(erastēs)라고 언급하고 있다.

이야기를 그저 우스운 이야기로 치부하면서* 내게 응수하지 말
도록 하게. 아마 이 사람들도 마침 이런 자들에 속해서 둘 다 본 c
성상 남성의 반쪽들일지도 모르지만, 실인즉 나는 남자들과 여
인들 모두에 해당하는 말을 하고 있는 것이니 말일세. 우리 인간
종족은 우리가 사랑을 온전히 이루어서 각자가 자기 애인을 만
나 옛 본성으로 돌아가게 될 때 행복하게 될 거라고 말일세. 이
것이 최선이라면 지금 우리 곁에 있는 것들 가운데 이것과 가장
가까운 것이 또한 최선일 수밖에 없는데, 그건 바로 자기 마음에
맞는 본성을 갖춘 애인을 만나는 일이네. 바로 그것의 원인 노릇
하는 신을 찬송하겠다고 할 때 우리가 에로스를 찬송한다면 정 d
당한 일이 될 것이네. 지금 당장도 그가 우리 자신의 것**으로 우
리를 이끌어 줌으로써 우리에게 가장 득이 되는 일을 해 주고 있
을 뿐만 아니라, 장차에 대해서도 가장 큰 희망들을 가져다주니
말일세. 우리가 신들에게 경건함을 보여 줄 때, 그가 우리를 옛
본성으로 되돌려 주고 치유하여 복 받고 행복한 자들로 만들어

* 혹은 '희극(/비웃는 이야기)으로 치부하면서'. '코모데인'(kōmōidein)을 직역하면 '(희극 작가처럼) 비웃으면서'라고 할 수 있지만 문맥을 고려하여 이렇게 옮겼다. 아리스토파네스가 연설을 시작할 때 우스갯소리를 하여 분위기를 망치고 있다고 에뤽시마코스가 경계한 것(189a–b)을 염두에 두고 하는 말이다. 곧 아리스토파네스 자신이 연설을 마치면서 이 말을 다시 한 번 사용하게 되는데(193d), 같은 의미로 보아도 좋다.

** 혹은 '우리에게 가까운 것'.

주리라는 희망 말일세.

에뤽시마코스, 이게 에로스에 관한 내 이야기네. 자네 것과는
다른 유의 이야기지. 그러니 내가 자네에게 부탁했던 것처럼,
그걸 그저 우스운 이야기로 치부하지 말게. 그래야 우리가 나머
지 사람들에게서도 들어 볼 수 있을 테니까. 그들 각자가 무슨
말을 할지를 말일세. 아니, 오히려 두 사람 각각이라고 해야겠
e 네. 아가톤과 소크라테스 선생님만 남아 있으니 말일세."* 그가
말했네.

에뤽시마코스가 말했다고 하네. "아니, 자네 말을 따름세. 실은 자네가 한 이야기가 내게 즐겁기도 했거든.** 그리고 소크라테

* 아리스토파네스는 표현을 정확하게 바꾸면서까지 연사가 둘 남았다고 애써 강조하고 있다. 175a의 내용으로 보아 에뤽시마코스 옆에 아리스토데모스가 앉아 있으므로, 플라톤의 입장에서는 의도적으로 그를 연사에서 제외하고 있는 셈이다. 그가 연사 가운데 한 사람으로 등장하는 것은 이야기 전달자로서의 역할에 어울리지 않는다고 플라톤은 생각했을 법하다. 행해진 혹은 행해졌을 법한 연설 모두를 재현하지는 않겠다는 작품의 의도는 이미 앞서 파이드로스와 파우사니아스 사이에 몇몇 사람들의 연설이 있었는데 생략하겠다고 했던 아리스토데모스의 언급(180c)에서도 시사된 바 있다. 거기서 아리스토데모스는 "기억이 안 난다"는 핑계를 대면서 몇몇 연설자들을 뺐는데, 여기서는 두 연사가 남았다는 아리스토파네스의 말에 에뤽시마코스가 맞장구치고, 다시 연사로 남은 두 사람인 소크라테스와 아가톤이 경연이라는 아이디어로 화제를 돌려 방조하는 방식으로, 자신을 연사 목록에서 제외시키고 있다.

** 앞에서 에뤽시마코스는 아리스토파네스의 우스갯소리를 경계하면서도 "물론 그러는 게 좋다고 내가 생각할 경우에 아마 자넬 놓아주게 될 수도 있지

스 선생님과 아가톤이 사랑(에로스)에 관한 일들에 능숙하다는 걸 내가 깨닫지 못하고 있다면, 많은 말이 워낙 다채롭게 펼쳐졌기 때문에 그들이 할 이야기들이 궁하지나 않을까 아주 염려할 뻔했네. 그런데도 보다시피 나는 염려 턱 놓고 있네."

그러자 소크라테스 선생님이 말씀하셨다고 하네. "그래, 자네 194a
자신이야 겨루기를 멋지게 해냈으니까 그렇지, 에뤽시마코스.* 하지만 지금 내가 처해 있는 (아니 오히려, 아가톤마저도 말을 잘한 후에[80] 아마도 내가 처하게 될) 상황에 자네가 처하게 된다면, 자넨 아주 염려가 되어 지금 내가 그런 것처럼 매우 절망적이게 될 것이네."

아가톤이 말했다고 하네. "제게 주문을 걸려고 하시는군요, 소크라테스 선생님. 제 관중이 제가 말을 잘할 거라는 큰 기대를 갖고 있다는 생각을 제가 함으로 해서 혼란스럽게 되도록 말입니다."[81]

소크라테스 선생님이 말씀하셨다고 하네. "글쎄, 아가톤, 자네
자신의 이야기들을 막 보여 주려는 상황에서 배우들과 함께 단 b

만 말일세."(189c) 하고 빠져나갈 여지를 마련해 놓았는데, 바로 이런 상황을 염두에 둔 것이라 하겠다.

* 여기서 소크라테스는 앞에서 에뤽시마코스가 했던 '치고 빠지기'라는 말(189b)을 받아, 지금 행해지고 있는 연설의 향연을 일종의 겨루기로, 즉 연설의 경연(agōn)으로 규정하고 있다.

(壇)에 올라가서* 그토록 많은 관중을 마주 쳐다보고도 조금도 주눅이 들지 않던 자네의 용기와 큰 배포[82]를 본 내가, 이제 우리같이 적은 수의 사람들 때문에 자네가 동요할 거라고 생각한다면 난 건망증이 심한 자일 걸세."

아가톤이 말했다고 하네. "무슨 말씀이세요, 소크라테스 선생님? 설마 제가 지성을 가진 사람에게는 소수의 분별 있는 사람들이 다수의 분별 없는 사람들보다 더 무섭다는 것조차 모를 정도로 그렇게 머릿속이 온통 극장**으로 꽉 차 있다고 생각하시는 건 아니겠지요?"

c 소크라테스 선생님이 말씀하셨다고 하네. "아니, 물론 자네에 관해 내가 뭔가 점잖지 못한[83] 생각을 갖고 있다면 그야 아름다운 일을 하는 게 아니네. 오히려 자네가 지혜롭다고 생각하는 어떤 자들을 만나면 다수보다는 그들에게 더 신경을 쓰리라는 걸 난 잘 알고 있네. 헌데 어쩌면 우리는 그런 자들이 아니라네. 실인즉 우리도 거기에, 그 다수 가운데 속해 있었으니까. 하지만 자네가 다른 지혜로운 자들을 만나게 될 경우, 자네가 뭔가 추한 일을 하고 있다고 생각할 때 아마도 자네는 그들 앞에서 수치스

* 극 경연이 벌어지기 전에 배우들을 소개하는 퍼레이드를 묘사하고 있는데, 이는 대 디오뉘소스 축제의 경연 전 행사인 '프로아곤'(proagōn)에 속한다.

** 앞에서 '관중'으로 옮긴 '테아트론'(to theatron). 물론 여기서도 '관중'이나 '객석'으로 새길 수도 있다.

러워할 것이네. 그게 아니면 자넨 뭐라고 말하겠는가?"

"맞는 말씀 하셨습니다." 그가 말했네.

"반면에 자네가 뭔가 추한 일을 하고 있다고 생각할 때 다수 사람들 앞에서는 수치스러워하지 않을 것인가?"

d 그러자 파이드로스가 끼어들어 말했다고 하네. "친애하는 아가톤, 자네가 소크라테스 선생님에게 계속 대답을 하면 여기 우리 일들 가운데 그 무엇이 어떻게 되건 여전히 그분에게는 전혀 상관이 없을 거네. 누구라도 대화를 나눌 상대를, 그것도 특히나 멋있는 상대를 그분이 갖고 있는 한은 말일세. 나로서는 소크라테스 선생님이 대화 나누시는 것을 듣는 걸 즐기네. 하지만 나는 에로스에 대한 찬미를 돌보아서 여러분 각자 한 사람 한 사람으로부터 이야기를 받아 낼* 수밖에 없네. 그러니 두 사람 각각은 그 신에게 줄 것을 준 후에야 비로소 이런 식으로 대화할 수 있네."

e 아가톤이 말했다고 하네. "아니, 잘 말했네, 파이드로스. 내가 이야기 못할 아무런 이유가 없지. 소크라테스 선생님과 대화를 나눌 기회는 이후에도 자주 있을 테니까 말일세.

* '받아 낸다'(apodechesthai), 그리고 다음 문장의 '줄 것을 준다'(apodidonai)는 말은 177c에서 에뤽시마코스가 언급한 '부조'를 염두에 둔 말이다. 185c에서 파우사니아스도 부조를 내는 자의 입장에서 비슷한 언명을 한 바 있었는데, 여기서 파이드로스는 부조를 모으는 자의 입장에서 말하고 있다.

그런데 나는 내가 어떻게 말해야 하는지를 우선 말하고 나서 그다음에 말하고 싶네. 내 생각에 앞서 말한 사람들은 전부 그 신을 찬미한다기보다는, 그 신이 인간들에게 가져다준 좋은 것들로 인해 인간들을 행복한 자들이라고 축하하고 있네. 정작 이
195a 것들을 그들에게 선사한 그 당사자가 어떤 자인지는 아무도 말하지 않았네. 그런데 무엇에 관해서 어떤 찬양을 하든 찬양의 옳은 방식이 단 하나 있는데, 그건 이야기의 대상인 자에 관해서 그자가 어떤 자여서 어떤 것들의 원인이 되는지를 이야기로 죽 풀어 가는 것이네. 그러니 우리도 에로스를 찬양하되 바로 이렇게, 우선 그 자신이 어떤 자인지를 찬양하고, 그다음에 그가 준 선물들을 찬양해야 마땅하네.

그러니까 나는 모든 신들이 행복하지만, 이렇게 말하는 게 온당하고 또 신들의 의분을 살 만한 일이 아니라면, 그들 가운데서 에로스가 가장 아름답고 가장 훌륭하기 때문에 가장 행복하다고 주장하네. 그는 다음과 같은 자이기에 가장 아름답네. 우선, 파
b 이드로스,* 그는 신들 가운데 가장 젊네. 그 자신이 이 말에 큰 증거를 제공하고 있지. 노령을 서둘러 피하니까 말일세. (그건 분

* 지금 아가톤은 에로스가 가장 오래된 자라는 파이드로스의 주장(178a–c)에 정면으로 반대하고 있기 때문에 굳이 파이드로스를 거명하여 말하고 있는 것이다.

명 빠른 것인데도 말일세. 어쨌거나 알맞다고 여겨지기엔 너무도 빨리 우리에게 닥치지.) 바로 그것을 에로스는 본래부터 미워하고 또 그것에서 멀찌감치 떨어져 있는 곳에조차 다가가려 하지 않네. 그는 늘 젊은이들과 함께 있고 그가 또 그러하네. 비슷한 것이 비슷한 것에 늘 다가간다는 옛말이 잘 들어맞는 거지. 나는 다른 많은 것들에 있어서는 파이드로스에게 동의하지만, 이 점에서는, 즉 에로스가 크로노스와 이아페토스*보다 더 오래되었다는 데 대해서는 동의하지 않네. 오히려 나는 그가 신들 가운데 가장 젊고 또 늘 젊다고 주장하네. 또 헤시오도스와 파르메니데스가 이야기해 주는, 신들에 관련된 옛일들은, 그들이 진실을 이야기했다면, 에로스가 아니라 아낭케(필연)에 의해 일어난 것이 c

* 이 둘은 우라노스와 가이아의 아들인 티탄들이다. 크로노스는 아버지 우라노스를 거세했고 나중에 아들 제우스에 의해 결박된다. 바로 아래에 나오는 '거세와 결박'은 무엇보다도 이 사건을 가리킨다. 이아페토스는 제우스가 타르타로스로 던져 버린 티탄이다. 그 둘이 타르타로스 깊숙한 곳에 앉아 있는 모습이 『일리아스』 8.479에 나온다. 이아페토스는 헤시오도스에서 프로메테우스, 에피메테우스, 아틀라스, 메노이티오스의 아버지로 나오며(『신통기』 134행, 507행 이하 등), 데우칼리온의 할아버지다. 데우칼리온은 아버지 프로메테우스의 도움으로 제우스가 내린 대홍수를 피해 살아난 자이고, 또 그의 아들 헬렌이 바로 헬라스(희랍)인들의 조상이다. 이렇게 볼 때, 이아페토스는 말하자면 희랍의 '노아' 혹은 그보다 조상인 '아담'쯤 되는 자라 할 수 있다. 그의 이름은 희랍어가 아닌 듯한데, 아마도 서아시아에서 왔을 수 있다. 창세기 9-10장에 나오는 노아의 아들 야벳의 변형일 가능성이 있다. 이런 까닭에 이 둘은 아주 오래되었다는 얘기를 할 때면 곧잘 거명되곤 했는데, 앞서 파이드로스는 그들을 예로 들지 않았다.

라고 주장하네. 에로스가 그들 가운데 있었더라면 서로를 거세하는 일, 결박하는 일, 혹은 다른 여러 우격다짐들이 그들 사이에서 일어나지 않았을 테고, 오히려 친애와 평화가 있었을 테니까 말일세. 지금 그렇기도 하고 또 에로스가 신들을 지배하게 된 이래 내내 그렇듯이 말일세.

그러니까 그는 젊고, 또 젊을 뿐만 아니라 섬섬(纖纖)*하기도
d 하네. 그 신의 섬섬함을 드러내는 데는 호메로스 같은 시인이 필요하다네. 호메로스는 아테(미망: 迷妄)가 신이면서 섬섬하다고, 어쨌거나 적어도 그녀의 발은 섬섬하다고 말하고 있거든. 이렇게 말하면서 말이지.

하지만 그녀의 발은 섬섬하다. 땅 위로 걸어
다가오지 않고, 하, 사람들의 머리 위로 걸어 다니니까.**

그러니까 그는 그녀가 단단한 것 위로 걸어 다니는 게 아니라 무른 것 위로 걸어 다닌다는 것을 멋진 증거로 삼아 그녀의 섬

* 여리고 가냘프다는 뜻을 가진 '섬섬'이라는 말은 '섬섬옥수'(纖纖玉手: 가냘프고 고운 여자의 손)라는 말로 많이 쓰이는데, 희랍어 '하팔로스'(hapalos)에 잘 어울리는 번역어다.

** 아가멤논이 제우스의 딸 아테가 빠르고 활동 범위가 넓다는 말을 하는 대목이다(『일리아스』 19.91-94).

섬함을 보여 주고 있다고 나는 생각하네. 그러니 우리도 에로스 e
에 관해 그가 섬섬하다는 것을 보여 주는 데 똑같은 증거를 이용
해 보세나.[84] 그는 땅 위로 걸어 다니지 않고 아주 무르지는 않은
머리통 위로 걸어 다니지도 않으며, 오히려 세상에 있는 것들 가
운데 가장 무른 것들 속에서 걸어 다니고 또 살고 있네. 그가 신
들과 인간들의 성품과 영혼 속에 보금자리를 틀되, 이 경우에는*
어느 영혼이든 만날 때마다 그것들 하나하나 속에 보금자리를
트는 게 아니라, 어떤 영혼이든 단단한 성품을 가진 영혼과 만날
때는 떠나가 버리는 반면 무른 성품을 가진 영혼과 만날 때는 그
속에 자리 잡고 살거든. 그러니까 그는 가장 무른 것들 속에 있
는** 가장 무른 것들과, 자기 발만이 아니라 자기 전부로써*** 계속
접촉하고 있기 때문에 가장 섬섬할 수밖에 없네. 196a

그렇다고 한다면 그는 가장 젊고 가장 섬섬하며, 게다가 형태가 유연하기도**** 하네. 그가 단단하다면 각 영혼을 모든 방면에

* 즉 호메로스가 말하는 아테의 경우와 달리.

** 혹은 '가장 무른 것들 가운데서도'. 어쨌든 여기서 성품과 영혼은 발, 머리 등 몸의 부분들과 동렬에서 서로 단단함을 비교할 수 있는 어떤 것으로 상정되어 있다.

*** '자기 전부로써' 대신 '온갖 방식으로'로 옮길 수도 있다.

**** '휘그로스'(hygros)라는 말은 본래 '촉촉하다', '물기가 있다'는 뜻을 가진 말이다. 물기가 있어서 무르고, 그래서 쉽게 변형된다는 뜻이다.

서* 둘둘 휘감을 수 없을 것이며, 애초에 각 영혼을 은연중에 뚫고 들어가지도 다시 빠져나오지도 못할 테니까 말일세. 그가 균형 잡히고 유연한 모습을 가지고 있다는 것을 보여 주는 큰 증거는 그의 우아함인데, 에로스가 바로 이것을 유달리 갖고 있다는 건 누구나 다 동의하고 있네. 꼴사나움과 에로스 서로 간에는 늘 전쟁이 있으니까 말일세. 그 신이 꽃들 사이에서 지낸다는 것은 형색이 아름답다는 것을 보여 주네. 몸이든 영혼이든 아니면 다
b 른 어떤 것이든 꽃이 없거나 시들어버린 것에는 에로스가 내려앉지 않지만, 꽃이 만발하여 향내가 나는 곳이 있으면 거기에 앉기도 하고 머무르기도 하거든.

자, 이제 그 신의 아름다움에 관해서는 (물론 아직도 많은 것들이 남아 있긴 하지만) 이것들만으로도 충분하게 이야기되었네. 그 다음으로 에로스의 덕에 관해 말해야겠네. 가장 중요한 것은 에로스가 신에게든 인간에게든 불의를 행하지도 않고, 신에 의해서든 인간에 의해서든 불의를 당하지도 않는다는 것이네. 어떤 일을 당할 때 그 자신이 완력으로 당하지 않고 (완력은 에로스를
c 건드리지 못하니까.), 또 어떤 일을 행할 때도 완력으로 행하지 않거든. 누구나 다 에로스에게는 무슨 일에든 자발적으로 봉사하니까 그렇지. '국가의 왕인 법들'[85]은, 서로 상대방과 자발적으로

* 혹은 '완전히', '온갖 방식으로'.

동의하는 것들을 정의롭다고 말하네.[86]

그런데 그는 정의에 더해 아주 풍부한 절제를 나눠 갖고 있네. 쾌락과 욕망을 지배하는 것이 절제인데, 그 어떤 쾌락도 에로스보다 강하지 않다고 다들 동의하거든. 그런데 쾌락들이 더 약하다면 에로스에게 지배받고 에로스가 그것들의 지배자가 될 것이며, 쾌락과 욕망을 지배함으로써 에로스는 유달리 절제 있게 될 것이네.[87]

또 실로 적어도 용기에 관한 한 에로스에게 '아레스조차도 맞서지 못한다네.'[88] 아레스가 에로스를 붙잡고 있는 것이 아니라, d
에로스가, 이야기*에 따르면 아프로디테의** 에로스가 아레스를 붙잡고 있거든. 붙잡고 있는 자가 붙잡혀 있는 자보다 더 강하지. 다른 것들 가운데 가장 용기 있는 자를 지배함으로써 그는 모든 것들 가운데 가장 용기 있을 것이네.***

자, 이제 그 신의 정의와 절제, 용기에 관해서는 이야기가 되었고, 지혜에 관해서 이야기가 남아 있네. 그러니 할 수 있는 한

* 앞서 아리스토파네스의 연설(192e)에서도 인유된 적이 있는 『오뒤세이아』 8.266-366에 나오는 이야기를 가리킨다.

** 읽기에 따라서는 뒤에 '아들'을 넣어 읽을 수도 있다.

*** "용기 있는 자를 지배하는[즉 이기는] 자는 용기 있는 자보다 더 용기 있다"는 가정이 숨어 있다. "여자가 가장 강하다"는 결론을 이끌어 내는 논변도 이런 논법의 한 통속적 버전이다.

빠짐없이 이야기하도록 노력해야겠네. 우선, 에뤽시마코스가 자기 기술에 대해 그렇게 했듯이 나도 이번에는 우리 기술에 경의
e 를 표하기 위해 하는 말인데, 그 신은 남도 시인으로 만들 수 있을 정도로 지혜로운 시인이네. 어쨌거나 에로스가 접촉하는 자는 누구든지, '심지어 이전에는 뮤즈 여신과 거리가 멀었다* 해도'[89] 시인이 되지. 우리가 바로 이것을 에로스가 훌륭한 시인이라는 것의, 통틀어 말해 시가 기술과 관련된 모든 창작에 있어서 그렇다는 것의 증거로 삼는 게 적절할 것이네. 누군가가 갖고 있거나 알고 있거나 하지 않은 것들을 다른 사람에게 주거나 가르치거나 할 수 없을 것이니 말일세.

197a 또 실로 모든 생물의 생산**에 관해서도 모든 생물이 태어나고 자라게 되는 게 에로스의 지혜에 의해서가 아니라고 누가 가로막고 나서겠는가? 기술들의 실행에 있어서 이 신이 선생이 되어 가르치는 자는 이름이 나고 두각을 나타내게 되지만, 에로스가 접촉하지 않는 자는 그늘에 가린 자가 된다는 것을 우리는 알고 있지 않나? 실로 궁술과 의술과 예언술만큼은 (욕망과 에로스가 인도할 때) 아폴론이 발견해 냈고 그래서 이 신도 에로스의 제자

* 즉 시가에 소양이 없었다.

** 혹은 '만듦'. 바로 앞에서 '창작'으로 옮겼던 '포이에시스'(poiēsis)가 이제 본래의 넓은 의미로 확대되어 사용되고 있다. 이 말의 애매성은 디오티마의 논의에서 다시 다루어진다. 205b-c를 참고할 것.

일 것이며, 뮤즈 여신들은 시가 기술에서, 헤파이스토스는 대장 b 장이 기술에서, 아테나는 직조 기술에서, 제우스는 신들과 인간들을 조종하는 데서 에로스의 제자일 것이네. 바로 이 때문에 신들의 일들이 정해진 것도 에로스가, 물론 아름다움에 대한 에로스가 (에로스는 추한 것을 향해 있지 않거든.) 그들 사이에 생겨난 후의 일이네.* 그전에는 서두**에도 말했듯이 아낭케(필연)가 왕 노릇 하기 때문에 많은 끔찍한 일들이 신들에게 일어나곤 했다고들 말하네. 하지만 이 신이 태어나고부터는 아름다운 것들을 사랑함으로 인해서 모든 좋은 것들이 신들과 인간들에게 생겨났다네.

파이드로스, 이렇게 나는 무엇보다도 우선 에로스 자신이 가 c 장 아름답고 가장 훌륭하기에, 그다음의 것으로 그가 남들에게 있는 이 비슷한 다른 것들의 원인이 된다고 생각하네. 그런데 막 뭔가 운율을 넣어 말해 보겠다는 생각이 내게 들었네.

> 인간들 사이에는 평화를, 바다에는 바람 없는
> 잔잔함을, 바람들의 안식을, 또 근심 속에 잠을[90]

* 에로스 자신이 아름답다는 맨 처음의 논점(195a−196b)에서 에로스가 아름다움에 대한 사랑이라는 논점으로 바뀌었다. 이 이행은 나중에(200e−201b) 소크라테스가 다시 취해서 진지하게 발전시킨다.

** 195c.

만드는 자가 바로 이 신이라고 말일세. 이 신은 우리에게서 낯
d 섦은 비우고 친근함은 채우네. 다음과 같이 하면서 말이네. 우리
로 하여금 서로와 더불어 이런* 모든 모임들로 모이게 하고, 축
제에서, 가무에서, 제사에서 인도자 노릇을 하네. 부드러움은 갖
추어 주고 사나움은 제거해 주네. 호의는 선물로 넉넉하게 주지
만 적대는 선물로 주지 않네. 자비롭고 친절하네.[91] 지혜로운 자
들은 우러러보고, 신들은 마음에 들어 하네. 그의 몫을 못 가진
자들은 탐내고, 그의 몫을 잘 받아 가진 자들은 귀중히 여기네.
사치, 우아, 호화, 매력, 연모, 갈망의 아버지이네. 훌륭한 자들
은 돌보고 나쁜 자들은 돌보지 않네. 고생 가운데, 두려움 가운
데, 술 마시는 가운데,[92] 이야기 나누는 가운데 가장 훌륭한 키잡
이요 배에 함께 탄 전사**요 동료 전사요 구원자이네. 모든 신들
e 과 인간들의 장식이요 가장 아름답고 가장 훌륭한 인도자이며,
모든 사람은 그가 모든 신들과 인간들의 마음을 홀리면서 부르
는 그 노래에 동참하여 아름다운 찬송을 부르면서 그를 따라야
하네.

파이드로스, 이게 내 이야기네. 그 신에게 봉헌되도록 하세.

* 즉 지금 우리의 모임과 같은.

** 삼단노선에 탄 중장비 보병을 가리키는 전문 용어다. 이들은 배가 해변에 닿았을 때 선원들을 지키는 역할을 수행한다.

내가 할 수 있는 한 그 일부는 유희를, 또 일부는 적당한 진지함을 나눠 갖도록 애썼지." 그가 말했네.

아가톤이 말을 마치자 그 젊은이가 자신에게도 또 그 신에게 198a
도 어울리게 말을 했다는 생각에서 참석자들 모두가 환호했다고 아리스토데모스는 말했네. 그러자 소크라테스 선생님이 에뤽시마코스 쪽을 쳐다보며 말씀하셨다고 하네. "아쿠메노스의 아들이여, 아까 전부터 내가 두려워했던 게 기우(杞憂)*라고 자넨 생각하나? 아가톤이 놀라울 정도로 말을 잘할 것이고 나는 막막해하리라고 방금 전에 내가 말한 것이 예언자다운 말 아니었나?"

에뤽시마코스가 말했다고 하네. "한쪽 부분은, 즉 아가톤이 잘 말하리라는 것은 예언자처럼 말씀하신 것으로 제게 보입니다만, 선생님이 막막해하리라는 것에 관해서는 그렇게 생각하지 않습니다."

소크라테스 선생님이 말씀하셨다고 하네. "복 받은 친구, 이렇 b
게 아름답고 현란한 이야기가 끝난 후에 이야기를 하려 하면서 나든 다른 어느 누구든 어찌 막막해하지 않겠는가? 다른 부분들

* 원어는 'adees deos dedienai'인데, 직역하면 '두려울 게 없는 두려움을 두려워하는 것'을 뜻한다. 여기서 소크라테스는 발음이 비슷한 동근어 셋을 나열하면서 동시에 모순어법(oxymoron)까지 구사하는데, 이는 아가톤의 스타일을 빗댄 표현이다.

은 똑같은 정도로 놀랍지는 않지만, 끝 부분에서는 그 단어와 구
절의 아름다움을 듣고 누가 넋을 잃지 않겠는가? 나는 나 자신이
아름답게 말하는 데 있어서 이것들을 능가하기는커녕 이것들에
가깝게조차 도대체 할 수가 없으리라는 생각이 드는 통에, 수치
c 심 때문에 어떻게든 할 수만 있었다면 거의 도망쳐 버릴 뻔했으
니까 말이네. 실로 그의 이야기는 내게 고르기아스를 생각나게
까지 했고, 그래서 나는 그야말로 호메로스가 말한 것과 같은 경
험을 했네. 아가톤이 이야기를 마치면서 무시무시하게 말을 잘
하는 고르기아스의 머리를 내 이야기 쪽으로 보내서 나 자신을
말 못하는 돌로 만들어 버리지나 않을까 두려워하고 있었다네.[93]
그리고 그때 나는 깨달았네. 하, 내가 참 우스운 자로구나, 실은
그 일에 대해서는, 즉 어떤 것이든 찬미한다는 게 어떻게 해야
하는 건지는 전혀 모르면서도, 내 차례가 되면 자네들과 더불어
d 에로스를 찬미하겠노라고 자네들과 합의하고 또 나 자신이 에로
스의 일들에 능숙하다고 주장하다니,* 하고 말일세. 나는 아둔해
서 찬미 대상 각각에 관해 진실을 말해야 하며, 또 이게 기반이
되고, 바로 이것으로부터 가장 아름다운 것들을 골라내어 가능
한 한 그 찬미 대상에 가장 알맞게 제시해야 한다고 생각하고 있
었거든. 그래서 나는 진실을[94] 알고 있으니까 말을 잘하게 되리

* 177d를 참고할 것.

라고 아주 자신만만해하고 있었다네.

하지만 실은 어떤 것을 아름답게 찬양한다는 것이 이게 아니었던 것 같네. 오히려 그 대상에게 가능한 한 가장 위대하고 가 e
능한 한 가장 아름다운 것들을 봉헌하는 일이었던 것 같네.[95] 그것들이 실제로 그렇든 안 그렇든 상관없이 말이네. 그것들이 거짓이라 해도 사실 문제 될 건 전혀 없던 거지. 우리 각자가 에로스를 실제로 찬미해야 한다는 것이 아니라 찬미하는 것으로 보여야 한다는 것이 앞서 주문된 사항이었던 것으로 보이니 말일세. 내 생각에 바로 이 때문에 자네들은 온갖 이야기를 동원하여 에로스에게 봉헌하면서* 그가 이러이러한 자이고 저러저러한 것들의 원인이라고 주장하고 있는 것이네. 그가 가능한 한 가장 아름답고 가장 훌륭한 자로 보이도록 말일세. 분명히 그건 알지 못 199a
하는 자들에게 그렇게 보이도록 그러는 거네. 내가 보기에 적어도 아는 자들에게는 그러지 못할 테니까. 어쨌거나 자네들의 찬양은 아름답고 위엄이 있네.

하지만 나는 나 자신이 찬양의 방식을 알지 못했고, 그렇게 알지도 못하면서 내 차례가 되면 나도 직접 찬양하겠노라고 자네들과 합의했더랬네. 그러니까 혀는 약속을 했지만 마음은 그러지 않았네.[96] 그러니 그건 그냥 내버려 두세. 난 그런 방식의 찬미를

* 혹은 '갖다 붙이면서'.

계속 이어서 하지는 않을 거거든. 난 그럴 능력이 없으니까. 그
b 렇지만 나는 자네들이 원한다면 적어도 진실을 나 자신의 방식에 따라서 말할 용의는 있네. 자네들의 이야기와 겨루지 않고 말이네. 그렇게 하면 비웃음을 살 테니까 말일세. 그러니, 파이드로스, 자네가 뭔가 이런 유의 이야기도 필요로 하는지, 즉 그때그때 그냥 떠오르는 대로 단어와 구절을 배열하여 말하긴 하지만 그래도 진실을 말하는 것을 듣고 싶은지 살펴보아 주게."*

그러자 파이드로스와 다른 사람들은 그가 스스로 그렇게 말해야 한다고 생각하는 그런 방식으로 이야기를 하라고 권했다고 그는 말했네.

"그렇다면, 파이드로스, 내가 아가톤에게 몇 가지 작은 질문들을 하는 걸 또한 허락해 주게. 그의 동의를 받은 상태에서 비로소 내가 이야기를 할 수 있도록 말일세." 그분이 말씀하셨다고 하네.

c "물론 허락하고말고요. 물으십시오." 파이드로스가 말했다고 하네.

* 진실과 수사학적 설득을 대비시키는 『소크라테스의 변명』 서두 부분을 떠올리게 하는 대목이다. "반면에 여러분들은 제게서 진실만을 온전히 들으시게 될 겁니다. 하지만, 아테네 시민 여러분, 제우스 신에 맹세코 말씀드리건대 여러분은 이 사람들[즉 고발자들]의 말처럼 구절과 단어를 아름답게 꾸미거나 잘 배열한 말이 아니라 떠오르는 단어들로 아무렇게나 말해진 것들을 제게서 들으시게 될 겁니다. 제가 말하는 것들이 정당하다고 믿으니까요."(17b-c).

그러고 나자 소크라테스 선생님이 대강 이런 말로 이야기를 시작했다고 그는 말했네.

"친애하는 아가톤, 우선은 그 자신을, 즉 에로스가 어떤 자인지를 드러내고, 그다음에 그의 기능*들을 다루어야 한다고 말함으로써, 자네는 실로 이야기를 아름답게 시작한 것으로 내게 보였네. 이 시작이 나는 무척 마음에 드네. 그러니 자, 그가 어떤 자인지를 다른 점들에서 아름답고 웅장하게 죽 이야기해 주었으니까 이제 에로스에 관해 이것도 말해 주게. 에로스는 어떤 것에 d
대한 에로스라고 할 만한 그런 자인가, 아니면 그 어느 것에 대한 에로스도 아니라고 할 만한 그런 자인가?** 특정의 어머니나

* 이제까지 '에르곤'(ergon)을 대개 느슨하게 '일'로 옮겼고, '행동'이나 '경험'으로 새기기도 했다. 지금 소크라테스는 아가톤의 논의를 추스르면서 그가 말한 둘째 논의 대상을 간명한 개념으로 적시하고 있다. 그러니까 에로스의 정체 내지 본질과 대비되는 또 다른 논의 대상을 에로스의 '에르곤'으로 부르고 있다. 물론 계속 '일'로 새겨도 큰 문제는 없지만, 촘촘하게 정비된 논의의 맥락을 반영하면서 주의를 환기하는 개념으로 새기는 것이 더 좋다고 보아 '기능'으로 옮기기로 한다. 아래에서 비슷한 맥락이 나올 때도 그렇게 새길 것이다(201e와 206b 등).

** 희랍어의 속격 부정(不定) 대명사 'tinos'는 '어떤 것의'(중성)와 '어떤 자의'(남성)를 다 가리킬 수 있고, 또 이때의 '…의'도 '…가 가진/하는' 및 '…의 자식'과 '…에 대한'을 다 가리킬 수 있다. 즉 영어의 'of x'로 바꿔 말하면 이때 x는 사물일 수도 사람일 수도 있고, 또 주체일 수도 대상일 수도 부모일 수도 있다. 소크라테스는 여기서 이 속격 대명사가 갖는 애매성을 최대

아버지에 대한 것*인가 아닌가를 묻는 게 아닐세. 에로스가 어머니나 아버지에 대한 에로스**인가 아닌가 하는 질문은 우스운 것일 테니까 말일세.*** 그게 아니라 마치 바로 이것 자체, 즉 아버지

한 활용하고 있다. '그 어느 것의 …도 아닌'으로 옮긴 'mēdenos' 역시 마찬가지다. 지금의 질문을 다시 풀면 이렇게 된다. "에로스라 하면 반드시 x의 에로스여야 하냐, 아니냐?" 달리 말하면 "에로스는 'x의'라는 관계 술어를 동반하는 종류의 것이냐, 아니냐?" 이하에서 이 표현을 편의상 '…에 대한'이나 '…에 대해'로 의미를 좁혀 옮겼지만, 중립적으로는 '…의'로 옮기는 것이 적당한 말이라는 점에 유의할 필요가 있겠다. '에로스'는 고유명사와 보통명사를 넘나들고 있으므로 '에로스(사랑)'로 옮길 수도 있겠다. 그러나 이제까지도 그랬던 것처럼 몇몇 경우 외에는 '에로스'와 '사랑'을 병기하지 않고 어느 한쪽으로 단순화할 것이다.

* 즉 특정의(tinos) 어머니나 아버지의 자식. 희랍인들은 아버지 이름으로 누군가를 지칭할 때 흔히 '아들'이라는 말 없이 아버지 이름의 속격만 사용한다. 예컨대 '소프로니스코스의 아들 소크라테스'를 보통 '소프로니스코스의 소크라테스'라고 표현한다. "…가 tinos냐?" 즉 "…가 누구의 것 혹은 누구에게 속한 자이냐?"라는 질문은 일상적으로 아버지를 묻는 질문, 즉 "…가 누구의 자식이냐?"라는 의미로 흔히 사용된다. 그렇기에 "에로스가 누구의 에로스냐?"는 질문도 "에로스가 누구의 자식이냐?"라고 이해(혹은 오해)될 수 있고, 그 점을 소크라테스는 경계하고 있는 것이다. 아래에서 소크라테스는 에로스는 반드시 x의 에로스라고 주장하는데, 그때 'x의 에로스'는 분명하게 'x에 대한 에로스'로 바뀐다. 즉 에로스는 늘 어떤 대상을 갖는다고 주장하게 된다. 위에서도 말했듯이 아직 속격이 그런 의미의 것으로 충분히 좁혀지지는 않았다고 할 수 있다. 하지만 일관성을 위해 처음부터 '…에 대한'으로 옮기고자 한다.

** 즉 어머니나 아버지의 (자식으로서의) 에로스.

*** 에로스가 어머니나 아버지에 대한 것인가를 묻는다는 것은 우선 에로스의 부모가 누구냐는 질문이라면 지금 하고자 하는 고찰의 정신과 안 어울리는

에 대해서 묻는 것처럼 묻는 걸세. 아버지가 어떤 자에 대해 아버지인가, 아닌가 하고 말일세. 자네가 멋지게 대답하고 싶다면 분명히 자넨 아버지는 아들이나 딸에 대해 아버지라고 내게 말할 걸세. 그러지 않겠는가?"

"물론 그러겠죠." 아가톤이 말했다고 하네.

"그렇다면 어머니의 경우도 똑같지 않겠는가?"

그는 이것에도 동의했다고 하네.

"그렇다면 아직도 좀 더 대답해 주게. 내가 무슨 말을 하려는 e
건지 자네가 더 잘 이해할 수 있게 말일세. 내가 이렇게 묻는다고 해 보세. 자, 그럼 이건 어떤가? 형제는 그가 바로 그것인 바로 이것 자체에 있어서* 어떤 자에 대해 형제인가, 아닌가?" 소크라테스 선생님이 말씀하셨다고 하네.

그렇다고 그가 말했다고 하네.

"그렇다면 형제나 자매에 대해 형제** 아니겠는가?"

그가 동의했다고 하네.

질문이며, 달리 이해하여 에로스가 부모에 대한 에로스냐는 질문이라면 에로스는 성적인 사랑이기에 엉뚱한 질문이 된다는 것이다.

* "그가 바로 그것인 바로 이것 자체(auto touto)에 있어서"는 달리 말하면 "그가 형제인 한에서"로 이해할 수 있다.

** 우리말 '형제'는 여자 쪽에서의 오빠와 남동생을 포함하지 않는 말이고, '자매'는 남자 쪽에서의 누나와 여동생을 포함하지 않는 말이다. 번역어가 궁해 이렇게 옮길 수밖에 없지만 인도-유럽어에서의 넓은 의미로 이해해야 한다.

"그럼 에로스에 대해서도 말해 보도록 노력해 보게. 에로스는 그 어느 것에 대한 에로스도 아닌가, 아니면 어떤 것에 대한 에로스인가?" 그분이 말씀하셨다고 하네.

"확실히 어떤 것에 대한 에로스입니다."

200a "그렇다면 이제 이건, 즉 에로스가 무엇에 대한 에로스인지 하는 것은 기억하여 자네 곁에 지켜 두고 있게. 다만 다음과 같은 정도만 말해 주게. 에로스는 그가 어떤 것에 대한 에로스라고 할 때의 그 어떤 것을 욕망하는가, 안 하는가?" 소크라테스 선생님이 말씀하셨다고 하네.

"물론 하죠." 그가 말했다고 하네.

"그가 욕망하고 사랑하는 바로 그것을 가진 상태에서 욕망하고 사랑하나, 아니면 안 가진 상태에서 그리하나?"

"안 가진 상태에서죠. 그렇게 보는 게 적어도 그럴 법합니다." 그가 말했다고 하네.

"그럴 법함 말고 그런 게 필연인지, 즉 욕망하는 것은 자기가 결여하고 있는 것을 욕망한다는 것, 혹은 결여하고 있지 않으면
b 욕망하지 않는다는 것이 필연인지 숙고해 보게. 아가톤, 나한테는 놀라우리만큼 분명하게 그게 필연이라고 생각되네만, 자네에겐 어떤가?"

"제게도 그렇게 생각됩니다." 그가 말했다고 하네.

"잘 말했네. 그런데 누군가가 키가 큰데 크기를 바라거나, 힘

이 센데 세기를 바랄 수 있겠는가?"

"합의된 것들에 따르면 그건 불가능한 일입니다."

"분명히 그건 이미 그러한 자가 이런 것들을 결여하고 있지 않을 것이기 때문이네."

"맞는 말씀입니다."

"그건 다음과 같기 때문이네. 누군가가 힘이 센데 세기를 바라거나, 날쌘데 날쌔기를 바라거나, 건강한데 건강하기를 바란다고 해 보세. 아마도 개중에는 이것들과 이 비슷한 모든 것들에 있어서 이러이러한 자들이자 이것들을 갖고 있는 자들이 자기들 c
이 갖고 있는 바로 이것들을 욕망하기도 한다고 생각할 사람도 있을 수 있으니까, 우리가 그런 생각으로 인해 기만당하지 않기 위해 이런 말을 하는 걸세. 자네가 숙고해 본다면, 아가톤, 이자들로서는 그들이 갖고 있는 이것들 각각을, 그들이 바라든 바라지 않든, 그 당장에는 갖고 있는 것이 필연인데, 도대체 누가 바로 이것을 욕망하겠는가? 오히려 누군가가 '나는 건강한데 또한 건강하기를 바란다'거나 '나는 부자인데 또한 부자이기를 바란다'거나 '나는 내가 갖고 있는 바로 이것들을 욕망한다'고 말한다면, 우리는 그에게 이렇게 말할 걸세. '선생, 당신은 부와 건강과 힘 d
을 이미 소유하고 있으니, 당신이 바라는 건 나중에도 이것들을 소유하게 되는 거요. 당신이 바라든 바라지 않든 적어도 지금 당장에는 이것들을 갖고 있으니까 말이오. 그러니까 '나는 이미 곁에 있는 것들을 욕망한다'고 당신이 말할 때는 '나는 지금 곁에 있는 것들이 나중에도 곁에 있기를 바란다'고 말하는 것에 다름 아닌 것 아닌지 숙고해 보시오.' 하고 말일세. 그가 그렇다고 동의하지 않겠는가?"

아가톤이 동의했다고 그가 말했네.

그러자 소크라테스 선생님이 말씀하셨다고 하네. "그렇다면 바로 이것은, 아직 그에게 갖추어져 있지 않고 그가 갖고 있지도 않은 것을, 즉 이것들이 나중에도 그에게 계속 보존되고 늘 곁에 있기를 사랑하는 것 아니겠는가?"

e "물론입니다." 그가 말했다고 하네.

"그렇다면 이자도, 그리고 욕망하고 있는 다른 모든 자도 갖추어져 있지 않은 것과 곁에 있지 않은 것을 욕망하는 것이네. 그리고 그가 갖고 있지 않은 것과 그 자신이 아직 아닌 것*과 그가 결여하고 있는 것을 욕망하는 것이네. 욕망과 사랑이 바로 이런 것들에 대한 것이네."**

* 예컨대 내가 영화배우가 되기를 바란다는 것은 아직 내가 영화배우가 아니라는 것을 함축한다.

** 좀 더 자연스럽게 의역하면 "욕망과 사랑이 대상으로 삼는 것이 바로 이런 것들이네."라고 옮길 수도 있겠다. 앞에서도 언급했듯이 지금까지 우리가 편의상 '…에 대한'으로 옮기긴 했지만 에로스에 붙은 속격 대명사들의 용법이 충분히 좁혀지지 않고 애매하게 사용되어 왔다고 할 수 있고, 따라서 정확성으로만 따진다면 중립적인 '…의'로 옮겨야 마땅하다고 할 만한 상황

"물론입니다." 그가 말했다고 하네.

"자 이제, 이야기된 것들을 간추려 보세. 다름 아니라 에로스는 우선 어떤 것들에 대한 것이고, 그다음으로는 그*에게 그것들에 대한 결여가 있다고 할 때의 바로 그것들에 대한 것 아닌가?" 소크라테스 선생님이 말씀하셨다고 하네.

"그렇습니다." 그가 말했다고 하네. 201a

"그럼 이것들을 염두에 둔 상태에서, 자네가 이야기하는 중에 에로스가 어떤 것들에 대한 것이라고 말했는지 상기해 보게. 자네가 원한다면 내가 자네에게 상기시켜 주겠네. 자네는 대강 이런 취지의 말을 했다고 난 생각하네. '신들의 일들이 정해진 게 아름다운 것들에 대한 사랑(에로스)을 통해서다. 추한 것들에 대한 사랑(에로스)은 있을 수 없으니까.'라고 말이네.[97] 자네가 대강 이런 취지로 이야기를 하지 않았나?"

"물론 했었죠." 아가톤이 말했다고 하네.

이었다. 그런데 여기서는 이미 그 속격이 문맥상 대상을 가리키는 속격으로 충분히 고정되어 있다. 그러니까 이제부터는 에로스나 욕망에 붙는 속격을 '…의'가 아닌 '…에 대한'으로 명실상부하게 좁혀 읽어도 무리가 없는 상황이 되었다는 것이다.

* 문맥의 흐름상 자연스럽게는 사랑하는 자를 가리키지만, 달리 보면 에로스를 가리킬 수도 있다. 아래에서 소크라테스는 에로스를, 결여하고 있는 자로 특징짓게 되는데, 여기서 이미 대명사의 지시 대상을 애매하게 둠으로써 그 논의에 대한 복선을 깔고 있다고 말할 수 있다.

"그래, 친구, 적절한 말이기도 하고. 이게 그러하다면 에로스는 아름다움에 대한 사랑(에로스)이지, 추함에 대한 건 아니지 않나?" 소크라테스 선생님이 말씀하셨다고 하네.

그가 동의했네.

b "그런데 우리는 그가 자기가 결여하고 있고 갖고 있지 않은 것을 사랑한다고 동의하지 않았나?"*

"그렇습니다." 그가 말했다고 하네.

"하, 그렇다면 에로스는 결여하고 있고 갖고 있지 않은 거네. 아름다움을 말이네."

"필연적으로 그렇습니다."** 그가 말했다고 하네.

* '사랑한다'의 주어가 '그'로만 되어 있을 뿐 명시되어 있지 않다. 사실 바로 이어지는 소크라테스의 언급과 아가톤의 동의가 의미 있으려면 주어가 '에로스'여야 한다. 이제 바야흐로 결여와 욕망의 주체로 에로스가 논의선상에 올라오고 있는 것이다. 하지만 '에로스'가 주어가 되면 이는 앞서 합의한 사항과 다르다. 앞서 두 사람이 동의한 내용은 '사랑하는 자'를 주어로 삼은 것이었다(200b-e). 결국 소크라테스가 앞서의 합의에 대해 확인받으려면 '사랑하는 자'를 주어로 삼아야 하고, 앞으로의 논변을 진행시키려면 '에로스'를 주어로 삼아야 한다. 이런 딜레마 상황을 피하기 위해 의도적으로 소크라테스(즉 플라톤)는 주어를 애매하게 처리한 것으로 볼 수 있다. 이 애매성은 바로 위 200e에서도 이용된 바 있다. 이런 언술 방식은 사실 학자들이 바울의 고린도전서 13장을 떠올리며 '바울식 서술'(Pauline predication)이라 부른 것과 비슷한 일면이 있다. 사랑하는 자에 대한 서술을 사랑(에로스)에 대한 서술로 대체한 것만 보면 말이다.

** 이미 시사했듯이 아가톤이 이렇게 강한 긍정 대답을 할 수 있는 것인지 의심스럽다. 사랑의 주체가 에로스라면 필연적이라 할 수 있겠지만 사랑의

"그럼 이건 어떤가? 아름다움을 결여하고 있고 어떤 식으로도[*] 아름다움을 소유하고 있지 않은 것이 아름다운 것이라고[**] 자네는 말하겠는가?"

"물론 아닙니다."

"그럼, 이것들이 그러하다면 자네는 여전히 에로스가 아름다운 것임을 인정하겠는가?"

그러자 아가톤이 말했다고 하네. "제가 앞서 말했던 것들 가운데 아무것도 전 알지 못하는 것 같습니다."

"아, 그래도 여전히 아름다운 말이었네, 아가톤. 그건 그렇고 c
작은 질문 하나에 대해 더 답해 주게. 좋은 것들이 아름답기도 하다고 자네는 생각하지 않는가?" 그분이 말씀하셨다고 하네.

"전 그렇게 생각합니다."

"그렇다면 에로스가 아름다운 것들을 결여하고 있는데 좋은

주체는 사랑하는 자가 아닌가? 사랑의 주체가 사랑의 대상을 결여하고 있다는 것이 앞서의 합의 내용이었는데, 소크라테스는 사랑의 주체 대신 사랑(에로스)을 끼워 넣었다. 아무튼 지금 논의에서는 사랑의 주체와 사랑의 애매성 혹은 동일시가 별 문제 없는 것으로 전제되어 있는 듯하다.

* 소크라테스는 다시 강한 부정어를 슬쩍 끼워 넣고 있다. 아름다움을 결여하고 있는 것이 반드시 '어떤 식으로도'(mēdamēi) 아름다움을 소유하고 있지 않은 것으로 동일시되어도 좋은가? 이런 물음을 물을 만도 한데, 아래 이어지는 아가톤의 대응은 그저 심상할 뿐이다.

** 혹은 '아름답다고'.

것들이 아름답다면 그는 좋은 것들을 결여하고 있는 걸 거네."

"저는 선생님께 반론할 수 없겠습니다. 그러니 그냥 선생님이 말씀하시는 대로라고 하죠." 그가 말했다고 하네.

그분이 말씀하셨다고 하네. "아니, 오히려 자네가 반론 못하는 건 진실에 대해서일세, 친애하는 아가톤. 소크라테스에게 반론하는 것쯤이야 전혀 어려운 게 아니겠지만 말일세.

d 그리고 이제 자네는 놓아주겠네. 다만 언젠가 내가 만티네아 여인 디오티마[98]에게 들은, 에로스에 관한 이야기를 (그녀는 이것들만이 아니라 다른 많은 것들에 있어서도 지혜로웠지. 한번은 역병이 나기 전에 아테네 사람들에게 제물을 바치라고 시켜서 그 병이 10년 동안 유예되도록 해 준 적도 있었네. 바로 그녀가 에로스 관련 일들을 내게 가르쳐 준 분이기도 하네. 그러니까 그 여인이 해 준 그 이야기를) 자네들에게 죽 이야기해 보기로 하겠네. 나와 아가톤이 합의해 놓은 것들을 출발점으로 삼아서, 그러나 할 수 있는 한 나 혼자서 말일세.

그러니, 아가톤, 자네가 죽 이야기를 했던 방식대로 우선 그
e 자신을, 즉 에로스가 누구이고 어떤 자인지를 이야기하고, 그다
음으로 그의 기능들을 이야기해야겠네. 그런데 언젠가 그 이방
여인이 나를 꼼꼼히 심문하면서 이야기를 풀어 갔던 바로 그대
로 이야기를 풀어 가는 게 나한테는 가장 쉽다고 생각되네. 방금

전에 아가톤이 내게 한 이야기들과 거의 비슷한 이야기들을 나도 그녀에게 했거든. 에로스는 위대한 신이고 아름다운 것들에 속한다*고 말이지. 그러자 그녀는 내가 여기 이 사람을 논박했던 바로 이 이야기들을 가지고 나를 논박했네. 내 이야기에 따르면 그 신은 아름답지도 좋지도 않다고 말일세.

그래서 내가 말했네. '무슨 말씀이세요, 디오티마 님? 하, 그럼 에로스는 추하고 나쁘겠네요?'

그러자 그녀가 말했네. '경칠 소리 마세요. 혹시 아름답지 않은 것이면 무엇이든 필연적으로 추한 것이라고 생각하나요?'

'확실히 그렇죠.' 202a

'또 지혜롭지 않은 것이면 다 무지(無知)하다는 건가요? 지혜와 무지 사이에 뭔가가 있다는 걸 깨닫지 못했나요?'

'그게 뭔데요?'

'옳은 의견은 가지고 있지만 이유는 제시할 수 없는 것이죠. 당신은 알지 못하나요? 그게 아는 것도 아니요 (왜냐하면 이유 없는 것이 어떻게 앎일 수 있을까요?), 그렇다고 무지도 아니라는 걸 (왜

* 'tōn kalōn'이라는 말로 앞에서 자주 등장했던 애매한 속격이 다시 나왔다. '아름다운 것들에 속한다' 대신 앞서의 번역 흐름대로 '아름다운 것들에 대한 것이다'로 옮길 수도 있다. 물론 상반되는 입장의 두 언급 모두 아가톤이 한 것이라 할 수 있지만, 여기 문맥으로 볼 때 소크라테스와 대화하기 전 아가톤의 생각과 어울려야 하므로 속격을 '…에 속한다'로 옮기는 것이 적절하다.

냐하면 있는 것*에 닿아 있는[99] 것이 어떻게 무지일 수 있을까요?) 말입니다. 옳은 의견이 바로 그런 것, 즉 분별과 무지 사이에 있는 것임이 분명합니다.'

'맞는 말씀입니다.' 내가 말했네.

b '그러니까 아름답지 않은 것이면 다 추하고 좋지 않은 것이면 다 나쁘다는 게 필연적이라고 여기지 마세요. 이와 마찬가지로 에로스에 대해서도 그가 좋은 것도 아름다운 것도 아니라고 당신 스스로 동의한다고 해서 꼭 그가 추한 것이요 나쁜 것이어야 한다고는 아예 생각하지 말고, 이것들 사이에 있는 어떤 것이라고 생각하세요.' 그녀가 말했네.

'아, 그래도 그가 위대한 신이라는 건 모두들 동의하지요.' 내가 말했네.

'그 모두라는 게 알지 못하는 자들을 말하는 건가요, 아니면 아는 자들도 들어가나요?'

'물론 전부 다죠.'

그러자 그녀가 웃음을 터뜨리면서 말했네. '소크라테스, 도대
c 체 어떻게 그가 위대한 신이라고 이들이 동의할 수가 있을까요? 이들은 그가 신이라는 것조차 부인하는데 말입니다.'

'이들이 누군가요?' 내가 말했네.

* '있는 것'(to on)은 '참된 것' 혹은 '진상'(眞相)을 가리키는 말이기도 하다.

'당신이 그 하나고 나도 또 하나죠.'

그러자 내가 말했네. '어떻게 이런 말을 하실 수 있나요?'*

그러자 그녀가 말했네. '쉬워요. 내게 말해 보세요. 모든 신들이 행복하고 아름답다고 당신은 주장하지 않나요? 아니면 신들 가운데 어떤 이는 아름답지도 행복하지도 않다고 대담하게 주장할 건가요?'

'제우스 신에 맹세코 저는 그러지 않으렵니다.' 내가 말했네.

'그런데 당신은 좋은 것들과 아름다운 것들을 소유하고 있는 자들을 행복하다고 말하지 않나요?'

'물론입니다.'

'하지만 당신은 에로스야말로 좋고 아름다운 것들을 결여하고 d
있기 때문에 그가 결여하고 있는 바로 이것들을 욕망한다고 동의한 바 있지요.'**

'예, 동의한 바 있습니다.'

'그렇다면 아름답고 좋은 것들을 한몫도 안 가진 바로 그자가 어떻게 신일 수 있을까요?'

* 혹은 '무슨 뜻으로 이런 말을 하시는 건가요?'

** 201e에서 소크라테스는 자신이 아가톤을 논박한 이야기, 즉 논변이 디오티마가 자신을 논박하면서 펼친 논변이라고 말한 바 있다. 이 동의의 내용은 소크라테스와 아가톤의 문답 가운데 나온다. 과거와 현재가 오버랩되고 있다.

'적어도 제가 보기엔, 전혀 그럴 수 없죠.'

'그렇다면 당신도 에로스를 신으로 믿고 있지 않다는 걸 아나요?' 그녀가 말했네.

'그럼 에로스는 무엇일까요? 가사자(可死者)*인가요?' 내가 말했네.

'당치도 않아요.'

'그럼 대체 뭔가요?'

'앞에서도 내가 말했던 것처럼 가사자와 불사자(不死者) 사이의 것이지요.'

'그래, 그게 뭔데요, 디오티마 님?'

'위대한 신령[100]이지요, 소크라테스. 기실 신령한 것은 다 신과
e 가사자 사이에 있으니까요.'

'무슨 능력을 갖고 있는 것인가요?' 내가 말했네.

'인간들의 것을 신들에게, 그리고 신들의 것을 인간들에게 해석해 주고 전달해 줍니다. 인간들로부터는 탄원과 제사를, 그리고 신들로부터는 명령과 제사의[101] 대가를 해석해 주고 전달해

* 'thnētos'의 원뜻인 '죽을 수밖에 없는 자'라는 의미를 정확히 살리려면 '필사자'(必死者)로 해야 한다. 그 말이 오해의 소지가 있다면 '필멸자'(必滅者)도 대안일 수 있지만 '죽음'이 그 말에 온전히 들어 있지 않고 다음에 나오는 '불사자'(不死者: athanatos)와의 대비도 잘 살지 않는다. 궁여지책으로 '가사자'(可死者)라는 말을 도입하는데, '죽을 수 있는'이 아니라 '죽을 수밖에 없는'으로 강하게 읽어 주기 바란다. 대개 인간을 가리키는 말로 쓰인다.

주지요. 그들 양자의 가운데 있어서 그들 사이를 메워 주고, 그래서 그 전체가 그 자체로 서로 결속되게 해 줍니다. 온갖 예언
술도, 그리고 제사, 의례, 주문, 온갖 예언, 마법에 관한 사제들 203a
의 기술도 바로 이것을 통해 움직이지요. 신이 인간과 직접 섞이는 게 아니라 바로 이것을 통해서 인간들과의 온갖 교제와 대화가 신들에게[102] (그들이 깨어 있건 잠들어 있건 간에) 있게 되지요. 그리고 이런 일들에 관해 지혜로운 자는 신령한 사람인 데 반해, 기술 일반에 관해서건 아니면 특정한 손재주에 관해서건 다른 어떤 것에 있어서 지혜로운 자는 그저 미천한 재주꾼일 뿐입니다. 바로 이 신령들이 많고 다종다양한데, 에로스도 이들 가운데 하나지요.'

'그런데 그는 어떤 아버지와 어머니에게서 나왔나요?' 내가 말했네.

'그건 이야기가 꽤 깁니다. 하지만 어쨌거나 당신에게 말해 줄 b
게요. 아프로디테가 태어났을 때 신들이 잔치를 열었는데, 다른 신들도 있었지만 메티스(계책)*의 아들 포로스(방도)**도 있었지요. 그런데 그들이 식사를 마쳤을 때, 잔치가 벌어지면 으레 그러듯

* 이 여신의 이름은 '꾀', '계책', '고안' 등을 뜻한다.

** 이 남신의 이름은 어머니와 비슷하게 '길', '방도', '방책', '수단' 등을 뜻한다.

구걸하러 페니아(곤궁)*가 와서는 문가에 있었습니다. 그런데 포
로스가 넥타르에 취해 (술은 아직 없었거든요.) 제우스의 정원에
들어가서 취기에 짓눌려 잠이 들게 되었지요. 그러자 페니아가
자신의 방도 없음 때문에 포로스에게서 아이를 만들어 낼 작정
c 을 세우고 그의 곁에 동침하여 에로스를 임신하게 되었답니다.
그래서 에로스는 아프로디테의 추종자요 심복이 되었지요. 그녀
의 생일날 생겨났고 게다가 본래부터 아름다운 것에 관해** 사랑
하는 자인데 아프로디테가 아름다웠기 때문입니다.

그런데 포로스와 페니아의 아들이었기 때문에 에로스는 다음
과 같은 운명에 처하게 되었답니다. 우선 그는 늘 가난하고 많은
사람들이 생각하는 것처럼 섬섬하고 아름다운 것과는 전혀 거
d 리가 멀며, 오히려 피부가 딱딱하고 거칠며 맨발에 집도 없습니
다. 늘 땅바닥에서 요도 없이 누워 있고 문가와 길섶에서 하늘을
지붕 삼아 잠이 들지요. 어머니의 본성을 갖고 있어서 늘 결핍
과 함께 삽니다. 그런가 하면 또 아버지를 닮아서 아름다운 것들

* 이 여성의 이름은 '가난', '곤궁', '궁핍' 등을 뜻한다.

** 전치사 'peri'를 사용한 '아름다운 것에 관한(peri) 에라스테스'라는 표현은 속격을 사용한 '아름다운 것에 대한 에로스'로부터 일정한 거리를 취하는 디오티마의 입장을 은근히 드러내 준다. 아래 204b에도 같은 표현이 나오고 나중에 206e에도 등장한다. 204d 이하 논변을 통해 결국 디오티마는 엄밀하게 말하면 에로스는 아름다운 것에 대한 것이 아님을 밝히고 있다.

과 좋은 것들을 얻을 계책을 꾸밉니다. 용감하고 담차고 맹렬하
며 늘 뭔가 수를 짜내는 능란한 사냥꾼이지요. 분별을 욕망하고
그걸 얻을 기략이 풍부합니다. 전 생애에 걸쳐 지혜를 사랑하며,
능란한 마법사요 주술사요 소피스트입니다.

그리고 그는 본래 불사적이지도 가사적이지도 않습니다. 단 e
하루 사이에 전성기를 누리면서 사는 때가 있고 (방도를 잘 갖추
고 있을 때 그렇지요.) 또 죽어 가는 때가 있고, 그러다가도 아버
지의 본성 덕택에 다시 살아납니다. 그런데 그가 갖추고 있는 방
도는 늘 조금씩 새어 나갑니다. 그래서 에로스는 아예 방도가 없
지도 않고 부유하지도 않고, 또 지혜와 무지의 사이에 있습니
다. 다음과 같은 상태거든요. 신들 가운데 아무도 지혜를 사랑하 204a
지 않고 지혜롭게 되기를 욕망하지도 않습니다. 이미 그렇기 때
문이죠. 또한 다른 어느 누구라도 지혜로운 자라면 지혜를 사랑
하지 않습니다. 그런가 하면 무지한 자들도 지혜를 사랑하지 않
고 지혜롭게 되기를 욕망하지도 않습니다. 무지가 다루기 어려
운 건 바로 다음과 같은 점에서거든요. 즉 아름답고 훌륭한 자도
분별 있는 자도 아니면서 자신을 만족스럽게 여긴다는 것 말입
니다. 자기가 뭔가를 결여하고 있다고 생각하지 않는 자가 있다
면, 그는 자기가 결여하고 있다고 생각하지 않는 그것을 욕망하
지 않습니다.'

'그럼 그 지혜 사랑하는 자들이란 누굽니까? 지혜로운 자도 무

지한 자도 아니라면 말입니다.' 내가 말했네.

b ‘이쯤 되면 적어도 이것 정도는 어린애한테조차 분명할 겁니다. 이 둘 사이에 있는 자들이고, 또 그 가운데 에로스도 속한다는 것 말입니다. 지혜는 그야말로 가장 아름다운 것들에 속하는데,* 에로스는 아름다운 것에 관한** 사랑(에로스)이지요. 그래서 에로스는 필연적으로 지혜를 사랑하는 자일 수밖에 없고, 지혜를 사랑하는 자이기에 지혜로운 것과 무지한 것 사이에 있을 수밖에 없습니다. 그의 기원이 바로 이것들에게도 원인 노릇을 합니다. 아버지는 지혜롭고 방도를 잘 갖추고 있지만 어머니는 지혜롭지 못하고 방도가 없으니까요. 그러니까 이게 그 신령의 본성입니다, 친애하는 소크라테스. 하지만 에로스가 누구인가에 대해 당신이 이와는 다른 그런 생각을 했다는 것은 전혀 놀라울
c 게 없습니다. 당신이 말한 것들로부터 추정컨대 당신은 사랑하는 것이 아니라 사랑받는 것이 에로스라고 생각했던 것으로 보입니다. 이 때문에 당신에게는 에로스가 아주 아름답게 보인 거라고 난 생각합니다. 사실 사랑받는 것***은 참으로 아름답고 우아

* 속격의 다른 의미를 살려 '가장 아름다운 것들에 대한 것인데'로 옮길 수도 있지만 여기 문맥에 덜 어울린다.

** 디오티마는 위 203c에서와 유사하게 전치사 'peri'를 사용한 '아름다운 것에 관한(peri) 에로스'라는 표현을 구사하고 있다.

*** 혹은 '사랑받을 만한 것'.

하며 완벽하고 복 받았다 여겨지는 것이지요. 반면에 사랑하는 것은 다른 모습을, 즉 내가 죽 이야기했던 것과 같은 그런 모습을 가지고 있는 것이지요.'

그러자 내가 말했네. '좋습니다, 부인. 멋진 말씀입니다. 그런데 에로스가 그런 자라면 인간들에게 무슨 쓸모가 있나요?'

'바로 그게 이것들 다음으로 내가 당신에게 가르쳐 주려고 하 d
는 것입니다, 소크라테스. 에로스가 내가 말한 것과 같은 그런
자이고 그렇게 태어났지요. 그리고 당신이 주장하는 바대로 아
름다운 것들에 대한* 거지요. 그런데 누군가가 이렇게 묻는다고
해 봅시다. '무엇 때문에** 에로스가 아름다운 것들에 대한 겁니
까,*** 소크라테스 님과 디오티마 님.' 아니 더 분명하게 말하면 이
렇겠죠. '아름다운 것들을 사랑하는 자는 무엇을**** 사랑하는 겁니
까?'*****' 그녀가 말했네.

* 201e에서 '아름다운 것들에 속하는'으로 옮긴 'tōn kalōn'이 나왔지만 반박 논변 이후에 속하는 언명이므로 의미는 다르게 새겨야 한다.

** 혹은 '어떤 점에서'.

*** 달리 옮기면 "에로스가 아름다운 것들을 대상으로 삼는 게 무엇 때문입니까?"

**** 혹은 '무엇 때문에'.

***** 달리 옮기면 "사랑하는 자는 아름다운 것들을 무엇 때문에 사랑하는 겁니까?"

그러자 내가 말했네. '자기 것이 되기를 사랑하는 거죠.'

e '하지만 그 대답은 여전히 다음과 같은 질문을 필요로 하고 있습니다. 아름다운 것들이 자기 것이 될 때 그에게 무엇이 있게 됩니까?' 그녀가 말했네.

나는 아직 이 질문에 즉각 대답하지는 못하겠노라고 말했네.

'하지만 누군가가 질문을 바꾸어 아름다운 것 대신 좋은 것이라는 말을 사용하여 묻는다고 해 봅시다. 그런 식으로 내가 묻겠습니다. 자 소크라테스, 좋은 것들을 사랑하는 자는 무엇을* 사랑하는 겁니까?' 그녀가 말했네.

'자기 것이 되기를 사랑하는 거죠.' 내가 말했네.

'그런데 좋은 것들이 자기 것이 될 때 그에게 무엇이 있게 됩니까?'

'이건 더 쉽게 대답할 수 있겠습니다. 그는 행복하게 될 겁니다.' 내가 말했네.

205a '그래요, 행복한 자들은 좋은 것들을 소유함에 의해 행복하니까요. 그리고 더는 물을 필요가 없지요. 행복하게 되기를 바라는 자가 무엇을 위해서 그러기를 바라는가 하고 말입니다. 그 대답이 질문에 종지부를 찍는 것으로 보입니다.' 그녀가 말했네.

'맞는 말씀입니다.' 내가 말했네.

* 혹은 '무엇 때문에'.

'그런데 이 바람과 이 사랑은 모든 인간들에게 공통된 것이며 모두가 다, 좋은 것들이 자신들에게 늘 있기를 바란다고 생각합니까, 아니면 어떻게 말하겠습니까?'

'그렇게 말하겠습니다. 모두에게 공통된 것이라고 말입니다.' 내가 말했네.

'그렇다면, 소크라테스, 실로 우리가 방금 합의한 대로 모두가 b
똑같은 것들을 늘 사랑한다고 한다면, 그냥 모두가 다 사랑한다고 하지 않고 어떤 자들은 사랑하는데 어떤 자들은 안 한다고 우리가 말하는 건 도대체 무엇 때문인가요?' 그녀가 말했네.

'저 자신도 놀라워하고 있습니다.' 내가 말했네.

'아니, 놀라워할 것 없어요. 이제 보니 우리는 사랑의 어떤 한 형태*를 떼어 내어 전체에 속하는 이름을 그것에 갖다 붙여 사랑이라고 부르고 다른 것들에는 다른 이름들을 사용하는 거니까요.' 그녀가 말했네.

'이를테면 어떤 것과 같죠?' 내가 말했네.

'이를테면 다음과 같습니다. 당신은 창작**이 여럿의 어떤 것임을 알고 있습니다. 알다시피 어떤 것이든 있지 않은 것에서 있는

* 혹은 '종류'.

** 혹은 '생산', '만듦'. 이 말은 아가톤의 연설에서 이미 애매한 말임이 드러난 바 있다. 196e-197a를 참고할 것.

것으로 갈 때 그것의 원인이 되는 것 일반이 창작이니까요. 그래
c 서 모든 기술들에 의해 이루어지는 일들*이 창작들이고 이것들을 이루어 내는 자들이 모두 작가**들이지요.'

'맞는 말씀입니다.'

'하지만 알다시피 그들은 작가들이라고 불리지 않고 다른 이름들을 가지고 있습니다. 창작 전체에서 한 부분을, 즉 시가와 운율에 관련된 부분을 떼어 내어 전체에 속하는 이름으로 부르는 것이지요. 바로 이것만 창작이라고 불리고 창작의 이 부분을 맡고 있는 자들만이 작가들이라고 불리니까요.' 그녀가 말했네.

'맞는 말씀입니다.' 내가 말했네.

d '자 이제, 사랑에 대해서도 마찬가지입니다. 일반적으로 좋은 것들과 행복함에 대한 일체의 욕망이 가장 크고 모두를 현혹하는 사랑입니다. 하지만 다른 많은 방식으로, 즉 돈벌이를 통해서든 체력 단련을 즐김을 통해서든 지혜 사랑을 통해서든 그것으

* '일들'(ergasiai) 대신 '작품들'로 옮길 수도 있다.

** '포이에테스'(poiētēs)를 대개 '시인'으로 옮겨 왔지만, 이 말의 애매성을 십분 이용하는 이 문맥에 더욱 충실하기 위해 '작가'로 옮긴다. 요즘 우리에게 '작가'는 '시인'보다 훨씬 광범위하게 쓰이지만, 희랍의 '시인'도 사실은 요즘 우리 '시인'보다 훨씬 더 넓은 영역을 포괄하고 있었으므로(서사시인, 서정시인만 시인이 아니라 지금 이 작품에 등장하는 아가톤이나 아리스토파네스 같은 비극 작가, 희극 작가도 다 시인이라는 것은 186e에서도 확인한 바 있다) 이 번역어 자체에는 별 문제가 없다.

로 향하는 자들은 사랑한다거나 사랑하는 자들이라고 불리지 않습니다. 반면에 어떤 한 형태를 향해 가면서 매진하는 자들이 전체에 속하는 이름을 얻어 사랑, 사랑한다, 사랑하는 자들이라고 불리고 있습니다.'

'맞는 말씀 하시는 것 같습니다.' 내가 말했네.

'사실 자신들의 반쪽을 찾아다니는 자들이 바로 사랑하는 자들
이라는 어떤 이야기가 말해지고 있기는 합니다.* 하지만 내 이야 e
기는 사랑이 반쪽에 대한 것도 전체에 대한 것도 아니라는 것을 말하고 있습니다. 어쩌다가 그것이, 벗이여, 실제로 좋은 것인 경우 말고는 말입니다. 하긴 사람들은 바로 자신들의 발이나 손을 절단하는 것까지도 각오하지요. 자신들의 것인 그것들이 나쁘다고 생각될 때면 말입니다. 각 사람들은 자신들의 것을 반기는 게 아니거든요. 좋은 것을 제 것 혹은 자신의 것으로, 나쁜 것을 남의 것으로 부르는 경우가 아니라면 말입니다. 사람들이 사
랑하는 것은 좋은 것 외에 다른 어떤 것도 아니니까요. 아니면 206a
당신에게는 달리 생각되나요?' 그녀가 말했네.

* 소크라테스가 단순히 실제 있었던 대화를 보고하고 있는 것만은 아니라는 심증을 갖게 할 만한 대목이다. 향연장에 있는 소크라테스에게 이것은 아리스토파네스의 이야기였다(191d-193d). 디오티마와의 대화를 보고한다고 하면서 사실은 직전 아리스토파네스의 연설 내용을 반박하고 있다. 하지만 이 모두가 저자 플라톤의 이야기틀이라고 생각하면 그리 이상할 것도 없다.

'제우스 신에 맹세코 저는 달리 생각지 않습니다.' 내가 말했네.

'그렇다면 아주 간단하게 사람들은 좋은 것을 사랑한다고 말할 수 있는 건가요?' 그녀가 말했네.

'예.' 내가 말했네.

'그럼 이건 어떤가요? 그에 더해, 좋은 것이 자신들에게 있기를 그들이 사랑한다는 것도 덧붙여야 하지 않나요?' 그녀가 말했네.

'덧붙여야 합니다.'

'그렇다면 그냥 '있기를'이라고만이 아니라 '늘 있기를'이라고도 해야 하나요?' 그녀가 말했네.

'그것도 덧붙여야 합니다.' 내가 말했네.

'그렇다면 뭉뚱그려 말하면 사랑은 좋은 것이 자신에게 늘 있음에 대한 것이네요.' 그녀가 말했네.

'아주 맞는 말씀입니다.' 내가 말했네.

b '그렇다면 사랑이 언제나 이런 것이니까,[103] 사람들이 어떤 방식으로 그리고, 어떤 행위 가운데서 그것을 추구할 때 그들의 열성과 노력이 사랑이라고 불릴 수 있겠습니까? 이 사랑의 기능이 무엇입니까? 말해 줄 수 있습니까?' 그녀가 말했네.

'그럴 수 있다면야 제가 당신의 지혜에 대해 놀라워하지도, 바로 이것들을 배우겠다고 당신 곁을 계속 찾아오지도 않겠죠.' 내가 말했네.

'아니, 그럼 내가 당신에게 말해 줄게요. 이것은 몸에 있어서, 그리고 영혼에 있어서 아름다운 것 안에서 출산하는 것입니다.' 그녀가 말했네.

'당신이 도대체 무슨 말씀을 하시려는 건지 예언술이 필요합니다. 이해 못하겠습니다.' 내가 말했네.

'아니,[104] 내가 더 분명하게 말할게요. 모든 사람들이 몸에 있 c
어서, 그리고 영혼에 있어서 임신하고 있고, 어떤 나이에 이르
게 되면 우리 본성은 출산하기를 욕망합니다. 그런데 추한 것 안
에서는 출산할 수가 없고 아름다운 것 안에서는 할 수 있습니다.
남자와 여인의 함께함이 일종의 출산이거든요.[105] 이 일은 신적
인 것입니다. 가사자인 생물 안에 들어 있는 불사적인 것이죠.
임신과 낳음이 말입니다. 이것은 조화하지 않는 것 안에서는 일
어날 수 없습니다. 그런데 추한 것은 신적인 모든 것과 조화하지 d
않는 데 반해 아름다운 것은 조화합니다. 그래서 그 출산에서는
칼로네(아름다움)가 모이라(운명)요 에일레이튀아(필요할 때 오는
자)*입니다. 이 때문에 임신한 것이 아름다운 것에 가까이 다가
가게 될 때는 인자하게 되고, 즐겁게 이완되며, 자식을 출산하고

* 출산의 여신.

낳습니다.[106] 반면에 추한 것에 가까이 다가가게 될 때는 뚱하게 되고, 고통스러워 움츠러들며, 외면하고 뒤로 주춤하며, 자식을 낳지 못하고, 그저 태아를 안에 가진 채 버거운 상태로 있습니다. 그렇기 때문에 임신하여 이미 터질 듯 부풀어 오른 자는 아름다운 것에 관한* 격렬한 흥분으로 가득 차 있게 됩니다. 그것
e 을 가진 자가 자기를 큰 산고에서 풀어 줄 수 있기 때문이죠. 소크라테스, 사실 사랑은 당신 생각처럼 아름다운 것에 대한 게 아닙니다.' 그녀가 말했네.

'그게 아니면 뭡니까?'

'아름다운 것 속에서의 낳음과 출산에 대한 것이지요.'

'뭐, 좋습니다.' 내가 말했네.

'아니, 분명히 그렇습니다. 그럼 사랑이 왜 낳음에 대한 것일까요? 낳음은 가사자에게 있는 영속적이고 불사적인 것이기 때문
207a 입니다. 앞에서 합의한 대로 사랑이란 좋은 것이 늘 자신에게 있는 것에 대한 것이라고 한다면, 이로부터 우리가 좋은 것과 더불어 불사를 욕망한다는 것이 필연적으로 따라 나옵니다. 따라서 이 이야기로부터 사랑이 불사에 대한 것이기도 하다는 것이 필연적으로 따라 나오지요.'

* 203c, 204b에서처럼 '아름다운 것에 관한(peri)'이라는 표현이 사용되고 있다.

이 모든 것들을 그녀가 내게 가르쳐 주었다네. 에로스 관련 일들에 관해 이야기를 할 때마다 말일세. 그런데 언젠가 이렇게 물었다네. '소크라테스, 이런 사랑과 욕망의 원인이 무엇이라고 생각하나요? 혹 길짐승이든 날짐승이든 모든 짐승들이 낳기를 욕망할 때면 얼마나 끔찍한 상태에 처해 있는지 알아채지 못했나
요? 그것들이 전부 병에 걸려 사랑에 애타는 상태가 되는데, 우 b
선은 서로 함께 섞이는 것에 관해, 그다음으로는 태어난 것을 기르는 것에 관해 그런 상태가 되지요. 그래서 이것들을 위해서라면 가장 힘이 약한 것들이라 해도 가장 힘 센 것들과 맞서 싸우고 또 이것들을 위해 죽을 태세가 되어 있고, 저것들*을 길러내기 위해서라면 자신들이 굶주림으로 고초를 겪는 일도 마다하지 않을 뿐 아니라 다른 그 어떤 일이라도 할 태세가 되어 있습니다. 인간들의 경우에는 추론에 의해** 이런 일들을 행한다고 우리가 생각할 수 있겠지요.[107] 하지만 짐승들의 경우에는 이렇게
사랑에 애타는 상태가 되는 원인이 무엇인가요? 말할 수 있겠어 c
요?'

그러자 이번에도 나는 알지 못하겠노라고 말했네.

* 지칭 방식이 '이것들'에서 '저것들'로 바뀐 것은 태어난 새끼들을 어미 자신(auta)과 대비시키려는 의도 때문이다.

** 즉 이유를 따져가며.

그녀가 말했네. '당신은 이것들을 파악하고 있지 못하면서도 에로스 관련 일들에 능통하게 되리라 생각하고 있나요?'

'아니, 들어 보세요, 디오티마 님, 방금 전에도 말했듯이* 바로 이것 때문에 당신 곁에 온 겁니다. 선생들이 필요하다는 것을 아니까 말입니다. 그러니 이것들의 원인을, 그리고 에로스 관련 일들에 관계된 다른 것들의 원인을 제게 말씀해 주세요.'

'자 그럼, 사랑이 본성상 우리가 여러 차례에 걸쳐 합의한 바 있는 저것**에 대한 것이라고 당신이 믿고 있는 게 하등 이상한
d 일이 아니에요. 이 경우***에도 저것****과 같은 이치에 따라 가사적인 본성은 할 수 있는 한 늘 있기를, 즉 불사이기를[108] 추구하거든요. 그런데 그건 이 방법으로만, 즉 생겨남으로써만 할 수 있습니다. 그럼으로써 오래된 것 대신 다른 새로운 것을 늘 남기니까요. 사실 이건 각 동물***** 하나하나가 살아 있다고, 그리고 같은 것이라고 불리는 동안에도 그렇죠. 예컨대 사람은 어리디어린 소년 시절부터 늙은이가 될 때까지 같은 사람이라고 말해지지요.

* 206b.

** "사랑은 아름다운 것 속에서의 낳음과 출산에 대한 것이다"(206e) 혹은 "사랑이 불사에 대한 것이기도 하다"(207a) 등의 언급을 가리킨다.

*** 인간 이외의 동물의 경우.

**** 직전 문장의 '저것'과 같다. 그러니까 인간의 경우를 가리킨다.

***** 혹은 '생물'.

하지만 이 사람이 같은 사람이라고 불리긴 하나, 그가 어느 때고
자신 속에 같은 것들을 갖는 적은 없고 오히려 늘 새로운 사람으
로 생겨나고,* 또 머리카락, 살, 뼈, 피 등 몸 전체에 있어서 어떤 e
것들은 잃는 것도 있습니다.[109] 또 몸에서만이 아니라 영혼에 있
어서도, 즉 성격, 성품, 의견, 욕망, 쾌락, 고통, 두려움 등에 있
어서도 그렇습니다. 이것들 각각이 어느 때고 각자에게 같은 것
으로 있지 않고, 오히려 어떤 것들은 생겨나고 어떤 것들은 소멸
합니다. 이것들보다 훨씬 더 특이한 일은 앎의 경우도 어떤 것들
은 우리에게 생겨나고 어떤 것들은 소멸하며, 그래서 우리가 앎 208a
에 있어서도 어느 때고 같은 자들이 되는 적이 없을 뿐만 아니
라, 각각의 앎 하나하나도 같은 일을 겪는다는 점입니다. 연습한
다고 우리가 부르는 것도 앎이 우리에게서 떠나가기 때문에 있
는 것이니까요. 망각은 앎이 빠져나가는 것인데, 연습**은 떠나가
는 기억 대신에 새로운 기억을 다시 만들어 넣어 줌으로써,[110] 같
은 앎으로 보일 정도로 앎을 보존하니까요.

사실 가사적인 것이 다 이런 방식으로 보존되지요. 즉 신적인 것처럼 모든 면에서 늘 같은 것으로 있음으로써가 아니라 늙어

* '되고'로 옮길 수도 있다.

** '연습'(meletē)이라는 개념은 이 대화편의 첫머리에서 이미 언급이 되었다(172a).

b 가고 떠나가는 것이 그것 자체의 원래 모습과 닮은 또 다른 새로운 것을 남겨 놓음으로써 보존됩니다. 소크라테스,[111] 이런 장치에 의해 몸에 있어서든 다른 모든 것들에 있어서든 가사적인 것이 불사에 참여하지요. 하지만 불사적인 것은 다른 방식으로 보존됩니다.[112] 그러니 모든 것이 다 본성적으로 자신의 새싹을 귀중히 여긴다는 것에 의아해하지 마시길. 이런 열성과* 사랑이 가사적인 것 모두에게 붙어 다니는 건 바로 불사를 위해서니까요.'

나는 그 이야기를 듣고 놀라서 말했네. '좋습니다, 더없이 지혜로운 디오티마 님. 하지만 이것들이 정말 그런가요?' 내가 말했네.

c 그러자 그녀가 완벽한 소피스트들처럼** 말했네. '잘 알아 두세요, 소크라테스. 인간들의 경우에도 그렇다는 걸 당신은 알 수 있거든요. 당신이 그들의 명예 추구에 대해 살펴보겠다고만 들어도 말입니다. 당신은 자신의 그 어리석음***에 놀라게 될 겁니다. 이름난 자들이 되는 것, '그리고 계속 이어질 미래를 위해 불사의 명성을 쌓는 것'에 대한 사랑에 의해 그들이 얼마나 끔찍한 상태에 처해 있는지를 당신이 마음속으로 생각해 보고도 내가

* 혹은 '열성 즉'.

** 아마도 독단적 혹은 권위적이고 단정적인 논조를 가리키는 듯하다. 혹은 덜 그럴듯한 가능성이지만, 논리에 호소하는 태도를 가리킬 수도 있다.

*** 추론 능력의 결여를 가리키는 말(alogia)이다.

말한 것들에 관해 파악하지 못한다면 말입니다. 그들은 이것을 위해서라면 제 아이들을 위해서 그러는 것보다 훨씬 더하게 무슨 위험이든 감수한다든지, 돈을 쓴다든지, 어떤 노고든 마다 않 d
고 한다든지, 또 그걸 위해 죽는다[113]든지 할 태세가 되어 있습니다. 당신은[114] 자신들의 덕*에 관한 불사의 기억(지금 우리가 바로 그걸 갖고 있죠.)이 있게 되리라는 생각을 하지 않았다면 알케스티스가 아드메토스를 위해 죽었으리라고, 혹은 아킬레우스가 파트로클로스를 뒤따라 죽었으리라고, 혹은 당신들의** 코드로스가 자식들의 왕국을 지켜 주기 위해 죽었으리라고 생각하나요?*** 그럴 리 만무합니다.[115] 오히려 내 생각에 그들은 모두 불사의 덕과 그런 영광스런 평판을 위해 그런 일들 모두를 하는 겁니다. 그들이 더 훌륭하면 할수록 그만큼 더 그렇게 하지요. 그들은 불사의 e
것을 사랑하니까요.

* 문맥상 특히 용기를 가리킨다.

** 즉 아테네의.

*** 신화에 등장하는 인물 코드로스는 도리스인들의 침입으로부터 국가를 구하기 위해 목숨을 바친 아테네의 왕이다. 그는 아테네왕을 살해하는 일을 피해야만 아테네를 얻을 수 있다는 신탁이 그 침입자들에게 주어졌음을 알고 스스로 애써 그들에게 살해되었다고 한다. 다른 두 사례, 즉 알케스티스와 아킬레우스의 사례는 파이드로스 연설에서 다루어진 것인데(179b−180b), 여기서 디오티마는 (혹은 사실상 소크라테스는) 파이드로스의 이야기를 수정하면서 더 정교한 설명을 제시하고 있다.

그런데[116] 몸에 있어서 임신한 자들은 여인들에게로 더 향하고
이런 방식으로 사랑에 애타는 자들입니다. 아이 낳기를 통해서,
장차 이어질 모든 시간을 위해, 불사와 기억과 자기들이 생각하
는 대로의 행복을, 자신들을 위해 마련해 놓으려 하면서 말입니
209a 다. 반면에 영혼에 있어서 임신한 자들은…* 몸에 있어서보다도
오히려 훨씬 더 많이 영혼에 있어서 임신하는, 그리고 영혼이 임
신하고 출산하는 게 적당한 것들을 임신하는, 그런 자들이 있으
니 하는 말입니다.[117] 그렇다면 영혼이 무엇을 임신하고 출산하
는 것이 적당한가요? 분별과 여타의 덕이지요. 시인들도, 그리
고 장인들 가운데 창의력 있다고 말해지는 자들도 다, 바로 이것
들을 낳는 자들입니다. 그런데[118] 분별 가운데서도 단연 가장 중
대하고 가장 아름다운 것이 국가들과 가정들의 경영에 관한 분
별인데,[119] 바로 그것에 붙어 있는 이름이 절제와 정의입니다. 이
b 번에는 누군가가 신적이어서 어려서부터 바로 이것들을 영혼에
임신하고 있다고 해 봅시다.[120] 나이가 차게 되면 곧 그는 출산하
고 낳기를 욕망하는데, 그럴 경우 내 생각에는 이 사람도, 그 안
에서 그가 낳을 수 있는 그런 아름다운 것을 찾아 돌아다닙니다.
추한 것 속에서는 도대체 낳으려 하지 않을 테니까 하는 말입니

* 이 주어에 호응하는 말이 나오지 않은 채 이야기가 계속된다. 주된 흐름은 임신 대상에 대한 이야기를 끝내고 다시 가정이 재개되는 아래 '이번에는' 문장으로 이어진다고 볼 수 있다.

다. 그러니까 임신하고 있기 때문에 그는 추한 몸들보다는 아름다운 몸들을 더 반기게 되고, 거기에 더해 마침 아름답고 고상하며 천성이 좋은 영혼을 만나게 되기라도 하면 둘이 합쳐진 그것을 아주 반기게 되지요. 그래서 곧바로 이런 사람을 상대로 하는 이야기들, 즉 덕에 관한 이야기들, 그리고 훌륭한 사람이 어떠해야 하고 무슨 일들을 실행해야 하는지에 관한 이야기들이 풍부 c
해져서 이 사람을 가르치려 시도하게 됩니다.

내 생각에 그는 아름다운 자와* 접촉하여 그와 사귐으로써 자기가 오랫동안 임신해 온 것들을 출산하고 낳으니까요. 곁에 있을 때나 떨어져 있을 때나 그를 기억하며, 이렇게 해서 생겨난 것을 그와 더불어 함께 기릅니다. 그래서 이런 사람들은 서로에 대해 아이들[121]에 대한 공유보다 훨씬 더 중대한 공유와 더 확고한 친애를 얻게 됩니다. 더 아름답고 더 불사적인 아이들을 공유하게 되었기 때문에 그렇지요. 하긴 누구라도 자신에게 인간적인 아이들보다 이런 아이들이 생기는 쪽을 더 선호할 겁니다. 또
그들은 호메로스나 헤시오도스나 다른 훌륭한 시인**들을 쳐다보 d
면서 이들이 다음과 같은 자들을 자기들의 자식으로 남긴 것을 부러워합니다. 즉 자신들이 불사적인 자들이어서 이들에게 불

* 혹은 '아름다운 것과'.

** 혹은 '작가'.

사의 명성과 기억을 가져다주는 그런 자들을 말입니다. 또 그러
고 싶다면[122] 뤼쿠르고스가 라케다이몬에 남긴 아이들을 예로 들
어 볼 수도 있습니다. 그들은 라케다이몬의, 그리고 이를테면 전
희랍의 구원자들이었지요. 그리고 솔론도 법들을 낳았기 때문
에 여러분들 사이에서 존경받고 있습니다. 그리고 서로 다른 사
e 람들이 희랍 사람들 사이에서든 이방인들 사이에서든 여러 상이
한 곳에서 많은 아름다운 업적들을 보여 주었고 온갖 종류의 덕
을 낳았습니다. 그 사람들에 대한 숭배도 이미 여럿 생겨나 있는
데 바로 이런 아이들 때문이죠. 인간적인 아이들 때문에 그런 일
이 일어난 적은 아예 없었지만 말입니다.

자, 그런데 이 에로스 관련 일들에는 아마 당신도 입문할 수
210a 있을지 모릅니다, 소크라테스. 하지만 올바로 따라가는 경우 이
것들의 최종 목표이기도 한 최고 비의(秘儀)는 당신이 입문할 수
있을지 모르겠군요. 어쨌든 내가 말해 줄게요. 어떤 노력도 아
끼지 않으면서 말입니다. 그러니 당신도 할 수 있는 한 따라오려
노력해 주세요.

이 일을 향해 올바르게 가려는 자는[123] 젊을* 때 아름다운 몸들을 향해 가는 것으로 시작해야 합니다. 그래서 처음에는 이끄는

* 혹은 '어릴'.

자가 올바로 이끌 경우 그는 하나의 몸을 사랑하고 그것 안에 아름다운 이야기들을 낳아야 합니다. 그다음에 그는 어느 한 몸에 속한 아름다움이 다른 몸에 속한 아름다움과 형제지간임을 깨달아야 하며, 종적(種的)인 아름다움을 추구해야 한다고 할 때, 모든 몸들에 속한 아름다움이 하나요 같은 것이라고 생각하지 않는 것이 아주 어리석은 일임을 깨달아야 합니다. 이걸 파악하고 나면 모든 아름다운 몸들을 사랑하는 자가 되어 하나의 몸에 대한 이 열정을 무시하고 사소하다 여김으로써 느슨하게 만들어야 합니다. b

그다음에 그는 몸에 있는 아름다움보다 영혼들에 있는 아름다움이 더 귀중하다고 여겨야 합니다. 그래서 누군가가 미미한 아름다움의 꽃을 갖고 있더라도 영혼이 훌륭하다면 그에게는 충분하며, 이자를 사랑하고 신경 써 주며 젊은이들을 더 훌륭한 자로 c
만들어 줄 그런 이야기들을 산출하고[124] 추구해야 합니다. 그렇게 하면 이번에는 그가 행실들과 법들에 있는 아름다움을 바라보도록, 그리고 그것 자체가 온통 그것 자체와 동류(同類)라는 것을 보도록 강제될 것이고,* 그럼으로써 몸에 관련된 아름다움이

* '그것 자체가 온통 그것 자체와 동류(同類)라는 것' 대신 '그 모든 것이 서로 서로 동류(同類)라는 것'으로 새길 수도 있다. '보다'로 옮긴 '이데인'(idein)은 '알다'로 옮길 수도 있다. 애매성을 가진 이 말에서 '이데아'(idea)라는 말이 나왔다.

사소한 어떤 것이라고 여기게 될 것입니다.

이끄는 자는 그를 행실들 다음으로 앎들로 이끌어야 합니다. 그렇게 하면 그가 이번에는 앎들의 아름다움을 볼 수 있게 되고,
d 또한 이제는 아름다움 여럿*을 쳐다보고 있기에, 더 이상 어리디 어린 소년이나 특정 인간이나 하나의 행실의 아름다움에 흡족하여 종처럼 하나에게 있는 아름다움에 노예 노릇 하면서 보잘것 없고 하찮은 자가 되지 않습니다. 오히려 아름다움의 큰 바다로 향하게 되고 그것을 관조함으로써, 아낌없이 지혜를 사랑하는 가운데 많은 아름답고 웅장한 이야기들과 사유들을 산출하게 됩니다. 그리하여 결국 거기서 힘을 얻고 자라나서 어떤 단일한 앎을, 즉 다음과 같은 아름다움에 대한 것으로서의 앎을 직관하게
e 됩니다.

그러니 이제[125] 할 수 있는 한 최대의 주의를 기울이도록 노력해 보세요. 아름다운 것들을 차례차례 올바로 바라보면서 에로스 관련 일들에 대해 여기까지 인도된 자라면 이제 에로스 관련 일들의 정점에 도달하여 갑자기 본성상 아름다운 어떤 놀라운 것을 직관하게 될 것입니다. 소크라테스, 앞서의 모든 노고들의 최종 목표이기도 했던 게 바로 이겁니다.

211a 우선 그것은 늘 있는 것이고, 생성되지도 소멸하지도 않고, 증

* 즉 아름다움 일반.

가하지도 감소하지도 않는 것입니다. 그다음으로 그것은 어떤 면에서는 아름다운데 다른 면에서는 추한 것이 아니고, 어떤 때는 아름다운데 다른 때는 아닌 것도 아니고, 어떤 것과의 관계에서는 아름다운 것인데 다른 것과의 관계에서는 추한 것도 아니며, 어떤 자들에게는 아름다운데 다른 자들에게는 추한 것이어서 여기서는 아름다운데 저기서는 추한, 그런 것도 아닙니다. 또한 그 아름다운 것은 그에게 어떤 얼굴이나 손이나 그 밖에 몸이 관여하는 그 어떤 것과 비슷한 것으로 나타나지도 않을 것입니다. 어떤 이야기나 어떤 앎으로 나타나지도 않을 것이며, 어디엔가 어떤 다른 것 안에, 이를테면 동물 안에 혹은 땅에 혹은 하늘에 혹은 다른 어떤 것 안에 있는 것으로 나타나지도 않을 것입 b
니다. 오히려 그것은 그것 자체가 그것 자체로 그것 자체만으로 늘 단일 형상으로 있는 것[126]이며, 다른 모든 아름다운 것들은 다음과 같은 어떤 방식으로 바로 저것에 관여합니다. 다른 것들이 생성되거나 소멸할 때 바로 저것은 조금도 많아지거나 적어지지 않으며 아무 영향도 받지 않는 방식으로 말입니다.

그래서 누군가가 이것들에서부터 올바른 소년 사랑을 통해 올라가다가 저 아름다운 것을 직관하기 시작할 때, 그는 거의 끝점에 다다랐다 할 수 있을 것입니다. 올바르게 에로스 관련 일들을 c
향해 가는, 혹은 다른 이에 의해 이끌리는 것이란 바로 이것이니까요. 즉 이 아름다운 것들에서부터 시작하여 저 아름다운 것을 목표로 늘 올라가는 것 말입니다. 마치 사다리*를 이용하는 사람처럼 그는 하나에서부터 둘로, 둘에서부터 모든 아름다운 몸들로, 그리고 아름다운 몸들에서부터 아름다운 행실들로, 그리고 행실들에서부터 아름다운 배움들로, 그리고 그 배움들에서부터 마침내 저 배움으로, 즉 다름 아닌 저 아름다운 것 자체에 대한 배움으로 올라가게 됩니다. 그렇게 되면[127] 마침내 그는 아름다운 바로 그것 자체를 알게 되는 거죠.**

d 친애하는 소크라테스,[128] 인간에게 삶이 살 가치가 있는 건 만일 어딘가에서 그렇다고 한다면 바로 이런 삶에서[129]일 겁니다. 아름다운 바로 그것.자체를 바라보면서 살 때 말입니다. 당신이 일단 그걸 보게 되면 황금이나 옷이나 아름다운 소년들이나 젊은이들과는 차원이 다르다고 생각하게 될 것입니다. 지금 당신은, 그리고 다른 많은 사람들은 이들을 보다가 아주 넋이 나가서는, 소년 애인들을 보면서 그들과 늘 함께 지낸다면 어떻게든 그

* 혹은 '계단'.

** 이 대목에서 '아름다운 것 자체'로 옮긴 'auto to kalon', 그리고 그것에 약간 변형을 가한 표현으로서 '아름다운 바로 그것 자체'로 옮긴 'auto ho esti kalon'은 형상에 대한 정형화된 어구에 속한다. 편의상 이렇게 옮겼지만 사실 다양하게 새길 수 있는 표현이다. 일례로 전자는 '아름다움 자체'로 새길 수 있고, 후자는 '아름다운 것(/아름다움)이 무엇이라고 할 때의 바로 그것'으로 새길 수 있다. 읽기에 따라서는 후자를 아예 명제로 풀어 '아름다운 것(/아름다움)이 정말 무엇인지'로 새길 수도 있으며, 전자와의 연결이 다소 느슨해진다는 점을 빼면 사실 가장 무난한 번역이라 할 만하다.

렇게 할 수만 있다면 먹지도 마시지도 않고 그저 바라보기만 하
면서 함께 지낼 태세가 되어 있지요. 그렇다면[130] 순수하고 정결
하고 섞이지 않은 아름다운 것 자체를 보는 일이 누군가에게 일 e
어난다면, 즉 인간의 살이나 피부나 다른 많은 가사적인 허접쓰
레기에 물든 것을 보는 게 아니라 단일 형상인, 신적인 아름다운
것 자체를* 그가 직관할 수 있게 된다면 어떠하리라고 우리는 생
각합니까? 당신은[131] 어떤 인간이 저것 쪽을 쳐다보면서 알맞은 212a
수단으로[132] 저것을 바라보면서 그것과 함께 지낸다면 그의 삶이
보잘것없는 것이 되리라고 생각합니까? 아니면 당신은[133] 그가
아름다운 것을 볼 수 있는** 수단으로[134] 그것을 보면서 사는 바로
이런 삶에서만, 덕의 모상들이 아니라 (그가 접촉하고 있는 것은
모상이 아니기 때문이지요.) 참된 덕을 산출하는 일이 (그가 접촉하
고 있는 것은 참된 것이기 때문이지요.) 그에게 일어나리라는 것을
깨닫지 못하고 있습니까? 참된 덕을 산출하고 키웠을 때 비로소
신이 친애하는 자가 되는 일이 그에게 있게 되고, 불사자가 되는
일이 인간들 가운데 누군가에게 있다고 하면 다름 아닌 그에게
그런 일이 있게 됩니다.'

* '단일 형상인, 신적인 아름다운 것 자체를' 대신 '신적인 아름다움 자체를 단일 형상의 것으로'로 옮길 수도 있다.

** 혹은 '보아야 할'.

b 파이드로스, 그리고 나머지 여러분, 바로 이것들이 디오티마가 말한 것들인데 나는 그것들에 설득되었다네. 내가 설득되었기에 다른 사람들도 설득하려 시도한다네.[135] 이 소유물*을 얻는 데 있어서 인간 본성에 협력할 자로서 에로스보다 더 나은 자를 찾기란 쉽지 않으리라고 말일세. 그렇기 때문에 나는 모든 사람이 에로스를 존경해야 한다고 주장하며, 나 자신도 에로스의 일들을 높이 평가하고 남다르게 연습하며 남들에게도 그러라고 권유한다네. 그래서 지금도 그렇고 앞으로도 내내 내 힘이 닿는 한 에로스의 능력과 용기를 찬미하려네.** 파이드로스, 자네가 그러
c 고 싶다면 이 이야기가 에로스를 향한 찬미로 이야기되었다고 생각하게. 아니면 아무 이름이든 자네가 마음에 맞는 대로 이것에 이름을 붙이든가."

소크라테스 선생님이 이렇게 말씀하셨을 때 나머지 사람들은 칭찬하는데 아리스토파네스는 무슨 말인가 하려고 했다네. 소크라테스 선생님이 이야기 중에 그의 이야기에 관해 언급한 게 있었기 때문이지. 그런데 갑자기 바깥문을 두드리는 큰 소리가 났는데 주흥(酒興)에 겨워 노니는 자들이 그러는가 싶은 소리였고,

* 즉 신의 친애를 받는 것과 불사자가 되는 것.

** 능력만이 아니라 용기가 찬미 대상이 되고 있는 것은 탐구에는 숱한 노고(ponoi)가 요구되기 때문이라고 말할 수 있을 것 같다.

이어 피리 부는 소녀의 목소리가 들렸다고 하네.
그러자 아가톤이 말했다고 하네. "얘들아, 가서 살펴보지 않으
련? 내 지인들 가운데 한 사람이면 들어오시라 하고, 아니면 우 d
리가 술을 마시고 있지 않고 막 파하려는 참이라고 말하거라."
그러고는 오래 지나지 않아 술에 거나하게 취한 채 마당에서
큰 소리를 질러 대는 알키비아데스의 목소리가 들렸는데, 그는
아가톤이 어디 있냐고 물으면서 아가톤에게로 자기를 인도하라
고 명령하고 있었다네. 그래서 그가 자기들*에게 인도되어 왔다
네. 피리 부는 소녀와 다른 몇몇 추종자들의 부축을 받으면서 말
이네. 담쟁이덩굴과 제비꽃**으로 빽빽하게 엮은 일종의 화관을 e
썼고 머리에는 아주 많은 머리띠***들을 두른 채로 그가 문****가에 서
서 말했다고 하네. "안녕들 하신가, 여러분. 아주 심하게 취한 사
람을 술친구로 받아들여 주겠는가, 아니면 우리가, 온 목적대로

* 실제 화자인 아리스토데모스 입장에서의 '자기들', 즉 향연 참석자들.

** 담쟁이덩굴은 디오뉘소스와 관련되어 있어서 술에 취해 즐기는 자들에게 어울리는 것이다. 제비꽃은 아프로디테와 상관 있다. 노랗고 흰 제비꽃이 진녹색 담쟁이덩굴과 대비를 이룬다.

*** 타이니아(tainia)는 명예의 상으로 주는 일종의 머리띠 혹은 리본인데, 그것만 주기도 했지만 더 흔하게는 다른 상들(예컨대 화관 등)에 장식으로 묶어서 주었다. 화관만 줄 때보다 이 타이니아를 함께 줄 때 더 명예로운 것으로 간주되었다.

**** 바깥문이 아니라 향연이 벌어지고 있는 방의 문을 가리킨다.

아가톤에게 화관을 씌워 주기만 하고 그냥 갈까? 나로서는 어젠 정말이지[136] 올 수가 없었다네. 허나 지금은 이렇게 머리에 머리띠들을 두르고 왔네. 내 머리에서부터 벗겨 내어, 내가 이런 말을 해도 된다면 말이네만, 가장 지혜롭고 가장 아름다운 자의 머리에 둘러 주려고 왔네. 자네들, 취했다고 나를 비웃을 텐가? 하
213a 지만 나로서는 자네들이 비웃는다 할지라도 어쨌거나 내가 진실을 말하고 있다는 걸 잘 알고 있네. 자, 막바로 내게 말해 주게. 방금 말한 것들을 조건 삼아 내가 들어갈까, 말까? 함께 술을 마시겠는가, 아닌가?"

그러자 모두들 큰 소리로 떠들면서 들어와 앉으라고 말했고 아가톤도 그에게 동석을 권했다고 하네. 그래서 그가 자기 사람들에게 이끌려 들어왔고, 아가톤에게 둘러 주려고 머리띠들을 풀면서 그것들이 눈앞에 있게 되는 바람에 소크라테스 선생님을
b 알아보지 못하고 그냥 아가톤 옆에, 그와 소크라테스 선생님 사이에 앉게 되었다네. 소크라테스 선생님이 저 사람을 알아보고 자리를 옮겨 주었거든. 그가 곁에 앉으면서 아가톤과 반갑게 인사하며 머리에 둘러 주었다네.

그러자 아가톤이 말했다네. "얘들아, 알키비아데스 님 신발을 벗겨 드려라. 우리 두 사람과 함께 침상에 앉으실 수 있게."

"암, 그렇게 하지. 헌데 우리 둘과 동석한 이 또 다른 술친구는 누군가?" 하고 알키비아데스가 말하면서 동시에 몸을 돌려 소

크라테스 선생님을 보게 되었고, 보자마자 벌떡 일어나면서 말했다네. "헤라클레스시여!* 이게 무슨 일인가? 여기 소크라테스 선생님이 와 계시네! 또 숨어서 절 기다리고** 계시는군요. 선생님이 계시리라고는 도통 생각도 못한 곳에 갑자기 나타나곤 하 c
시던 평소의 습관대로 말입니다. 그래 지금은 무슨 일로 오셨나요? 왜 또, 여기 앉아 계시나요? 아리스토파네스 옆도 아니고 우스운 자***이거나 그런 자가 되기를 바라는 어떤 다른 사람 옆도 아니고, 이 안에 있는 사람들 가운데 가장 아름다운 사람 곁에 앉으시려고 수를 쓰셨는데 말입니다."

그러자 소크라테스 선생님이 말씀하셨다고 하네. "아가톤, 나를 방어해 줄 수 있을지 살펴보아 주게. 이 인간에 대한 나의 사랑이 간단치 않은 문제가 되어 버렸으니 말일세. 내가 이 사람을 사랑하게 된 그때 이래로 나는 더 이상 어떤 아름다운 사람을 단 d
한 사람도 쳐다보거나 그 사람과 대화를 나누거나 할 수 없었거든. 그럴라치면 바로 이 사람이 나한테 질투하고 골이 나서 놀랄 만한 일들을 하는데, 마구 악담을 해 대고 양손을 좀처럼 가만두

* 의역하면 "세상에나!" 정도가 되겠다.

** '숨어서 기다리다'로 옮긴 'ellochan'은 매복하여 적을 기다리는 복병에 대해 흔히 쓰이던 말이다. 예상치 않은 곳에서 복병을 만난 것과 같은 상황이라는 비유를 하고 있는 셈이다.

*** 이 말(geloios)에 관해서는 189b를 참고할 것.

지 않는다네.* 그러니 지금도 그가 무슨 일을 하려 들지 못하도록 살펴보아 주고 우리를 화해시켜 주게. 아니면 그가 완력을 부리려고 시도한다면 막아 주게. 나는 이 사람의 광기도 자기를 사랑하는 자에 대한 친애도** 몹시 무서워하거든."

알키비아데스가 말했다고 하네. "아니, 선생님과 저에게 화해란 없습니다. 하지만 이것들에 대해서는 나중에 선생님께 갚겠
e 습니다. 지금은, 아가톤,[137] 내게 그 머리띠들을 좀 나누어 주게. 이분의 이 놀라운 머리에도 둘러 드리게 말일세. 그래야 자네에겐 둘러 주고서 당신 자신께는, 이야기들을 하면서 모든 사람들을 이기고 있는데도, 그것도 자네처럼 엊그제만이 아니라 늘 이기고 있는데도, 안 둘러 줬다고 불평을 못하시겠지."

그렇게 말하면서 그는 머리띠 몇 개를 받아 소크라테스 선생님에게 둘러 드리고 앉았다고 하네. 자리에 앉아서 그가 말했다네. "자 이보게들, 자네들은 정신이 말짱한 것 같네그려. 자네들에게 그냥 맡겨 두어서는 안 되겠네. 자네들 마셔야 하네. 우리

* '양손을 가만두지 않는다'(tō cheire mogis apechetai)는 말은 손으로 때리거나 괴롭히거나 한다는 의미일 것이다. 예컨대 아리스토파네스의 『뤼시스트라테』 503–504에 나오는 거의 같은 표현 '양손을 가만둔다'(tas cheiras katechein)도 비슷한 의미로 쓰이고 있다.

** '이 사람의 광기도 자기를 사랑하는 자에 대한 친애도' 대신 '이 사람이 사랑하는 자에 대해 가지고 있는 광기 어린 애착을' 정도로 의역할 수도 있다.

가 합의한 게 그거니까 말일세. 그러니 자네들이 충분히 마실 때까지 이 술자리를 이끌 사람을 내가 임명하겠네. 나 자신을 말일세. 그건 그렇고, 아가톤, 술잔 큰 거 하나 있으면 내오라 하게. 아니, 아예 그럴 필요 없이, 얘야, 저 술동이*를 가져오너라." 여덟 코튈레**들이가 넘는 그 동이를 보고 그가 말했다고 하네. 이 술동이를 가득 채워서 처음에는 자신이 쭉 마셔 버렸고 그다음 214a
에는 소크라테스 선생님에게 가득 부어 드리라고 명하면서 동시에 이렇게 말했다고 하네. "이보게들, 소크라테스 선생님께는 나의 교묘한 술수가 아무 소용이 없다네. 누군가가 그분에게 술을 얼마만큼 마시라고 하든 간에 그만큼을 마시고도 그분은 조금도 더 취하게 되는 법이 없거든."

그래서 아이가 가득 부었고 소크라테스 선생님이 그걸 마시고

* 포도주는 언제나 물과 섞어 마시게 되어 있어서 둘을 섞는 데 '크라테르'(kratēr)라 부르는 큰 사발이 사용되었다. 크라테르에서 섞기 전의 포도주는 차게 해 주는 동이에 넣어 두었는데 그 동이가 바로 '프쉬크테르'(psyktēr)다.

** '코튈레'(kotylē)는 액체를 담을 수 있는 작은 용기의 이름이다. 이보다 작은 용기로, 크라테르에서 물 탄 포도주를 덜어 내는 용도로 사용된 '퀴아토스'(kyathos)라는 것이 있는데, 코튈레의 용량은 그것 여섯 개에 해당하며 현대 서양 단위로 1/2파인트(pint)쯤 된다. 따라서 여기서 말하는 여덟 코튈레는 대략 1/2갤런(즉 2쿼트), 즉 2.3리터쯤에 해당한다. 그러니까 여기서 알키비아데스는 전작이 있는 상태에서, 이를테면 우리가 흔히 말하는 '말술'을 단숨에 마신 것이 된다. 우리의 말술(대략 18리터)보다 적은 양으로 표현되긴 했지만 음주 문화의 차이를 고려하면 '말술'과 같은 정도의 의미로 보아도 무리가 없을 것 같다.

있었는데 에뤽시마코스가 말했다고 하네. "대체 우리가 어쩌고
b 있는 건가, 알키비아데스? 이렇게 술잔을 앞에 놓고 아무 말도 안 하고 노래도 안 부르고 목 탄 사람들처럼 무턱대고 마셔 대기만 하는 건가?"

그러자 알키비아데스가 말했다고 하네. "어이, 가장 훌륭하고도 가장 절제 있는 아버지의 가장 훌륭한 아들인 에뤽시마코스, 안녕하신가?"

"자네도 안녕하신가? 그건 그렇고 우리가 뭘 해야 하는 건가?" 에뤽시마코스가 말했다고 하네.

"뭐든지 자네가 명하는 걸 해야지. 자네 말을 따라야 하거든.

> 의사 한 사람이 다른 사람들 다수에 맞먹는 가치를 갖고 있으니까.*

그러니 무엇이든 자네가 바라는 걸 명하게."

에뤽시마코스가 말했다고 하네. "그렇다면 들어 보게. 자네가 들어오기 전에 우리는 오른쪽으로 돌아가면서 각 사람이 차례대
c 로 가능한 한 아름답게 에로스에 관한 이야기를 하면서 그를 찬미하기로 정했었네. 그런데 이제 우리 나머지 사람들은 모두 이

* 『일리아스』 11.514.

야기를 했는데 자네는 이야기는 아직 안 했으면서 술은 마셔 버렸으니까 자네가 이야기를 하는 것이 옳네. 이야기를 한 후에는 소크라테스 선생님에게 무엇이든 자네가 바라는 걸 명하게. 그리고 이분도 오른쪽 사람에게 그렇게 하고 다른 사람들도 이렇게 하도록 하세."

알키비아데스가 말했다고 하네. "물론, 에뤽시마코스, 멋진 말이네. 하지만 술 취한 사람의 이야기를 맨숭맨숭한 사람들의 이야기 옆에 놓고 견주는 건 공평치 못한 게 아닌가 싶네. 게다가, 복 받은 자여, 소크라테스 선생님이 방금 전에 말씀하신 것들 가 d
운데 뭔가 자네를 설득하고 있는 게 있나? 아니면 실은 그분이 말씀하신 것과 정반대라는 걸 알고 있나? 이분이 곁에 있을 때 이분 외의 다른 자를 신이든 인간이든 내가 찬양하게 되면 양손을 내게서 떨어진 채로 가만두지 않을 게 바로 이분이니까 하는 말이네."

"벌 받을 소리 말게나." 소크라테스 선생님이 말씀하셨다네.

"포세이돈 신에 맹세코* 이것들에 대해서는 왈가왈부하지 마십시오. 선생님이 곁에 계시는 한은 다른 어느 한 사람도 제가 찬

* 포세이돈을 걸고 하는 맹세 표현이 희극에는 흔하나 플라톤에서는 유일하게 여기만 나온다. '술 마시는 일'을 뜻하는 '포시스'(posis)와 발음이 비슷하다는 점을 이용한 말장난으로 보는 사람도 있고, 짓궂게 몰아세우면서 튀어나온 과장된 표현으로 보는 사람도 있다.

양하지 못할* 테니까요." 알키비아데스가 말했다네.

"아니 그럼, 바로 그렇게 하게. 자네가 원한다면 말이네. 소크라테스 선생님을 찬양하게." 에뤽시마코스가 말했네.

e "무슨 말인가? 내가 그래야 한다고 생각하나, 에뤽시마코스? 내가 자네들 앞에서 이 사나이**를 공격하고 앙갚음을 하라는 건가?"

"이 사람, 자네 뭘 할 작정인 건가? 내가 더 우스워지게 하려고 날 찬양하려는 건가, 아니면 뭘 할 건가?" 소크라테스 선생님이 말씀하셨다네.

"진실을 말할 겁니다. 그러니 절 그냥 내버려 두실지나 살펴봐 주시죠."

"아니, 물론 적어도 진실만큼은 자네가 말하도록 내버려 둘 뿐만 아니라 그러라고 명하는 바이네." 그분이 말씀하셨다고 하네.

"곧바로 하게 될 겁니다." 하고 알키비아데스가 말했다고 하네. "하지만 다음과 같이 해 주시죠. 제가 뭔가 진실 아닌 것을 말하면, 원하신다면 중간에 말을 막고 이거 제가 거짓말하고 있는 거라고 말씀해 주세요. 제가 고의로 거짓말하는 일은 전혀 없을 테

* '찬양하지 않을'로 옮길 수도 있다.

** '아네르'(anēr)의 본 의미를 살리기 위해 우리말 경어 표현과 덜 어울리는 번역어를 택하였다. 아래에 몇 차례 더 나온다.

니까요. 하지만 제가 기억을 되새기면서 여기선 이 얘기를 저기 215a
선 저 얘기를 하더라도* 조금도 놀라지 마십시오. 이런 상태**에 처한 사람이 선생님의 독특함을 유창하면서도 순서에 맞게 일일이 열거한다는 건 조금도 쉬운 일이 아니거든요.

이보게들, 나는 소크라테스 선생님을 다음과 같이 찬양하려 시도하겠네. 모상들을 통해서 말일세. 그러면 아마도 이분은 그게 자신을 더 우스워지도록 하려는 것이라고 생각할지도 모르지만, 모상은 우스개를 위해서가 아니라 진실을 위해 이용될 것이네. 나는 그분이 조각가의 작업장들에 앉아 있는 이 실레노스***들

* '여기선 이 얘기를 저기선 저 얘기를 하더라도' 대신 '이때의 일을 갖고는 이 얘기를 하고 저 때의 일을 갖고는 저 얘기를 하더라도'로 옮길 수도 있다. 아무튼 여기서 알키비아데스는 소크라테스와 관련된 일을 선후에 맞게 정확히 떠올리면서 이야기를 하지 못하는 경우도 있을 수 있다고 말하면서 미리 양해를 구하고 있는 것이다.

** 즉 술에 취한 상태.

*** '실레노스'(Silēnos)는 사튀로스들을 총칭하는 이름이면서 사튀로스들의 아버지 혹은 우두머리만을 가리키는 이름으로 쓰이기도 하여 실레노스와 사튀로스의 관계가 묘하게 얽혀 있다. 처음에는 전자로 쓰이다가 후자가 등장하면서 전자가 퇴조하는 방식으로 이름의 쓰임새가 발전한 것으로 보인다. 도자기 그림이나 현대 해설들에도 실레노스의 표상이 사튀로스의 초기 표상과 겹쳐 등장하는가 하면 사튀로스의 나중 표상과 선명히 구분되는 표상으로 등장하기도 하는 것도 이런 쓰임새의 발전 때문인 듯하다. 여기서는 구분이 선명해지는 나중 시기의 개념을 기준으로 실레노스와 바로 아래

b 과 가장 비슷하다고 주장하네. 목적(牧笛)이나 피리를 들고 있는 것으로 장인들이 만들곤 하는 그것들 말이네. 그것들을 양쪽으로 열어젖히면 안에 신들의 상(像)들을 갖고 있다는 것이 드러나게 되지.[138] 그런가 하면 나는 또한 그분이 사튀로스인 마르쉬아스*와 닮았다고 주장하네. 그러니까, 소크라테스 선생님, 적어도 외모에 관한 한 선생님이 이것들과 비슷하다는 데는 선생님 스스로도 아마 이의를 제기하지 못하실 겁니다.** 그런가 하면 그다

나오는 사튀로스에 대해 간략히 서술하기로 한다. 희랍 신화에서 실레노스는 술의 신 디오뉘소스의 동료이자 선생이다. 디오뉘소스의 추종자들인 사튀로스들의 우두머리로 간주되며, 오르페우스 찬가에서는 디오뉘소스의 선생으로 묘사되기도 한다. 디오뉘소스를 추종하는 사튀로스들은 술 마시고 춤추고 님프를 쫓아다니면서 숲이나 산을 돌아다니던, 음탕하고 짓궂지만 숫기 없고 소심하기도 한 반인반수(半人半獸) 남성 집단이다. 호메로스에는 등장하지 않고 헤시오도스에 처음 나온다. 초기 아티카 도자기 그림에 대개 실레노스는 말의 귀를 (때로는 다리와 꼬리까지도 말의 것을) 가진 턱수염 무성한 남자로 님프들을 쫓아다니는 모습으로 나온다. 사튀로스들은 실레노스와 아주 흡사하지만 대개 젊은 모습으로 표상되고, 나중에는 보통 판(Pan) 신을 본떠 염소 모습을 가진 것으로 묘사된다. 비극 작가들의 사튀로스 극(에우리피데스의 『퀴클롭스』 등)에 오면 이미 분명하게 인간이 되어 있다.

* 전설적인 사튀로스의 하나. 전통에 따르면 아래에서 언급될 제자 올륌포스와 더불어 피리(aulos)의 발명자로 알려져 있다. 뤼라로 대변되는 아폴론과 음악 경연을 벌이게 되는데, 경연에서 져서 (승자 마음대로 벌주기로 한 약속이 있었기에, 그의 주제넘은 도전에 마음이 상한 아폴론의 뜻에 따라) 산 채로 껍질이 벗겨지는 벌을 받았다고 한다.

** 『테아이테토스』 143e 등에 따르면 소크라테스는 납작코에 퉁방울눈을 가

음으로 선생님이 다른 점들에서도 얼마나 닮았는지에 대해 들어 보십시오.

선생님은 방자한 분입니다.* 아닌가요? 동의하지 않으신다면, 증인들을 댈 수도 있거든요. 그건 그렇다 치고 선생님은 피리 연주자 아닌가요? 사실 저자보다 훨씬 더 놀라운 연주자이지요. 그는 악기[139]를 가지고 입에서 나오는 능력으로 사람들을 매료시 c
켰고, 지금도 저자의 곡[140]을 피리로 연주하는 자는 누구든 그렇게 합니다. 저는 올륌포스가 피리로 연주했던 곡들이 실은 마르쉬아스의 것이라고 치니까 하는 말입니다. 마르쉬아스가 그를 가르쳤으니까요. 그러니까 훌륭한 피리 연주자가 연주하든 보잘것없는 피리 부는 소녀가 연주하든 저자의 곡만이 사람들을 신들리게 하며 신들과 입문 의례를 필요로 하는 자들이 누구인지

지고 있었고 올챙이배와 두터운 입술로도 유명하다. 흔히 사튀로스가 바로 이 비슷한 모습으로, 게다가 대머리로까지 표상되었다. 많이 알려진, 소크라테스가 대머리라는 전승은 독립된 직접 증거가 있는 것이 아니므로(아리스토파네스 『구름』의 외곽 주석이 간접 증거), 아마도 바로 이 자리의 이야기가 와전된 것으로 보아야 할 것이다.

* 사튀로스들은 신화에서 흔히 성 충동이나 성적 공격성과 연관되었고 발기된 채 님프들을 쫓아다니는 모습으로 자주 묘사된다. 방자함(hybris)의 대표적인 사례 중 하나가 바로 폭행(그 가운데서도 특히 강간)이다. 반면에 알키비아데스가 힐난하는 소크라테스의 방자함은 사튀로스의 방자함과 성격이 아주 다르다. 아래에서 드러나겠지만 알키비아데스가 문제 삼는 것은 성적으로 즐겁게 해 주겠다는 자신의 제안을 받아들이지 않는 소크라테스의 무심함이다.

를 드러내어 줍니다. 신적이기 때문에 그럴 수 있지요. 그런데 선생님은 다음과 같은 만큼만 저자와 다릅니다. 즉 악기 없이 민
d 숭민숭한 이야기*만으로 이런 똑같은 일을 한다는 점만 다릅니다. 어쨌거나 우리가 다른 누군가가 하는 다른 이야기들을 들을 때는 아주 훌륭한 연설가가 하는 것이라 해도, 말하자면 어느 누구도 조금도 신경 쓰지 않습니다. 반면에 누군가가 선생님의 이야기를 듣거나 선생님의 이야기들을 다른 사람이 전해 주는 것을 들을 때는 이야기하는 자가 아주 보잘것없는 자라 하더라도, 그리고 듣는 우리가 여인이건 남자건 젊은 사내애건 간에 우리는 자지러지고 신들리게 됩니다.

어쨌거나 나는, 이보게들, 내가 완전히 취해 있다고 생각될 우려만 없다면 이분의 이야기들로 인해 과연 어떤 일들을 나 자신이 겪었고 지금도 여전히 겪고 있는지를, 맹세하면서 자네들에
e 게 말할 걸세. 내가 들을 때마다 이분의 이야기들로 인해 나는 코뤼바스적 광란에 빠진 자들**보다 훨씬 더 심하게 심장이 뛰고

* 여기서 '민숭민숭하다'(psilos)는 것은 말에 음악이 곁따르지 않는 것을 가리킨다.

** 코뤼바스들(Korybantes)은 프뤼기아의 퀴벨레 여신과 연관된 신화적 집단이다. 북 치고 피리 부는 것이 이 집단의 특징적 면모였는데, 이 음악이 이른바 '신들린' 자들, 즉 정신 착란에 걸린 자들을 광란에 빠지게 하고, 그것이 일종의 치유 효과를 가졌다고 한다. 흥미로운 것은 앞선 플라톤 저작에서 이야기/말(logos)에 대한 경험을 코뤼바스적 체험에 비유한 것이 바로

눈물이 쏟아지거든. 나는 다른 사람들도 아주 많이들 똑같은 일을 겪고 있는 걸 보네. 내가 페리클레스나 다른 훌륭한 연설가들의 이야기를 들을 때는 이야기를 잘하고 있다는 생각은 했지만 이런 건 조금도 겪어 본 적이 없네. 즉 내 영혼이 혼란스러워진 적도 없고 노예 상태에 있다고 언짢아한 적도 없다네. 하지만 여기 이 마르쉬아스로 인해서는 정말로 자주 그런 상태에 처했고, 그래서 지금 이 상태로는 내 삶이 살 가치가 없다고 생각 216a
할 정도였네. 그리고, 소크라테스 선생님, 이것들이 진실이 아니라고는 말 못하실 겁니다. 그리고 지금도 난 여전히 나 자신에 대해 잘 알고 있네. 그분에게 귀를 기울이기로 내맡길 양이면 끝끝이 견뎌 내지 못하고 같은 일을 또다시 겪게 되리라는 걸 말일세. 그분은 나 자신이 많이 부족함에도 불구하고 나 자신에 관심을 기울이지 않고 아테네 사람들의 일을 하려 하고 있다는 것에 동의할 수밖에 없도록 강제하거든. 그래서 나는 마치 세이렌들

소크라테스 자신이었다는 점이다. 『크리톤』 말미에서 소크라테스는 크리톤의 도주 권유를 물리치는 마지막 논거로서 국법/국가와의 가상 대화를 제시하고 있는데, 그것을 마감하면서 국법의 이야기가 계속 뇌리에 들리는 것이 마치 코뤼바스적 광란에 빠진 자들(korybantiōntes)이 피리 연주 후에도 계속 피리 소리가 들리고 있다고 여기는 것에 비유하고 있다(54d). 어떤 의미에서는 그 가상적인 국법의 이야기도 소크라테스 자신의 내면에서 우러나오는 이야기로 간주할 수 있다면 두 평행 구절이 서로 다른 취지의 언급을 하는 것이 아니라고 이해할 수 있겠다. 『에우튀데모스』 277d에도 언급된다.

에게서 피하듯 어거지로 귀를 막고 도망쳐 나온다네.* 거기 이분
곁에 앉아 늙게 되지 않도록 말일세. 내 안에 있으리라고 아무도
b 생각하지 않을 만한 것, 즉 어떤 사람 앞에서 수치스러워하는 일
을 나는 인간들 가운데 이분과의 사이에서만 겪었다네. 이분 앞
에서만 나는 수치스러워하네. 나는 이분이 명하는 일들을 꼭 해
야 하는 거냐고 이분에게 반론할 수 없지만 이분을 떠나면 많은
사람들이 주는 명예에 굴복하게 된다는 걸 잘 알고 있거든. 그래
서 나는 도망치는 노예처럼 그분을 피해 달아나게 되고, 그러다
가 그분을 보게 되면 그분과 동의한 것들에 대해 수치스러워한
c 다네. 또 나는 자주 그분이 인간 세상에서 없어져 버린 걸 보면
기쁘겠다고 생각하지만, 막상 이 일이 일어난다면 훨씬 더 괴로
워하리라는 걸 잘 알고 있네. 그래서 이 인간**을 어떻게 대해야
할지 모르겠네.

그러니까 여기 이 사튀로스가 하는 피리 연주로 인해 나도 다른 많은 사람들도 이런 것들을 겪었던 것이네. 하지만 다른 점들

* 『오뒤세이아』 12.37–54, 154–200을 참고할 것.

** '아네르'(anēr)에서 그러는 것처럼 '안트로포스'(anthrōpos)의 본 의미를 살리기 위해 우리말 경어 표현과 덜 어울리는 번역어를 택하였다. 아래에 몇 번 더 나온다. 앞서 소크라테스도 알키비아데스를 이렇게 지칭한 바 있다(203c).

에 있어서 그분이 내가 비유한 것들과 얼마나 비슷한지, 그리고 얼마나 놀라운 능력을 갖고 있는지 내 말에 귀 기울여 보게. 자네들 가운데 아무도 이분을 알지 못한다는 것 잘 알아 두게. 그 d
건 그렇다 치고[141] 내가 보여 주겠네. 내가 이미 시작을 했으니까. 소크라테스 선생님은 아름다운 자들*에 대한 사랑에 끌리는 성향이 있고 늘 이런 자들 주변에 있으면서 매혹된다는 걸 자네들은 보게.** 또한 그분은 모든 것들에 무지하여 아무것도 모른다네. 그분의 이런 모양으로 말할 것 같으면,[142] 이건 실레노스 같은 것 아닌가? 영판 그렇네. 이분은 마치 조각된 실레노스가 그렇듯이 이걸 밖에 두르고 있거든.*** 그런데, 이보게 술친구들, 안쪽을 열어젖히면 이분이 얼마나 많은 절제로 가득 차 있는지 상상이 가는가? 어떤 아름다운 자가 있다 해도 그분에게는 조금도 관심거리가 아니고 오히려 어느 누구도 상상할 수 없을 만큼 무 e
시한다는 것, 또 어떤 부유한 자가 있다 해도, 많은 사람들이 복 받았다 여기는 자들에 속하는 다른 어떤 명예도 마찬가지라는 것을 자네들 잘 알아야 하네. 그분은 이 모든 소유물들이 아무런

* 혹은 '아름다운 것들'.

** 혹은 '보네'.

*** 실레노스 조각상이 안에 신상을 갖고 있지만 겉 케이스는 볼품없는 외모로 되어 있듯이, 소크라테스도 안에 아름다운 혹은 지혜로운 영혼을 갖고 있지만 겉은 무지로 감싸여 있다는 말이다.

가치가 없으며 (내 자네들에게 단언컨대) 우리가* 아무것도 아닌 것이라고 여긴다네. 그분은 사람들을 상대로 딴청을 부리면서, 그리고 놀면서 온 삶을 보낸다네.

어느 누구든 그분이 진지할 때 열어젖혀서 안에 있는 상(像)들
을 본 적이 있는지 나는 모르네. 하지만 나는 이미 한번 본 적이
217a 있는데, 그것들이 내겐 아주 신적이고 황금과 같으며 아주 아름
답고 놀라운 것들로 보였네. 그래서 한마디로 말하면 소크라테
스 선생님이 하라시는 건 뭐든지 해야 할 정도였네. 그런데 그분
이 내 꽃다운 청춘에 진지한 관심을 갖고 있다고 믿으면서 나는
이게 천우신조요 놀랄 만한 행운이라 생각했네. 내가 소크라테
스 선생님에게 살갑게 대하면 이분이 알고 있는 바로 그것들 전
부를 들을 수 있겠다고 여겨졌기 때문이지. 나는 정말이지 내 꽃
다운 청춘에 대해 놀라우리만큼 자부하고 있었거든. 그래서 그
b 전에는 곁따르는 자 없이 그분과 단둘이 있어 본 적이 없었는데
그때는 이런 마음을 품은 채 곁따르는 자를 내보내고 그분과 단
둘이 있게 되었네. 자네들에게 진실을 남김없이 말해야겠어서
하는 말이네. 그러니 주의를 기울여 주게. 그리고, 소크라테스
선생님, 제가 거짓을 말하거든 반박해 주세요.

자 이보게들, 난 그분과 단둘이만 있었고 곧 그분이 사랑하는

* 즉 미남인 우리가.

자가 소년 애인에게 내밀하게 나누는 바로 그 대화들을 나와 나눌 것이라고 생각하면서 즐거워하고 있었네. 헌데 이 비슷한 어떤 일도 전혀 일어나지 않았네. 그저 그분은 늘 하시던 대로 나와 대화를 나눴고 그렇게 하루를 같이 보내다가 떠나가셨네. 이 일이 있은 후에 나는 그분에게 함께 운동하러 가자고 권유했고 그 c
래서 그분과 함께 운동을 하게 되었네. 거기서 뭔가를 이뤄 낼 생각이었지. 그래서 그분이 나와 함께 운동을 하고 씨름을 했는데, 우리 말고는 아무도 옆에 없던 때가 여러 번 있었지. 그런데 굳이 말해 무엇 하겠나? 난 조금도 진전을 보지 못했거든. 이런 식으로는 도무지 되는 일이 없어서 나는 그 사나이를 육탄으로 덮쳐 보자고, 그러니까 일단 시작을 한 이상 포기할 게 아니라 일이 어찌 되어 가는지* 어서 알아보아야겠다고 결심하게 되었네. 그래서 함께 식사를 하자고 그분을 초대했지. 그야말로 사랑하는 자가 소년 애인에게 일을 꾸미면서 하는 방식과 똑같이 말일세. 그런데 이것에 있어서조차도 그분은 얼른 날 따라 주지 않았지만,** d
어쨌든 시간이 가면서 결국 설득이 되셨네. 그분이 맨 처음 오셨을 때 식사를 하자마자 떠나고 싶어 했고, 그때는 수치스러워 그

* '일이 어찌 되어 가는지' 대신 '문제가 무엇인지' 혹은 '일이 어떤 형편인지'로 옮길 수도 있다.

** 즉 일단 식사에 응해야 딴 일을 도모할 텐데 식사에 응하는 것조차도 쉽게 따라 주지 않았다는 말이다.

분을 가시게 내버려 두었네. 하지만 또다시 일을 꾸몄고, 이번에
는 우리가[143] 식사를 마쳤을 때 나는 밤이 깊을 때까지 계속 그분
과 대화를 나누었네. 그러다가 그분이 떠나고 싶어 하자 너무 늦
은 시간이라는 핑계를 내세워 그분이 머무시도록 강권했지. 그래
서 그분이 내 옆 침상에서, 즉 그분이 식사했던 바로 그 침상에서
e 쉬게 되었고, 우리 말고 그 방에서 자는 사람은 아무도 없었네.

그런데 내 이야기 가운데 바로 여기까지는 아무한테나 말해도 괜찮을 것이네. 하지만 이제부터 하는 이야기는 첫째, 속담마따나 아이들 없이건 아이들과 함께건 술이 진실이 아니라면[144] 자네들이 내가 말하는 것을 듣지 못할 그런 이야기네. 그다음으로, 찬양을 하겠다고 뛰어든 상태에서 소크라테스 선생님의 고답적인[145] 행적을 없는 것처럼 치부하는 것은 부당해 보이네. 게다가* 살무사에 물린 자의 경험이 나 또한 사로잡고 있네. 누구든 이런 경험을 한 자라면 그 경험이 어땠는지를 다른 자들에겐

* 앞 두 문장에 나온 '첫째', '그다음으로'에 이어 셋째 항목을 열거하고 있다. 원문의 문면이 세 항목의 통일성에 대한 이해를 방해하는 측면이 있지만, 아무튼 이 세 항목은 보통은 잘 안 하는 지금부터의 이야기(내밀한, 그것도 뼈아픈 사랑 이야기)를 알키비아데스가 다른 참석자들에게 굳이 하는 혹은 할 수 있는 이유들로 열거되고 있다. 세 이유는 각각 이렇다. 첫째, 술을 마셨기 때문에 자유로운 마음으로, 둘째, 찬양을 하려면 대단한 행적을 포함시켜 마땅하니까, 셋째, 듣는 이들이 자신과 비슷한 아픈 경험이 있어서. 이 여담은 218c2까지 이어지고, 거기서부터 다시 하려던 이야기로 되돌아가게 된다.

말하려 하지 않고 물려 본 자들한테만 말하려 한다고들 하네. 그
가 그 고통으로 인해 온갖 것을 스스럼없이 행하고 말하더라도 218a
그런 자들만이 이해해 주고 눈감아 주리라는 생각에서 그런다는
거지. 그런데 나는 살무사보다도 더 큰 고통을 주는 것에게 물
렸을 뿐만 아니라 물릴 수 있는 곳들 가운데 가장 고통스런 곳
을 물렸다네. 나는 내 심장 혹은 영혼을, 아니면 그걸 뭐라 부르
는 게 마땅하든 간에 그곳을 지혜 사랑에 속하는 이야기들에 두
들겨 맞고 물렸거든. 그것들은 타고난 재능이 없지 않은 젊은 영
혼을 일단 붙잡기만 하면 살무사보다 더 사납게 붙들고 늘어져
서 무엇이든 행하고 말하게 만든다네. 또 여기 파이드로스, 아가
톤, 에뤽시마코스, 파우사니아스, 아리스토데모스, 아리스토파 b
네스 같은 사람들이 보이고 (소크라테스 선생님 자신은 말할 필요가
뭐 있겠나?) 다른 사람들도 있네. 자네들 모두가 그 지혜 사랑의
광기와 열광을 공유한 적이 있지. 그러니까 자네들 모두 듣게 해
주겠네. 내가 그때 행한 것들만이 아니라 지금 말하고 있는 것들
을 자네들은 눈감아 줄 거라서 하는 말이네. 하지만 종들, 그리
고 다른 어느 누구든 입문 의례를 거치지 않은 속된 자, 너희들
은 귀에 아주 큼지막한 문을 놓도록 하여라.

그러니까, 이보게들, 등불도 꺼졌고 아이들도 밖에 나가 있었 c
기에 나는 그분에게 복잡하게 에둘러 말할 게 아니라 내가 생각
하던 것들을 터놓고 말해야겠다고 결심했네. 그래서 그분을 흔

들어 깨우고는 말했네. '소크라테스 선생님, 주무세요?'

'아니, 전혀.' 그분이 말씀하셨네.

'그러니까 제가 무슨 결심을 했는지 아세요?'

'뭐길래 그러나?' 그분이 말씀하셨네.

내가 말했네. '선생님은 제가 만난 사람들 가운데 유일하게 저를 사랑하는 이가 될 만한 분이었다고 전 생각합니다. 그런데 그것에 대해 제게 말하는 걸 주저하시는 것 같습니다. 이것에 대해 저는 다음과 같은 입장입니다. 선생님이 제 재산이 필요하든 아니면 제 친구들*이 필요하든 다른 어떤 것에 있어서도 그렇듯이 이것에 있어서도 선생님에게 살갑게 대하지 않는다는 것은 아
d 주 어리석은 일이라고 전 생각합니다. 제가 가능한 한 가장 훌륭한 자가 되는 것보다 더 중요한 일은 제게 아무것도 없으며, 이 일에 있어서 저를 도와 줄 사람으로 선생님보다 더 권위 있는 그 어떤 사람도 없다고 전 생각합니다. 그래서 저는 제가 바로 이런 사나이에게 살갑게 대할 때 많은 분별 없는 사람들이 어떻게 생각할까 하는 것보다는 오히려 살갑게 대하지 않을 때 분별 있는 사람들이 어떻게 생각할까 하는 것에 대해 훨씬 더 수치스러워할 것입니다.'**

* 혹은 '제 친구들의 재산'.

** 지혜로운 소수 앞에서 수치스러워하는 것과 무지한 다수 앞에서 수치스러

그러자 이 말을 듣고 이분이 아주 딴청을 부리면서,[*] 그리고 늘
상 보였던 그야말로 당신 특유의 방식으로 말씀하셨네. '친애하
는 알키비아데스, 자네는 참으로 보잘것없는 자가 아닌 것 같네.
자네가 나에 관해 말하는 것들이 진실이라면, 그리고 내 안에 어 e
떤 능력이 있어서 그걸 통해 자네가 더 나은 자가 될 수 있다면
말이네. 그렇다면 자네는 내게서 형언할 수 없는 아름다움을, 그
러니까 자네 자신에게 있는 미모와는 아주 월등히 차이가 나는
아름다움을 보고 있는 거라 할 수 있네. 그러니까 자네가 바로 그
걸 보고서 나와 흥정하여 아름다움을 아름다움과 맞바꾸려 하고
있다면 나보다 더 이득을 보려는 생각인 건데, 그것도 이만저만
한 차이가 아니라[**] 그저 아름답다고 여겨지는 것을 내놓고 대신
참으로 아름다운 것을 얻겠다고 시도하고 있는 것이며, 이는 참
으로 '청동을 황금과'[***] 맞바꾸겠다고 마음먹고 있는 것이네. 하지 219a

워하는 것에 관해서는 이미 아가톤 연설 전에 벌어진 소크라테스와 아가톤의 대화에서 논의가 이루어진 바 있다(194b-c).

* '에이로니코스'(eirōnikōs)는 '아이러니를 부리면서' 정도로 옮길 만한 말이다. '아이러니'는 소크라테스의 전형적인 무지 주장을 일컫는다. '비아냥거리면서'로 옮기는 것도 가능하지만 다소 피상적인 독해라 할 수 있다.

** '이만저만한 차이가 아니라' 대신 '이만저만한 것에 있어서가 아니라'로 옮길 수도 있다.

*** 『일리아스』 6.232-236을 인유하고 있다. 거기서 글라우코스는 디오메데스에게 황금 갑옷을 내주고 대신 청동 갑옷을 받고 있다. 이 구절을 빗대어

만, 복 받은 자여, 내가 실은 아무것도 아닌 자인데 자네가 그걸 모르고 있는 건 아닐지 더 잘 살펴보게. 단언컨대 마음*의 시각은 눈의 시각이 정점에서 내리막으로 접어들려 할 때 날카롭게 보기 시작한다네. 그런데 자넨 아직 이런 것들에서 한참 떨어져 있네.'

그러자 내가 이 말을 듣고 말했네. '제가 할 말들은 이미 했고 그 가운데 마음속에 생각하는 것과 달리 이야기된 건 전혀 없습니다. 그러니 선생님과 제게 무엇이 가장 좋은 일이라고 생각하는지는 선생님 스스로 숙고하시지요.'

그분이 말씀하셨네. '아, 딴 건 몰라도 그것만큼은 잘 말했네.
b 장차 우리는 이 일들에 관해서든 다른 일들에 관해서든 무엇이
우리 두 사람에게 가장 좋은 것으로 보이는지 숙고하면서 그것
을 행하게 될 테니까 말일세.'

그때 나는 내가 말한 것에 대해 그분이 이렇게 말하는 것을 듣고,[146] 마치 화살처럼 날려 보낸 내 말에 그분이 상처를 입었다고 생각했네. 그래서 나는 자리에서 일어나, 이분이 더 말씀하시게
두지 않고 나 자신의 외투로 이분을 둘러 덮어 드리고는 (그때 겨
c 울이기도 했거든.) 이분의 해진 옷 아래 누워 참으로 신령스럽고

소크라테스가 불균등한 거래라고 말하는 것은 영혼의 아름다움(즉 덕)을 내주고 대신 몸의 아름다움을 즐기게 되는 일이다.

* 혹은 '사유'.

놀라운 이분에게 두 팔을 둘렀고, 그렇게 온밤을 누워 있었네.
그리고, 소크라테스 선생님, 이것들도 역시 거짓말이라고 말 못
하실 겁니다. 그런데 이 일들을 내가 했을 때 이분은 내 꽃다운
청춘을 그토록 능가했고 무시했고 비웃었으며, 그것에 관한 한
은 내가 뭔가나 되는 사람이라고 생각하고 있었는데 바로 그것
에 대해서조차 이분은 방자함을 부렸네,* 재판관** 여러분. 자네들
이 소크라테스 선생님의 오만[147]에 대한 재판관들이기 때문에 이
렇게 부른 거네. 신들에 맹세코, 그리고 여신들에게 맹세코 나는
아버지나 형과 함께 잤던 때에 비해 전혀 별스럽지 않은 밤을 소 d
크라테스 선생님과 더불어 보낸 상태에서 아침에 일어나게 되었
다는 걸 잘 알아주게.

그러니 그 일이 있고 나서 내가 무슨 마음을 품고 있었으리라
생각하는가? 무시당하고 있다고 생각하면서도 이분의 본성과 절
제와 용기에 탄복하고 있었지. 분별과 꿋꿋함에 있어서 도대체
만나리라고 상상할 수 없는 이런 인간과 만났으니 말일세. 그래
서 나는 도대체 어떤 식으로든 화를 내면서 이분과 함께 어울리
는 일을 그만둘 도리도 없었고, 그렇다고 그분을 어떻게 꾀어낼
지 알지도 못해 막막해하고 있었네. 그분이 돈의 공격에 잘 견디 e

* '방자함을 부렸네' 대신 '모욕을 가하기까지 했네'로 옮길 수도 있다.

** 본래는 '배심원'이라고 해야 정확하다.

는데* 이는 모든 면에서 아이아스가 무기의 공격에 잘 견디는 것보다 훨씬 더 그러하다**는 것을 잘 알고 있었고, 또한 내가 그분을 사로잡을 유일한 수단이라 여기고 있던 것***과 관련해서는 그분이 나를 피해 빠져나가 버렸기 때문이네. 그래서 난 막막해하고 있었고, 그 누구도 다른 누구에게든 그러지 못할 만큼 그 인간의 노예로 전락하여 돌아다녔네.

우리가 함께 포테이다이아로 출정하게 되어 거기서 공동 식사를 하게 된 것은 이 모든 일이 이미 일어난 후의 일이었네.**** 그런데 우선 그분은 고생을 견디는 일에 있어서 나만이 아니라 다른 모든 사람들을 능가했네. 출정을 하면 그런 일이 다반사지만, 우
220a 리가 어딘가에서 보급이 끊겨 어쩔 수 없이 곡기를 끊고 지낼 수밖에 없게 되었을 때 그걸 견뎌 내는 데 있어서 다른 사람들은 그분에 대면 아무것도 아니었다네. 그런가 하면 보급이 잘 되어 잔치를 벌일 때도 그분만이 그걸 온전히 즐길 수 있었는데, 특히

* '잘 견딘다'고 옮긴 이 말의 원뜻은 '상처 입지 않는다'이다.

** 『일리아스』에서 아이아스는 상처 입히기 어려운 인물로 잘 알려져 있었는데, 이는 그의 전투 능력과 일곱 겹으로 된 방패 때문이었다.

*** 즉 외모의 아름다움.

**** 펠로폰네소스 전쟁 발발 무렵의 2년 동안(432년−430년) 아테네가 포테이다이아를 포위하고 있었다.

나 그분은 술을 마시려 하지 않았지만 일단 마실 수밖에 없게 되었을 때는 우리 모두를 물리쳤다네. 무엇보다도 가장 놀라운 일은 인간들 중엔 아무도 도대체 소크라테스 선생님이 취해 있는 걸 본 적이 없다는 점이네. 이것을 보여 줄 증거를 우리가 금방 갖게 될 것이라 생각하네.

그런데 이번에는 혹한을 견디는 일에 관해서 말하자면 (거기 추위는 혹독하거든.), 그분이 행한 다른 일들도 물론 놀랍지만 한 번은 아주 극심한 서리가 와서 모두들 안에서 밖으로 나가려 하 b
지 않고 혹시 누군가 나갈 경우에도 놀라우리만큼 많은 옷을 껴입고 발은 신발을 신은 데다 다시 털과 양가죽으로 감발을 치고 나갔는데, 이분은 이런 날씨에 예전에 늘 입고 다니던 바로 그런 외투를 걸친 채 나갔고 맨발인데도 신발을 신은 다른 사람들보다 더 쉽게 얼음 위를 걸어 다녔다네. 병사들은 자기들을 깔보는 c
거라고 생각하면서 그분을 곁눈으로 흘끔거렸지.

이 일은 이 정도로 해 두세. 하지만 언젠가 출정 중인 그곳에서

이 꿋꿋한 사나이가 이번에는 또 어떤 일을 해내고 견뎌 냈는가*

* 『오뒤세이아』 4.242와 4.271. 알키비아데스가, 아니 플라톤이 스승의 인내력을 회고하는 이 대목에서 『오뒤세이아』를 인용한 것은 아마도 장중한 분위기를 살리고 싶어서였을 것이다. 스승을 인고의 세월을 뚫고 귀향에 성공하는 오뒤세우스에 비교하고 있는 것이다. 179e-180a의 각주에서도 언

하는 건 들어 볼 만한 일이네. 어느 날 새벽에 그분은 뭔가에 대
해 사색에 빠지게 되었고 그걸 숙고하면서 그 자리에 서 있었는
데, 그게 잘 풀려 가지 않자 그분은 포기하지 않고 해결책을 찾
으며 서 있었네. 그러다가 벌써 정오가 되었고 사람들이 그를 알
아보고 놀라워하면서 '소크라테스가 새벽부터 뭔가를 골똘히 생
각하면서 서 있다'고 서로에게 수군거렸네. 결국 저녁이 되자 이
d 오니아 사람들 몇몇은 식사를 마치고 (그때는 바로 여름이었기 때
문에) 요를 내어 와 선선한 데서 잠을 자기도 하고 그분이 밤 동
안에도 그러고 서 있으려나 하고 지켜보기도 했네. 그런데 그분
은 새벽이 될 때까지 그러고 서 있었고 해가 떠올랐네. 그러자
그분은 해에 기도를 올리고 떠나가 버렸네.*

그런데 자네들이 듣고 싶다면 전투에서 어땠는지 이야기를 해 보겠는데… 그분에게 바로 이것도 돌려 드리는** 게 마땅하니까

급했듯이 이미 『소크라테스의 변명』에서 플라톤은 죽음을 앞에 둔 소크라테스를, 죽음에 앞서 어머니와 비장한 대화를 나누는 『일리아스』의 아킬레우스와 비교한 바 있다.

* 대부분의 희랍인들은 해를 신으로 간주하였다. 그래서 그걸 불타는 돌덩어리라고 한 아낙사고라스의 생각에 거부감을 가졌다(『소크라테스의 변명』 26d). 신을 만나면 기도로 비위를 맞추는 것이 관행이었고 소크라테스는 그 관행을 따르고 있는 것이다.

** 194d에서 파이드로스가 부조를 모으는 자의 입장에서 말할 때 이 동사(apodidonai)를 사용한 바 있다. 177c, 185c도 함께 참고할 것. 앞에서는 부조의 대상이 에로스였는데, 알키비아데스는 말하자면 부조의 대상을 소

말일세. 우리 장군들이 나에게 용감히 싸웠다고 상(賞)까지 주게 된 바로 그 전투가 있었을 때, 이분 말고 인간들 가운데 다른 어느 누구도 나를 구해 주지 못했네. 이분은 상처 입은 나를 버려 e
두려 하지 않고 내 무기와 나 자신을 함께 구해 주었다네.[148] 그리고 사실 저는, 소크라테스 선생님, 그때 용감히 싸웠다는 상은 선생님께 주어야 한다고 장군들에게 촉구했습니다. 적어도 이 점에 관해서는 저를 비난하거나 거짓말을 하고 있다고 말 못하실 겁니다. 하지만 장군들은 제 지위를 염두에 두고 그 상을 제게 주려 했고, 그때 선생님은 스스로 선생님 자신이 아니라 제가 상을 받게 하는 데 장군들보다 더 열심이셨지요.

게다가, 이보게들, 군대가 델리온에서부터 마구 퇴각할 때의 221a
소크라테스 선생님의 모습은 정말 바라볼 만한 가치가 있는 광경이었다네.* 나는 어쩌다 보니 거기에 기마병으로 있었지. 이분은 중장비 보병이었고. 그런데 사람들이 이미 뿔뿔이 흩어진 상태에서 이분이 라케스 님과 더불어 퇴각하고 있었네. 그리고 나는 마침 근처에 있었는데 그분들을 보자마자 기운 내시라고 격려하면서 두 분을 버려두지 않겠노라고 말했네. 바로 거기서 나

크라테스로 놓고 있는 셈이다.

* 424년 말경 아테네인들은 보이오티아 남동부에 있는 델리온 근방에서 보이오티아인들에게 패했고 무질서하게 퇴각하게 되었다(투키디데스 4.89−101).

는 소크라테스 선생님을 포테이다이아에서보다 잘 바라보게 되
었지. 말에 타고 있었기 때문에 나 자신 겁이 덜 나 있었거든. 우
b 선 침착함에 있어서 라케스 님을 얼마나 능가했던지! 그다음으
로 그분은 여기 시내에서 그러는 것과 똑같이 거기서도, 아리스
토파네스, 이건 바로 자네 표현이네만 '고개를 꼿꼿이 들고 이리
저리 곁눈질하면서',* 그러니까 유유히 곁눈질로 우군도 보고 적
군도 보고 하면서 지나가고 있는 것으로 적어도 내게는 보였네.
어쨌든 누군가가 이 사나이**를 건드리기라도 할라치면 아주 단호
하게 막아 낼 태세라는 것이 누구에게나, 심지어 아주 멀리 떨어
져 있는 자에게까지도 분명했지. 그랬기 때문에 이분도, 그리고
그 동료분도 무사히 빠져나오게 되었네. 대체로 사람들은 전쟁
에서 이런 태세를 갖고 있는 자들은 건드리지조차 않고 오히려
c 열나게 도망가는 자들을 뒤쫓기 마련이거든.

* 아리스토파네스 『구름』 362를 거의 그대로 가져왔다. 거기서 구름 여신들을 대변하는 코로스가 소크라테스를 향해 이렇게 말한다. "그대는 고개를 꼿꼿이 들고 길을 가면서 이리저리 곁눈질을 하고…"

** 보기에 따라서는 이 말(anēr)이 알키비아데스 자신을(즉 '나'를 객관화한 표현으로), 혹은 라케스를 가리키는 것으로 읽을 가능성도 배제할 수는 없다. 전자는 아무래도 부자연스런 구석이 없지 않지만 후자는 비교적 받아들이기 어렵지 않고 다음 문장 내용과도 잘 어울린다. 그런 해석을 취할 경우에는 아래 '막아 낼'을 '막아 줄'로 고쳐 읽으면 되겠다. 알키비아데스 연설 혹은 작품 전체의 맥락을 고려하여 어느 쪽을 택할지는 읽는 이의 몫이다.

그런데 우리가 소크라테스 선생님을 찬양하면서 말할 수 있는 다른 놀라운 것들이 많이 있네. 헌데 다른 행적들의 경우에는 아마 다른 사람에 관해서도 그 정도 이야기는 할 수 있을지 모르지만, 그분이 옛날 사람들이든 요즘 사람들이든 인간들 가운데 어느 누구와도 비슷하지 않다는 것은 가장 놀라워할 만한 가치가 있네. 아킬레우스가 어떠했는지를 말할 때 우리는 브라시다스*나 다른 자들과 비교해 볼 수 있을 것이고, 또 페리클레스가 어떠했는지를 말할 때 물론 다른 사람들도 있긴 하지만 네스토르나 안테노르**와 비교해 볼 수 있을 것이며, 다른 사람들에 대해서도 같은 방식으로 비교해 볼 수 있을 것이네. 그런데 여기 이 인간 d
이 어떠한지, 그분 자신이든 그분의 이야기들이든 이 인간이 어떤 독특함을 갖고 있는지를 말할 때 우리는 요즘 사람들 가운데서든 옛날 사람들 가운데서든 아무리 눈 씻고 찾아보아도 유례를 찾기 어려울 것이네. 그분을 내가 말했던 자들과 비교한다면 모를까. 그러니까 인간들 가운데서는 그 누구하고도 비교가 안 되지만 실레노스들이나 사튀로스들하고는 비교해 볼 수 있겠지. 그분 자신과 그분의 이야기들을 말일세.

* 브라시다스는 탁월한 재능과 정열과 용기를 갖춘 스파르타의 장군이었는데, 422년 암피폴리스에서 전투하다가 젊은 나이에 죽었다.

** 이들은 『일리아스』에서 지혜와 연설 능력으로 주목받는 인물들이다.

그런데 방금 덧붙인 바로 이것은 내가 처음에 빠먹었던 것이
기도 하네. 그분의 이야기들 역시, 열어젖히고 볼 때의 실레노스
e 들과 아주 비슷하다는 것 말이네. 누군가가 소크라테스 선생님
의 이야기들을 듣겠다고 할 때 처음에는 그 이야기들이 아주 우
습다고 느껴질 수 있거든. 그 이야기들은 그런 단어와 구절들을
바깥에 두르고 있지. 그러니까 일종의 방자한 사튀로스의 가죽
을 말이네. 그분은 짐 나르는 나귀에 대해 이야기한다든지, 또
어떤 대장장이랄지, 갖바치, 무두장이 들에 대해 이야기하는데,
매번 같은 것들을 가지고 같은 이야기를 하는 것으로 보이며, 그
래서 그분을 겪어 보지 않았거나 생각 없는 사람이면 누구나 그
222a 이야기들을 비웃을 수 있거든. 하지만 이번에는 누군가가 그것
들을 열어젖히고 그것들 안에 들어가* 보게 되면, 우선 이야기
들 가운데 그것들만이 지성을 갖고 있다는 것, 그다음으로는 아
주 신적이라는 것, 자기 안에 덕의 상(像)들을 아주 많이 가지고
있고, 아름답고도 훌륭한 자가 되려는 자라면 숙고하는 것이 어
울릴 아주 많은 것에, 아니 모든 것에 상관된다는 것을 발견하게
될 것이네.

이보게들, 내가 소크라테스 선생님을 찬양하면서 말하는 것들이 바로 이것들이네. 그런가 하면 나는 내가 불만을 가진 것들까

* 혹은 '안을 들여다'.

지도 섞어 가지고, 그분이 내게 어떤 방자함을 부렸는가 하는 것들을 자네들에게 말했네. 하지만 그분은 나한테만 이런 일들을 b
한 게 아니라 글라우콘의 아들 카르미데스라든지 디오클레스의 아들 에우튀데모스라든지 다른 아주 많은 사람들에게도 그리했네.[278] 이분은 자신이 그들을 사랑하는 자인 양 여기게끔 그들을 기만했는데, 오히려 그분 자신이 사랑하는 자가 아니라 애인이 되네. 아가톤, 바로 이것들을 나는 자네에게도 말하고 있는 것이네. 이분에게 기만당하고 있지 말라고, 속담마따나 어리석은 자처럼 직접 당해 본 다음에 깨닫지 말고 우리가 당한 것들로부터 깨달아 주의하라고 말일세."*

알키비아데스가 이런 말들을 하자 그의 솔직함에 웃음이 터져 c
나왔다고 하네. 그는 여전히 소크라테스 선생님에 대한 사랑에 연연하는 것으로 보였거든. 그러자 소크라테스 선생님이 말씀하셨다고 하네. "알키비아데스, 자네 안 취한 것 같네그려. 취했다면 자네가 무엇을 위해 이것들 전부를 말했는지를 감추려 하면

* 카르미데스는 플라톤의 외삼촌인 우파 정치인이다. 그의 이름을 가진 대화편에서 소크라테스가 그의 육체적 매력에 흥분을 느끼는 장면이 나오기도 한다(『카르미데스』 154a–155e). 에우튀데모스도 크세노폰의 『소크라테스 회상』에서 잘생긴 젊은이로 언급되는 인물이다(1.2.29나 4.2.1 등). 같은 이름을 가진 플라톤의 대화편에 나오는 대화자(즉 소피스트인 에우튀데모스)와는 다른 인물이다.

서 이렇게 교묘하게 돌려 이야기하지 못했을 테니까 말일세. 자넨 그것을 마치 그야말로 곁다리인 양 끄트머리에 슬쩍 붙여 놓았지. 그것들 전부를 바로 이것을 위해서, 즉 나와 아가톤 사이
d 를 갈라놓기 위해서 말한 게 아닌 듯이 가장하면서 말이네. 나는 다른 어느 누구도 아닌 오직 자네만을 사랑해야 하고, 아가톤은 다른 어느 누구도 아닌 오직 자네에게서만 사랑받아야 한다고 생각하면서 말일세. 하지만 자네 들켰네. 자네의 이 사튀로스 극, 아니 실레노스 극이 탄로나 버린 거지. 그건 그렇고, 친애하는 아가톤, 그의 뜻대로 되는 일이 전혀 없도록 하세. 어느 누구도 나와 자네 사이를 갈라놓지 못하도록 조처를 취하게."

e 그러자 아가톤이 말했다고 하네. "실로 맞는 말씀 하고 계신 것 같습니다, 소크라테스 선생님. 그가 저와 선생님 사이에 앉은 것도 우리를 떼어 놓으려 했다는 걸 보여 주는 증거라고 생각합니다. 자, 그러니 그의 뜻대로 되는 일은 전혀 없을 것입니다. 제가 선생님 곁으로 가서 앉을 테니까요."

"아무렴, 그리하게. 이리 와서 내 아래쪽에 앉게."* 소크라테스

* 향연장 자리 배치는 맨 위쪽에서부터 파이드로스, 파우사니아스, 아리스토파네스, 에뤽시마코스, 아리스토데모스, 아가톤, 소크라테스의 순서로 앉아 있었다. 그러다가 알키비아데스가 들어와서 앉게 된 자리는 아가톤과 소크라테스 사이였다(213a–b). 즉 좌석 끄트머리의 순서는 아가톤, 알키비아데스, 소크라테스였다. 그런데 지금 아가톤과 소크라테스는 아가톤이 소크라테스의 아래쪽으로 옮기는 데 의견 일치를 보고 있다. 즉 알키비아

선생님이 말씀하셨다고 하네.

"제우스시여! 이 인간한테 내가 또 무슨 일을 당하고 있는 건지! 그분은 모든 면에서 나를 이겨 내야 한다고 생각하지. 하지만 달리 뭔 생각이 없으시다면, 놀라운 분이여, 아가톤이 우리 사이에 앉도록 허용해 주시지요."* 알키비아데스가 말했다고 하네.

"아니, 그건 그럴 수 없네. 자넨 나를 찬양했는데 이번에는 내가 오른쪽 사람을 찬양해야 하니까 말일세.** 그런데 아가톤이 자네 아래쪽에 앉으면 그는 내 찬양을 받기도 전에 나를 다시 한 번 찬양하게 될 것 아니겠나? 그러니 놓아 주게, 신령스런 자여. 그 젊은이가 내게서 찬양받는 걸 시샘하지 말게. 실은 나도 그를 223a
찬미하고픈 강한 욕망을 느끼고 있거든." 소크라테스 선생님이 말씀하셨다고 하네.

"하, 하, 알키비아데스, 내가 여기 머무를 도리가 없군. 그저 자리를 옮길 수밖에. 소크라테스 선생님께 찬양받기 위해서는 말일세." 아가톤이 말했다고 하네.

"예의 그 일이 여기 또 나오는구만. 소크라테스 선생님이 곁에 있으면 다른 사람이 아름다운 사람들과 어울릴 기회를 갖는

데스, 소크라테스, 아가톤 순으로 바꾸려 하고 있다.

* 자리 문제에 관한 알키비아데스의 타협안은 알키비아데스, 아가톤, 소크라테스 순서로 앉자는 것이다.

** 177d, 214c를 참고할 것.

다*는 게 불가능하지. 지금도 얼마나 손쉽게 그럴싸한 이야기를 찾아냈는가! 여기 이 사람이 당신 곁에 앉도록 만들 만한 이야기를 말이야.”

b 그러고는 아가톤이 소크라테스 선생님 곁에 가 앉기 위해 일
어서고 있었다네. 그런데 갑자기 주흥(酒興)에 겨워 노니는 자들
이 무척이나 많이 문가에 왔는데, 누군가가 막 나가고 있는 바람
에 그 문이 열려 있는 걸 보게 되자 그들이 막바로 자기들 곁으
로 들어와서 앉으려 했다고 하네. 사방이 온통 북새통이 되었고
이젠 더 이상 그 어떤 질서도 없이 모두가 엄청 많은 술을 강제
로 마실 수밖에 없게 되었다고 하네. 그러자 에뤽시마코스와 파
이드로스, 그리고 다른 몇몇은 떠나가 버렸고, 자신은 잠에 사
c 로잡혀 아주 오랫동안 잤고 (밤이 긴 때였으니까.), 날이 밝을 무
렵 벌써 수탉이 울고 있을 때 잠에서 깨었다고 아리스토데모스
는 말했네. 깨고서 보니까 나머지 사람들은 잠을 자고 있거나 가
버렸지만 아가톤과 아리스토파네스와 소크라테스 선생님만이
계속 깨어 있는 상태로 술을 커다란 술통**에서 퍼 마시고 있었다

* 맥락이 없다면 ‘아름다운 사람들과 어울릴 기회를 갖는다’ 대신 ‘아름다운 것들에 참여한다’로 새길 수도 있는 말이다.

** 피알레(phialē)는 통상 여러 사람에게 돌리며 퍼 마시게 하는 용도로 쓰인 큰 용기다. 하지만 예컨대 크세노폰의 『향연』 2.23에서 필리포스는 이걸 혼

네. 오른쪽으로 돌려 가면서 말이네. 소크라테스 선생님이 그들과 대화를 나누고 있었다네. 아리스토데모스는 그 이야기 가운 d
데 다른 것들은 기억할 수 없지만 (처음부터 옆에 있지도 않았던 데다가 조금씩 잠에 빠져들고 있었기 때문이라는 거지.) 골자는 소크라테스 선생님이 희극을 만들 줄 아는 것과 비극을 만들 줄 아는 것이 같은 사람에게 속한다는 것, 그리고 기술을 가지고 비극을 만드는 자는 기술을 가지고 희극을 만드는 자이기도 하다는 것을 그들이 인정할 수밖에 없도록 밀어붙이고 있었다는 것이라고 했네.* 그분이 바로 이렇게 그들을 밀어붙이고 있고 그들은 그리 잘 따라가지 못하는 상황에서 졸고 있었고, 그러다가 아리스토파네스가 제일 먼저 잠들게 되었고, 벌써 날이 새고 있을 즈음 아가톤이 잠들게 되었다네.

자 마시겠다고 나서고 있다. 우리가 읽고 있는 이 『향연』에서의 알키비아데스와 비슷한 행태를 보여 주고 있다 하겠다(213e−214a). 알키비아데스는 피알레 대신 프쉭테르를 사용하고 있다.

* 비슷한 주제에 대해 다른 논점을 보여 주는 『이온』 531e−534e를 참고할 것. 거기서는 소크라테스가 음송가수(rhapsodos) 이온에게 음송가수와 그에게 영향을 주는 시인이 모두 앎 혹은 기술을 갖고 시를 읊거나 짓는 것이 아니라 신 지펴서 하는 것임을 논변하고 있다. 여기 논지는 정반대의 것들을 만들어 내는 것이 한 기술 혹은 기술자에 속한다는 것으로서, 『이온』보다는 오히려 『소 히피아스』 365d−369b의 논의와 유사하다. 해석이 분분한 대목이기는 하나 그곳에서 플라톤은 진실을 말하는 능력 혹은 성향과 거짓을 말하는 능력 혹은 성향이 한 사람에게 속한다는 역설을 다루고 있다.

그러자 소크라테스 선생님은 저들을 잠들게 한 후에 일어나 떠나갔고 (자기[149]도 여느 때처럼 따라갔다고 했네.) 뤼케이온으로 가서 씻은 후에 다른 때처럼 하루의 나머지 시간을 보내다가, 그렇게 날을 보내고 저녁이 되어서야 집에 가서 쉬었다고 했네.

주석

1 **이야기할 준비가 꽤 되어 있다** : 직역하면 '연습을 안 거친 상태가 아니다', 즉 '꽤 연습을 거쳤다'라고 옮길 수 있다. '연습'(meletē, meletan)은 어떤 이야기/연설 전체나 일부를 암송할 만큼 열심히 익히는 일을 가리킬 때 곧잘 쓰이는 용어다. 아래 디오티마의 이야기에서 잠깐 논의 대상이 되며(208a), 『파이드로스』 228b에도 등장한다.

2 **놀리는 투로 부르면서** : '놀리는 투'(paizōn)의 내용이 무엇인지가 상당한 논란거리였다. '팔레론 출신'에 관한 것으로 보는 해석은 i) '팔레론'(Phaleron)이라는 이름을 두고 'phalaros'(대머리), 'phalaris'(머리 벗겨진 쇠물닭) 등을 겨냥한 말장난으로 보는 해석, ii) 어떤 사람을 출신 마을로 지칭하는 것이 법적이거나 공식적인 절차에 관행적으로 등장하는 호칭 방식이었다는 점에서 놀림거리를 찾는 해석, iii) 뒤에 나오는 '아폴로도로스'를 빼고 읽으면서 팔레론이 도둑질 등 불미스러운 일이 잦은 항구 도시임을 강조하는 해석 등으로 갈린다. '아폴로도로스'에 관한 것으로 보는 해석으로는 iv) '아폴론의 선물'이라는 이름 뜻에 비추어 신의 선물인 양 요행히 만났다는 것을 강조하는 말로 보는 해석이 있다. 그런가 하면 v) '이봐요'(houtos)가 절박함을 가장한 말투라고 보

는 해석도 있다. 제출된 해석들 가운데서는 ii)나 iii)이 그중 그럴듯해 보인다.

3 **제우스 신에 맹세코** : 전달자가 소크라테스임을 극력 부인하는 아폴로도로스의 과민 반응이 예사롭지 않다. 우선 소크라테스가 '직접'(autos) 전해 준 이야기가 아니라 다른 참석자 아리스토데모스가 전달자라고 말하고 있는 것은 여러 겹의 틀에 의해 둘러싸인 소크라테스의 연설이, 그 가운데서도 그가 들었다는 디오티마의 가르침이 향연 이야기의 핵심 사항임을 은연중에 드러내 주고 있다. 사실 이 점은 이미 172b에서도 시사된 바 있다. 아울러 이 강한 부인이 저자 플라톤의 입장에서 볼 때는 핵심적 이야기를 여러 간접 전달의 연쇄라는 틀로 감싸고 있는, 이 대화편의 독특한 '거리두기' 방식을 구현하는 데 일조하는 것이다. 그리고 마지막에 알키비아데스의 연설을, 다시 말해 소크라테스에 대한 찬양을 끼워 넣고자 했던 플라톤의 구도상 소크라테스 자신이 화자로 설정되기는 어려웠을 것이다.

4 **가장 열렬하게 소크라테스 선생님을 사랑하는 사람** : 원문의 구조에 가깝게 직역하면 '구애자'(erastēs)라는 편의상의 번역어를 도입하여 '가장 열렬한, 소크라테스 선생님의 구애자'쯤으로 옮길 수도 있겠다. '사랑하는 자', '구애자' 등의 번역어에 관해서는 178c의 '에라스테스'와 '파이디카'에 대한 주석(미주 30)을 참고할 것.

5 **난 꽤나 준비가 된 상태라네** : 화자 아폴로도로스는 대화편 첫머리(172a)에서 자신이 향연 이야기를 할 준비가 상당히 되어 있다는 말로 서두를 꺼냈다. 그 이후 여기까지 그렇게 말할 수 있는 이유를 제시한 후 이제 서두로 다시 돌아가고 있다. 서두에서처럼 여기도 직역하면 "난 연습을 안 거친 상태가 아니라네."가 된다.

6 **'유약한 사람'** : B 사본대로 'malakos'로 읽었다. 그가 동성애로 유명했고 소크라테스 임종 시에 많은 눈물을 흘린 사람이었다(『파이돈』 117d)는 것 등 그에 대한 몇 안 되는 정보들이 이 표현과 잘 어울린다. 이렇게 읽으면 이 말은 다른 사람들의 생활 방식에 대한 '사나운' 공격

(agriainein)과 대비되는 말이 된다. 즉 이렇게 '사납게' 자신과 다른 사람들의 생활 방식을 마구잡이로 비난하는 사람이 어떻게 '유약한 사람'이라는 별칭을 얻었을까 하고 비꼬는 말로 이해된다. 한편 사본 T와 W에서는 'malakos'로 된 본문의 여백에 'la' 대신 'ni'가 들어가야 하지 않을까라는 취지의 첨가가 들어 있다. 그 여백의 첨가를 따라 'manikos'로 읽으면 이렇게 옮길 수 있겠다. "도대체 어떻게 해서 자네가 이 '미친 사람'(manikos)이라는 별칭을 얻게 되었는지 나로서는 모르겠네. 하긴 대화할 때 늘 그렇긴 하지." 이 독해는 아폴로도로스의 응답에 들어 있는 '미친'(mainomai)과의 상관성을 고려하여 나중 필사자가 덧붙인 것으로 보인다.

7 **훌륭한 자들의** : 사본의 'agathōn'을 OCT처럼 라흐만(Lachmann)의 추정을 따라 'Agathōn'으로 읽으면 '아가톤의'로 옮길 수 있다.

8 **'훌륭한 자들은 훌륭한 자들의 연회(宴會)에 자진해서 간다'** : 원래 속담의 모습이라고 전해지는 것은 둘이다. i) "훌륭한 자들은 더 못난 자들의(deilōn) 연회에 자진해서(automatoi) 간다"(에우폴리스 단편 289), ii) "훌륭한 자들은 훌륭한 자들의(agathōn) 연회에 자진해서 간다"(헤시오도스 단편 264). i)을 원래 것으로 보면 여기서 소크라테스가 가하는 변형을 ii)로 간주하게 된다. 사본들이 모두 'agathōn'으로 되어 있는 것도 이 해석에 우호적이다. ii)를 원래 것으로 보고 i)을 그것의 패러디로 보는 해석도 있다. 이 해석을 따르면 여기서 소크라테스는 원래 속담에 있는 복수 속격 'agathōn'(훌륭한 자들의)을 지금 상황에 맞게 단수 여격 'Agathōn(i)'으로, 즉 같은 음으로 되어 있는 아가톤의 이름을 가리키는 것으로 바꿔 해석하는 말재간을 부리고 있는 것이 된다. 이 경우 '바꾸면서 망가뜨린다'는 것이 너무 사소하게 된다는 것이 약점이다. 플라톤의 변형이 호메로스의 것처럼 망가뜨리는 일이면서도 호메로스의 것과 달리 방자한 일(hybris)이 아닐 수 있는 이유가 무엇일까 하는 물음을 추적해 볼 만하다.

9 **무슨 변명을 하실지 생각해 봐 주십시오** : B 사본에는 'ara … ti'(접속사

'ara'와 부정대명사 'ti')로, T 사본에는 'ara ti'(의문사 'ara'와 부정대명사 'ti')로, W 사본에는 'ara … ti'('ara'와 'ti' 모두 의문사)로 되어 있는데, 'hora … ti'('ara'를 동사 'hora'로 바꾸고 'ti'는 의문사로 봄)로 바꾼 배덤(Badham)의 추정을 따랐다.

10 **'둘이 함께 길을 가면'** : 사본들에는 'pro hodou'라고 되어 있는데, 이것을 호메로스의 원래 구절에 따라 'pro ho tou'로 바꾸면, '둘이 함께 가면 한 사람이 다른 사람보다 먼저'라고 읽을 수도 있다. 호메로스의 구절은 이렇다. "둘이 함께 가면 어떻게 하는 것이 이득이 될지를 한 사람이 다른 사람보다 먼저 알아내게 마련이다."(『일리아스』 10.224) 부정확하게 인용되고 있는 이곳과 달리 『프로타고라스』 348d에서는 같은 구절이 정확하게 인용되어 있다.

11 **자기들이** : 이하에서 아리스토데모스가 자신을 포함하여 여럿을 지칭할 때 '자기들이'라는 표현을 계속 사용하고 있다. 우리말로 굳이 살리는 것이 아주 어색한 경우에는 그냥 '그들이'로 옮기기도 할 것임을 미리 지적해 둔다.

12 **스스로 뭔가 골똘히 생각하게 되면서** : 직역하면 '자신에게 주의를 기울이게 되면서'.

13 **우스운 처지** : 아리스토데모스가 우스운 처지라고 말한 것은 초대받지 않은 상태에서 소크라테스의 초대를 핑계 삼아 향연에 참석하려 했는데 소크라테스가 뒤처져 왔고, 그래도 뒤에 계속 따라오려니 기대했는데 막상 돌아보니 보이지는 않고, 그런데 다음 문장에서 그려지는 것처럼 노예가 나와 기다렸다는 듯 향연장으로 막바로 데려가는 상황을 만나 황망하고 계면쩍은 처지에 놓이게 되었다는 말일 것이다.

14 **앉아 있는** : '기대어 누워 있는'으로 옮길 수도 있는 이 'katakeisthai'는 침상(klinē)에 비스듬히 누워 식사하는 자세를 가리킨다. 이 말과 'kataklinein'을 앞으로도 계속 편의상 '앉다'로 옮기지만, 비스듬히 눕는 식사 자세를 가리킨다는 점에 유의할 필요가 있다.

15 **씻겨 주었다** : 여기 '씻기다'로 옮긴 'aponizein'은 주로 손발을 씻는 것

을 가리킨다. 샌들을 신고 먼지투성이 길을 나다니므로, 기대어 눕는 침상(klinē)에 오르기 위해서는 발을 깨끗이 씻을 필요가 있었고, 그렇게 비스듬히 누운 채 식사를 하기 위해서는 손을 깨끗이 씻어야 했다. 여기서는 발을 씻겨 주었다는 말일 것이다.

16 **소크라테스 선생님이 와 계시긴 한데** : 글자 그대로 직역하면 '우리의 이 소크라테스 선생님이'라고 옮길 수 있다.

17 **아무도 너희들을 감독하지 않을 때는 그냥 너희들이 원하는 대로 무엇이든 식탁에 내어놓거라** : 도버(Dover) 등 상당히 많은 해석자들이 이 문장을 평서문으로 읽었다. 그들의 방식대로 읽으면 "아무도 너희들을 감독하지 않을 때마다 너희들은 그냥 원하는 대로 무엇이든 식탁에 내어놓는다."가 된다. 이 문장에 어울리게 약간 바꾼 다음 문장 "난 이런 일을 한 번도 해 본 적이 없지."도 노예들을 감독해 본 적이 없다는 뜻이 되며, 그냥 노예들에게 하는 말로 볼 수 있다. 내가 이런 독해를 받아들이지 않는 이유는 이런 독해가 이 향연의 독특성을 부각시키려는 플라톤의 의도를 잘 살리지 못하고 있다고 보기 때문이다. 에뤽쉬마코스가 논의 주제를 제안하기 직전(176e)까지 이어지는 지금의 맥락은 향연이 어떤 계기로 이루어졌는지를 말하고 나서 이제 바야흐로 벌어지게 될 향연이 어떤 성격의 것인지를 참석자 소개와 더불어 부각시키려는 계제다. 이후 대화에서 참석자들은 전날 걸쩍지근하게 벌어졌던 술판의 영향 때문에 술 취하는 것에 주력하기보다 서로 부담 주지 않는 방식으로 잔치를 즐기자고 합의하게 되고, 따라서 보통 향연과 달리 술 마시는 것에 덜 집중하고 오히려 에로스에 대한 연설에 집중하게 된다. 게다가 통상 향연 자리의 감초 노릇을 하는 피리 부는 소녀도 내보내기로 하여 명실공히 로고스(이야기)를 통한 교제에 집중하게 된다. 이 향연이 가진 이런 독특함에 대한 강조는 지금 이 문맥에서 주인 아가톤이 평소와 달리 손님 접대에 신경을 덜 쓰고 논의에만 주의를 집중하는 모습을 보이는 것으로 잘 예비될 수 있을 것이다.

18 **그분이 늘상 그랬듯 그리 오래 지체하지 않고 오셨고** : 오래 지체하지 않고

온 것을 평소의 습관으로 이해하였다. 원문의 단어 배치 자체가 이 번역을 자연스럽게 만든다. 베리(Bury) 등 여러 해석자들이 오래 지체하는 것을 평소 습관으로 보았고, 소크라테스가 밤새 골똘히 뭔가를 생각하며 서 있었던 이야기를 전하고 있는 이 대화편 말미의 알키비아데스의 언급(220c–d)을 지지 사례로 들기도 했다. 그러나 그 이야기에서 혼자 오랫동안 있다가 무리에 합류하는 행동 자체가 평소 습관이라는 시사는 찾기 어렵다. 오히려 '들어 볼 만한'(axion akousai: 220c) 에피소드로 언급되고 있어서 정반대 해석에 호의적일 수도 있다.

19 **앉아서 나머지 사람들과 식사를 마쳤고, 그들은 헌주를 하고 그 신을 기리는 노래를 부르고 또 다른 의례적인 일들을 행한 후에 술 마시는 일에 착수하게 되었다 :** 여기 플라톤도 그리고 있는 것처럼 함께 술 마시는 시간(symposion)은 그 이전의 식사 시간(deipnon)과 분리되어 있는, 이 행사의 핵심 부분이다. 남자로만 이루어진 참석자들이 화관을 하고 있었고, 헌주로 시작하고 기도로 끝맺는다. '클리네'(klinē)로 부르는 침상형 의자에 한 명 혹은 두 명이 왼쪽 팔꿈치로 기대어 비스듬히 눕는다(kataklinein). 그런 형태로 앉은 사람들이 함께 친교를 나누어야 하는 까닭에 향연이 이루어지는 남자들 방(andrōn)은 가운데에 출입구가 있는 정사각형의 방에 일곱에서 열다섯 개 정도의 클리네가 놓이게 되고, 따라서 술 마시는 집단은 14명에서 30명 사이였다. '크라테르'(kratēr)라 불리는 그릇에 물과 포도주를 섞어 마셨다. 그 희석의 비율은 그 향연의 좌장(symposiarchos)이 정하는데 대개 3 대 1 혹은 4 대 1, 즉 요즘으로 치면 맥주 정도의 알코올 강도였다. 노예들이 서빙을 했는데 술 분배는 균형 있게, 그리고 순서에 따라 했다. 희석의 비율만이 아니라 술을 마시는 양이나 속도도 좌장이 정했다. 회합 후 거리 행진(kōmos)으로 그 그룹의 단합과 힘을 과시하기도 했다. 지금 이 향연의 좌장은 과연 누구인지 관심 갖고 지켜볼 일이다. 아울러 식사와 음주 사이에 헌주, 신에게 바치는 노래 등등의 의례적인 순서가 진행되었다고 이야기되고 있는데, 비슷한 이야기를 담고 있는 크세노폰의 『향연』

2.1에는 신에게 '노래했다'(āidein)는 말 대신 신에 대한 '찬가를 불렀다'(paianizein)는 표현이 등장한다. 막간 행사에 대한 지금 이 대목의 언급은 그냥 의례적인 순서에 대한 언급에 머무는 것이 아니라 아래(177a-b)에 나오는 에뤽시마코스의 언급, 즉 에로스에 대해서는 아무런 찬가나 송가 등 장르를 막론하고 그 어떤 찬사도 없었다는 파이드로스의 불평에 대한 언급을 예비하는 역할을 겸하고 있다.

20 176a4-d7 : 주인 아가톤이 아리스토데모스, 소크라테스와 각각 대화를 나눈 후에 본격적으로 술판을 시작하게 되었는데, 이 대목은 저자 플라톤이 말하자면 등장인물(즉 향연의 참석자)이 누구누구였는지 하나하나 소개하는 부분이다. 각 사람이 한마디씩 발언했는데, 파우사니아스를 필두로 아리스토파네스, 에뤽시마코스, 파이드로스 순서로 발언이 이루어졌다. 나중 두 사람은 출신지까지 밝혀 주고 있다. 지금 상황과 이하 연설 순서까지 고려하여 참석자들이 앉은 순서를 추정해 보면 맨 위쪽에서부터 파이드로스, 파우사니아스, 아리스토파네스, 에뤽시마코스, 아리스토데모스, 아가톤, 소크라테스의 순서로 앉아 있다. 물론 좀 더 엄밀히 말하면, 파이드로스와 파우사니아스의 연설 사이에 몇몇 연설들이 있었는데 기억을 못하겠다는 아리스토데모스의 언급(180c)으로 미루어 볼 때 이 두 사람 사이에 몇몇 참석자가 앉아 있었을 것이라고 말해야 한다. 그러나 (아리스토데모스의 입장에서는) 특별한 관심의 대상이 아니었다는 것 때문에, 혹은 (플라톤의 입장에서는) 향연의 진실성과 거리 모두를 확보하는 수단의 일환으로 이들의 연설이 제외되었고, 참석자들을 앉은 순서대로 소개하면서도 파이드로스만은 나중에 따로 소개하는 이유도 아마 이런 사정 때문일 것이다.

21 강제 : 에뤽시마코스가 좌장 내지 보조 좌장 노릇을 하면서 위에 나온 '자발적으로'라는 말과 더불어 '강제'라는 말을 사용하고 있다는 점에 주목할 필요가 있다. 이 대화편을 보고서 쓴 것이 거의 분명한 크세노폰의 『향연』에서도 좌장 노릇 하는 소크라테스가 '강제'와 '설득' 등의 고르기아스적 용어를 구사하면서 비슷한 방식의 제안을 하고 있다

(2.26).

22 **송가와 찬가** : '찬가'(讚歌)로 옮긴 '파이안'(paian 혹은 paiōn)은 본래 아폴론(이나 아르테미스)에게 바치는 승리의 합창 노래였다. 여러 상황에서 불렀는데, 지금과 같은 향연 상황에서는 모든 참석자들이 헌주한 후 술 마시기 전에 불렀다. 아폴론에게만이 아니라 제우스, 포세이돈, 디오뉘소스, 아스클레피오스, 휘기에이아(건강) 등에게도 바쳤다고 한다. '송가'(頌歌)로 옮긴 '휨노스'(hymnos)의 의미는 셋 정도로 갈린다. i) 노래 일반, ii) 신을 기리는 노래 일반, iii) 신을 기리는 특정 유형의 노래. '파이안'을 포괄하는 상위 개념인 ii)가 고전 시대 희랍에서 보통 사용되던 의미다. 여기서는 ii)로 볼 수도 있고, '파이안'과 구별되는 좁은 의미인 iii)으로 사용되었다고 볼 수도 있다.

23 **에로스에게는 도대체 이제까지 살았던 하고많은 시인들 가운데 어느 한 사람도 그 어떤 찬미가 하나 지어 놓은 게 없다는 건 좀 심한 일 아닌가?** : 사실은 에로스 찬가의 일부인 듯한 알카이오스 단편 327 (Voigt)이 전해져 있다. 에로스를 정당하게 대우하는 것은 자기가 처음임을 강조하려는 의욕 때문에 파이드로스의 말에 다소 과장이 실리게 되었다는 것이 중론이다.

24 **가장 오래된 신이라는 것으로 그 신은 존경받고 있거든** : 직역하면 "가장 오래된 신이라는 것이 그 신이 존경받는 점이거든."

25 **에로스에게는 부모가 없으며 산문 작가든 시인이든 그 누구도 그 부모에 대해 말하고 있지 않네** : 하지만 에로스의 부모에 관한 언급이 여러 작가들에게 있었다. 에로스를 알카이오스는 제퓌로스와 이리스의 아들로(단편 13), 시모니데스는 아레스와 아프로디테의 아들로(단편 43), 에우리피데스는 제우스의 아들로(『히폴뤼토스』 534), 사포는 게와 우라노스의 아들로(단편 132), 이뷔코스는 카오스의 아들로 간주한다(단편 31).

26 **맨 처음에 카오스(틈)가 생겨났고 그리고 그 다음으로 / 늘 모든 것들의 굳건한 터전인 가슴 넓은 가이아(땅)가, / 그리고 에로스가** : 시의 원래 행은 다음과 같다. "실로 맨 처음에 카오스가 생겨났고 그 다음으로 / 늘 모든

것들의 굳건한 터전인 가슴 넓은 가이아가, / 또 안개 짙은 타르타로스가 생겨났으니, 넓은 길이 난 가이아의 구석에 있다네. / 그리고 불멸하는 신들 가운데 가장 아름다운 신인 에로스가 생겨났네."(『신통기』 116-120).

27 **아쿠실라오스도 헤시오도스와 같은 말을 하고 있지** : 사본들에는 이 문장이 아래 파르메니데스 인용문 다음에 들어 있다. 이곳으로 옮기자는 볼프(F. A. Wolf)와 샨츠(Shanz)의 의견에 거의 모든 학자들이 따르고 있다. 원문의 모습에 대한 다른 논란거리들이 있지만 이 구절 이해에 큰 영향을 주지는 않으므로 생략한다.

28 **그녀는** : 이 주어에 관해 여러 해석이 갈린다. 옛날 플루타르코스는 '아프로디테'를 주어로 삼았고, 심플리키오스는 파르메니데스 단편 12.3에 나오는 '모든 것들을 조종하는 여신(다이몬)'을 주어로 삼았다. 현대에 문맥 속에서 주어를 찾으려는 사람들은 '기원'으로 옮긴 'genesis'를 대문자로 표기하여, 즉 의인화된 것으로 간주하여 주어로 삼았다. 거드리(Guthrie)는 195c1-3을 떠올리며 '아낭케'(필연)를 주어로 삼자고 제안한다. 나는 심플리키오스의 제안이 가장 좋다고 생각한다. 다만 그 여신은 파르메니데스에게 계시해 주는 익명의 여신과 다르며, 아마도 파르메니데스가 마차 여행 중에 설득을 시도했던 여신 디케일 것으로 추측한다.

29 **자기를 사랑해 주는 쓸 만한 사람** : 'erastēs chrēstos'. '쓸 만한 소년 애인'과 평행하게 옮기기 위해 편의상 번역어를 도입하여 '쓸 만한 구애자'로 옮길 수도 있겠다. 이것에 관해서는 미주 30을 참고할 것.

30 **어린 사람에게는, 그것도 아주 어렸을 적부터, 자기를 사랑해 주는 쓸 만한 사람을 갖는 것보다, 그리고 사랑하는 사람에게는 쓸 만한 소년 애인을 갖는 것보다 더 크게 좋은 어떤 것이 있을지 나로서는 말할 수 없거든** : 파이드로스의 생각을 다시 풀어 이렇게 이해할 수 있다. "어떤 사람에게 그가 아이 때는, 그것도 아주 어렸을 적부터, 자기를 사랑해 주는 훌륭한 사람을 갖고 있다는 것이 최대의 선이고, 나이 들어 사랑하는 자 노릇

을 할 때는 자기가 사랑하는 훌륭한 소년 애인(paidika)을 갖고 있다는 것이 최대의 선이다." '소년 사랑'(paiderasteia)은 남자 어른(anēr)이 소년(pais)을 대상으로 맺는 에로스 관계를 가리킨다. '잘생긴'(kalos) 소년들은 강한 성적 매력을 풍기는 것으로 생각되었는데, 이런 매력을 남자 어른들은 심지어 잘생긴 자라고 해도 갖고 있지 못한 것으로 간주되었다. 그래서 남자 어른들은 (에로스라고 지칭되는) 정열적인 성적 욕망에 의해 소년들을 따라다니게 되는데, 그 에로스의 목표인 소년들은 통상 그 에로스를 공유하지 않는다고 간주되었다. (소년이 남자 어른에게 가지는, 혹은 가지도록 기대되는 것은 에로스가 아니라 필리아다. 예컨대 아래 파우사니아스 연설 중에 나오는 아리스토게이톤과 하르모디오스의 관계에 대해 이렇게 용어가 나뉘어 사용되고 있다. 182c의 해당 부분과 각주 75를 참고할 것.) 이렇게 남자 어른은 능동적인 역할을, 소년은 수동적인 역할을 하기 때문에 통상 전자를 '에라스테스'(erastēs) 혹은 (덜 굳어진 말로) '에론'(erōn), 후자를 '에로메노스'(erōmenos)로 지칭하는 것이 당시의 관행이었다. '에로메노스'를 지금 이 구절에서처럼 '파이디카'(paidika)라고 부르기도 했다. '에라스테스'나 '에로메노스'는 '사랑하는 자', '사랑받는 자'로 옮길 것인데, 이때 '사랑한다'는 말은 이미 지적한 대로 '서로 사랑한다'는 상호적 뉘앙스가 배제된 일방 통행적인 말로 한정하여 이해할 필요가 있다. 간혹 더 간소한 표현이 굳이 필요할 때는 '구애자'나 '구애 대상'이라는 편의상의 번역어를 상정해 볼 수도 있겠다. '파이디카'는 일관되게 '소년 애인'(간혹 '애인')으로 옮길 것이다.

31 친애(親愛) : '필리아'(philia)도 우리말로 '사랑'으로 옮길 수 있는 한 후보다. 그러나 에로스와 달리 성적 교섭의 뉘앙스가 배제되어 있다. 여기서도 그렇듯이 흔히 필리아는 에로스 관계에 있는 자들간의 관계에서도 이야기될 수 있는 개념이면서, 동년배 사이의 우정(cf. 『뤼시스』 207c), 부모-자식(cf. 『법률』 3권 687d4)같이 가족 구성원 간의 사랑 등까지도 포괄하는 더 넓은 개념으로 사용된다. 여기서는 문맥을 고려하여 '친애'라는 편의상의 번역어를 택했다. 우리 일상어에서 '친애', '친애하

다'라는 말이 본디 용법만큼 폭넓게 사용되지 않고 있어서 다소 어색한 감을 주지만 더 나은 번역어를 찾기 어렵다.

32 **소중히 여길** : 혹은 '존중할', '흡족히 여길'. 여기서 처음 등장하는 '아가판'(agapan)은 이미 나온 '에란'(eran), 그리고 '필리아'(philia)의 동사형 '필레인'(philein)과 함께 우리말 '사랑하다'로 옮길 수 있는 또 하나의 후보가 되는 말이다. 이 말은 문헌상에서 성애(性愛), 즉 '에란' 대신에는 거의 쓰이지 않고, '필레인'과는 상호 교환 가능한 의미로 쓰이기도 하나 굳이 구분하자면 존중이나 만족감의 뉘앙스가 좀 더 두드러진다고 말할 수도 있겠다. 나중에 70인역 성서에서는 신과 인간 사이의 사랑에 대해 쓰이기도 했다. 지금 이 문맥에서도 분명히 드러나 있듯이 '에란'은 일방적이지만 '아가판'은 '필레인'처럼 상호적으로 사용될 수 있는 용어다.

33 **닥치는 대로 무엇이건 상관없이 해내려 하네** : 화자는 x를 '한다'는 것 자체가 아니라 그걸 '어떻게' 하느냐가 중요하다는 점을 계속 힘주어 강조하고 있다. 여기 사용된 '해내다'(exergazesthai)는 말도 그렇거니와 아래에 나오게 될 '일을 치러 내다'(diaprattesthai)는 말도 마찬가지 방식으로 사용된다.

34 **여신에게서 온** : 이 'apo'(…에게서 온)라는 전치사는 에로스가 아프로디테'에게서 나왔다'(ex)는, 즉 그녀에게서 태어났다는 속설을 파우사니아스가 받아들이고 있지 않다는 짐작을 가능하게 한다.

35 **그리고 이게 바로 소년들에 대한 사랑이지** : 이 문장을 삭제하자는 쉬츠(Schütz)의 제안을 베리 등 몇몇 학자들이 따르고 있다. 이어지는 문장들에 나오는 내용과 겹친다는 점, 그리고 "그들이 소년들 일반을 사랑하는 게 아니다"라는 언급(181d)과 부분적으로 충돌한다는 점이 삭제 주장의 주된 이유다. 그러나 내용의 중복이 삭제 주장의 결정적 근거가 되기 어렵고, '소년'의 의미가 좁혀진다는 것 역시 이 부분과 전면적으로 충돌하는 것이 아니어서 얼마든지 이 부분을 원래 사본들에서처럼 살려 놓고도 잘 이해할 수 있다고 생각한다.

36 **그들은 그냥 소년들이 아니라 이미 지성을 갖기 시작할 때의 소년들을 사랑하거든. 그런데 이때란 수염이 나기 시작하는 것과 비슷한 때라네** : "어린 사람에게는, 그것도 아주 어렸을 적부터, 자기를 사랑해 주는 쓸 만한 사람을 갖고 있다는 것이 최대의 선"이라는 파이드로스의 말(178c)에 반대하는 언급이다. 또 파이드로스가 한 또 다른 말 "아킬레우스가 아직 수염이 없었고(eti ageneios), 호메로스에 따르면 훨씬 더 어렸는데, 이런 그가 사랑받는 자로서 자기를 사랑하는 자인 파트로클로스를 소중히 여겼기에 알케스티스나 오르페우스의 경우보다 더 신의 마음에 들었다"는 언급(180a–b)에 대해서도 반론을 제기하고 있는 것이다.

37 **어려서 분별이 없을 때 잡아 놓고는 결국 비웃으면서 그를 버려두고 다른 누군가에게로 달려가 버리는 식으로 기만하려는 게 아니고 말이네** : 보다 자연스런 구문 파악 방식대로 직역하면 이렇게 옮길 수도 있겠다. "어려서 분별이 없을 때 잡아 놓고 기만[혹은 농락]한 후에 [결국] 비웃으면서 그를 버려두고 다른 누군가에게로 달려가 버리려 하는 게 아니고 말이네."

38 **어리디어린 소년들** : 원어로는 '어리디어린'이 안 붙은 '그냥 소년들'(paides)이다. 바로 위에서 파우사니아스는 '그냥 소년들'(paides)과 '이미 지성을 갖기 시작할 때의 소년들'을 구분하기 시작한 바 있다. 이제부터 그가 쓰는 '소년들'(paides)이라는 말은 전자로 좁혀진 의미[즉 수염이 나기 시작할 나이가 안 된 남자 어린아이라는 의미, 말하자면 207d에 나오는 '어리디어린 소년'(paidarion)과 같은 의미]로 계속 사용된다. 파이드로스가 '아주 어렸을 적부터'(euthys neōi onti: 178c)라고 했을 때도 바로 이런 의미의 소년을 가리키는 것으로 볼 수 있다. 한편 파우사니아스가 이 말과 구분하여 에로스의 대상을 가리킬 때는 '에로메노스'나 '파이디카'를 쓰고 있다.

39 **라케다이몬의** : 라케다이몬은 스파르타를 가리키는 또 다른 명칭이다. '과 라케다이몬의'를 삭제하자는 빈켈만(Winckelmann) 등의 주장을 따르는 학자들이 있고, 그 가운데서도 베리 등은 다음 문장의 '엘리스', '보이오티아'와 연결되는 자리로 바꿀 것을 주장한다. 스파르타가 그

군사적–과두적 정치 체제로 미루어 볼 때 소년 사랑의 온상이었을 것이고 따라서 그런 사랑에 대해 복잡한 법을 가졌을 리 없다는 점, 말솜씨 없음을 스파르타와 떼어 놓는 것이 그럴듯하지 않다는 점, 182d 이하에서 복잡한 법을 이야기하면서 스파르타가 언급되지 않는다는 점 등이 그런 주장의 근거들이다. 그러나 이는 동성애가 특히 도리스족에게 속한다는 현대 통념에 의거한 추측일 뿐이다, 다음 문장에 언급되고 있는 엘리스인이나 보이오티아인은 도리스족이 아니다. 도버가 지적하는 것처럼 크세노폰은 오히려 이 두 도시와 스파르타를 대비시키면서 동성애에 대한 스파르타인의 태도가 '복잡하다'고 기술하고 있다(『라케다이몬 사람들의 정치 체제』 1.12 이하).

40 **복잡다단하네** : 다음 문장은 '왜냐하면'(gar)으로 시작되는데, 여기서는 번역의 편의상 옮기지 않았다. 아래 182c7의 '이렇게' 앞 문장까지가 모두 이유 문장이고, 그 이유들이 다시 '이렇게'라는 말로 정리된다.

41 **대단한 생각** : 'phronēmata megala'. 이 말은 '분별을 대단히 잘함'이라는 뜻이면서, 일상어적으로는 '(자신을) 대단하게 생각함'이라는 뜻으로 사용되기도 한다. 비슷한 주제를 다룬 『뤼시스』의 210d에서 이미 플라톤은 이 말의 이중성을 가지고 말재간을 구사한 바 있다.

42 **다른 모든 것들도 그렇지만** : 아마 바로 위 182c1에서 언급된 지혜를 사랑하는 일(philosophia)과 체력 단련을 좋아하는 일(philogymnastia)을 염두에 둔 말일 것이다. 지금 이 문맥에서 거듭 '에로스'가 '필리아' 및 그것의 여러 동근어들과 함께 등장하고 있다는 점이 특기할 만하다.

43 **이렇게** : 이미 말했듯이 182b1의 '복잡다단하네' 뒤에서부터 직전 문장까지 이어진 이유 설명을 '이렇게'로 정리하고 있다.

44 **그런 법을 정한 사람들이 나빠서** : 직역하면 '[그런 법을] 정한 사람들의 나쁨(kakia)에 의해'.

45 **누군가가 이것 말고 다른 무언가를 추구하여 이루어 내기를 바라면서 그 일들을 감히 행하려 할 경우에는 지혜 사랑에 대한 아주 큰 비난을 초래하게 될 그런 일들이네** : 사본들에서처럼 'touto'(이것) 뒤에 붙어 있는

'philosophias'를 그대로 두고, OCT와 달리 그 단어 앞에 쉼표를 찍어 귀결절에 붙여 읽었다. 'philosophias'를 그대로 두고 OCT의 구두점을 따르면 다음과 같이 옮길 수 있다. "누군가가 이것, 즉 지혜 사랑 말고 다른 무언가를 추구하여 이루어 내기를 바라면서 그 일들을 감히 행하려 할 경우에는 아주 큰 비난을 사게 될 그런 일들이네." 슐라이어마허(Schleiermacher)와 그를 따르는 OCT, 베리, 도버 등은 이 단어를 삭제하고 읽었다. 'touto'를 'toutou'로 보고 누군가가 그것이 지혜 사랑(철학)을 가리킨다고 옆에 써넣었다고 보는 것이다. 이 경우는 '즉 지혜 사랑 말고' 부분을 뺀 형태가 되겠다. 이쪽이든 저쪽이든 '지혜 사랑에 대한'이 '비난'과 연결되지 않게 되어 비난받는 대상이 철학이 아니라 그 일들을 행하는 주체인 누군가로 이해하는 셈이 된다.

46 자기를 사랑하는 자들에게 친구가 되는 것 : 앞에서 계속 언급된 '사랑하는 자들에게 살갑게 응하는 것'(182a 등), 그리고 '친애'(182c)에 해당하는 또 다른 표현이라 할 수 있다. '사랑하는 자들에게 친구'라고 우리말답지 못한 표현을 도입한 이유는 여기서 이야기되고 있는 '필리아'가 상호적인 용법이 아니라 일방적인 용법으로 사용되기 때문이다. 즉 '사랑하는 자들에게 친하게 군다' 혹은 '사랑하는 자들을 친애한다'는 뜻으로 쓰이고 있다. '사랑하는 자들과 친구'라고 옮기면 우리말답긴 하나 원문의 이런 비상호적인 뉘앙스를 온전히 드러내기 어렵다.

47 아동 보호자 : '파이다고고스'(paidagōgos)는 글자 그대로 보면 '아동 인도자', 즉 '아이를 이끄는 자'를 뜻한다. 그러나 정작 그 말은 아이가 성년(즉 18세)이 될 때까지 아이의 등하교 길을 따라다니고 학교에 있는 동안 지켜보아 주는 등 아이의 바깥나들이에 '따라다니는 노예'를 가리킨다. 즉 부모나 선생이 없는 상황에서 그들 대신 아이를 돌보아 주거나 감독하는 가복(家僕)을 가리킨다. 요컨대 '보호자 노릇 하기 위해 따라다니는 노예' 정도로 옮길 수 있는 말이다. 참고로 바울 서신(갈라디아서 3장 24절)에 나오는 '파이다고고스'는 전통적으로는 '몽학선생'(蒙學先生)(한글판 개역)으로, 최근에는 '개인교사'(표준 새번역)로 옮겨졌는데,

율법을 가리키는 문맥을 고려하여 '이끄는 자' 측면을 강조한 번역이다. 두 측면을 온전히 담아내는 간결한 우리말 표현이 없어 아쉽다.

48 **'그는 날아가 버린다'** : 『일리아스』 2.71에 나왔던 표현이다. 아가멤논은 자기에게 네스토르의 모습으로 나타난 꿈(의 신)이 할 일을 마치고(즉 메시지를 전해 준 후) 떠날 때의 모습을 이렇게 묘사했다.

49 **어떤 자들에게는 살갑게 대하고 다른 어떤 자들은 피하라고 말일세** : 베리는 배덤을 따라 이 문장을 의심스러운 것으로 간주하였다.

50 **봉사하려** : 혹은 '돌보려', '섬기려'. 이 말에 대한 플라톤의 고찰은 초기 대화편 『에우튀프론』 12e–14b에서 잘 다루어져 있다. 그리고 사랑하는 자에게 '봉사한다'(therapeuein)는 이 말은 이 대화편에서(특히 파우사니아스의 연설에서) 사랑하는 자의 에로스에 대한 사랑받는 자 쪽에서의 반응을 기술하는 넷째 표현이라 할 수 있다. 앞의 셋은 '사랑하는 자들에게 살갑게 응하는 것'(182a 등), '친애'(182c), '사랑하는 자들에게 친구가 되는 것'(183c)이었다.

51 **같은 곳에서 함께 만나야** : 혹은 기존 번역자들을 따르면 '같은 곳에서 함께 만나게 해야'다. 기존의 모든 번역자들이 이 동사를 이렇게 타동사로 옮겼지만, 자동사로 옮기는 것이 가능할 뿐만 아니라 아래 이유 문장을 고려하면 그것이 오히려 플라톤의 원래 의도일 가능성이 높다. 비슷한 표현이 이유 문장에서 두 번이나 자동사 표현으로 등장한다. 부문장에서 사랑하는 자와 소년 애인이 '같은 곳으로 간다'(elthōsin)고, 그리고 주문장에서 이 법들이 '같은 곳으로 함께 간다'(syniontōn)고 말해진다.

52 **자기를 사랑하는 그자의 친애** : 베리는 '자기를 사랑하는 그자에 대한 친애'로 읽었다. '사랑하는 자의 친애' 대신 '사랑하는 자의 사랑'이라고 말해야 하지 않는가 하는 반론을 일면 수용하면서 제시한 대안이다. 이 사람들에게 공통된 생각은 '사랑하는 자는 에로스를, 사랑받는 자는 필리아를' 행한다는 생각인데, 사랑하는 자도 얼마든지 필리아를 가질 수 있다(예컨대 파이드로스 연설에서 알케스티스의 경우가 그렇다. 179c 참고)고 한다면, 이런 의심들은 지나치다 하겠다.

53 **어서 이야기 시작하게** : 직역하면 "자네가 [지금] 이야기하는 게 지나치게 빠른 건 아닐 것이네."

54 **비슷하지 않은 것은 비슷하지 않은 것들을 욕망하고 사랑하거든** : 이 주제는 플라톤이 이미 초기의 『뤼시스』에서 다룬 바 있다. 특히 그 작품 215e에서는 (그 대화편의 특성상 사랑에 해당하는 말이 에로스 계열이 아니라 필리아 계열이라는 점만 빼면) 거의 같은 용어와 취지를 담은 고찰이 제시되어 있다. "그러니까 비슷한 것이 비슷한 것에게 친구라는 것은 전혀 그렇지 않고, 오히려 사실은 이와 정반대이네. 가장 반대되는 것(enantiōtaton)이 가장 반대되는 것에게 가장 친구거든. 각 사물은 [자기와] 비슷한 것이 아니라 이런 것[즉 자기와 가장 반대되는 것]을 욕망하니까(epithymein) 말일세. 즉 건조한 것은 습한 것을, 찬 것은 뜨거운 것을, 쓴 것은 단 것을, 날카로운 것은 무딘 것을, 텅 빈 것은 채움을, 꽉 찬 것은 비움을 욕망하고, 다른 것들도 같은 이치(logos)에 의해 그러하네. 반대되는 것은 반대되는 것에게 자양물(trophē)이니까."

55 **에로스가 몸 안에서 하는 일들** : 직역하면 '몸의 에로스 관련 일들'. LSJ는 '몸의 갈망들', 길(Gill)은 '육체적 사랑의 형태들'로 옮기고 있는데, 무난한 이해라 할 수 있겠다.

56 **"그것 자체가 자신과 불화하면서도 화합한다. 마치 활과 뤼라의 조화가 그렇듯이."** : '화합하다'로 옮긴 'sympheresthai'는 아래에서 'homologein'(일치하다)으로 바뀌어 쓰이기도 한다. '조화'는 'harmonia'를 옮긴 것인데, '조화' 대신 '결합'으로 옮길 수도 있다. 헤라클레이토스 단편 51에 해당하는 내용이다. 히폴뤼토스가 『모든 이교도들에 대한 논박』 IX.9에서 전해 주는 이 단편의 내용은 다음과 같다. "그것이 어떻게 자신과 불화하면서도 일치하는지(homologeei) 그들은 이해하지 못한다. 그것은 마치 활과 뤼라의 조화처럼 되돌아가는 조화(palintropos harmoniē)[혹은 뒤로 당기는 조화(palintonos harmoniē)]다."(DK 22B51)

57 **그런가 하면 불화하고 있는 것이 일치하지 않으면 조화시킨다는 것 또한 불가능하네** : 베리의 제안대로 원문을 수정하여 읽으면 이렇게 옮겨진다.

"그런가 하면 어떤 것이 일치가 불가능하지 않은 채로 불화하고 있을 때 그것을 조화시키는 것이 가능하네." 베리가 이런 수정을 제안한 까닭은 원문대로 읽으면 생각의 흐름이 끊기고 불분명해진다는 이유에서다. 구체적으로 말해 원문대로라면 'au'(그런가 하면)가 이상하며, 이어지는 리듬에 관한 구절로 미루어 여기 구절이 대립자들을 조화시키는 것이 불가능하다는 이야기가 아니라 가능하다는 이야기로 되어 있어야 한다는 것이다. 하지만 베리가 이상하다고 보는 'au'는 표면적인 불가능성 언술이 다시 한 번 등장하기 때문에 사용된 것이고, 베리가 미심쩍어하는 그런 표면적 불가능성 언술은 사실은 내막을 뜯어보면 베리가 읽고 싶어 한 대로 가능성 언술이다. 앞 문장에서 "불화하고 있는 것들이 불화하고 있는 동안은 그것들로부터 일치가 있다는 것이 불가능하다", 다시 말해 "불화하는 것의 일치는 불화가 멈출 때만 가능하다"고 했는데, 여기서는 "불화하고 있는 것들이 일치하지 않으면 조화가 있다는 것 또한 불가능하다", 다시 말해 "불화하는 것의 조화는 불화하는 것의 일치가 일어날 때만 가능하다"고 말하고 있다. 두 문장을 합하면 "불화하는 것의 조화는 일치할 때만 가능하고 일치는 불화가 멈출 때만 가능하다"는 것이고, 이는 바꿔 말하면 "불화가 멈출 때 불화하는 것이 일치하고 그 일치가 일어날 때 조화가 생긴다"는 말이다. 이것이 애초 에뤽시마코스의 헤라클레이토스 해석 문장인 "바로 고음과 저음이 이전에는 불화했는데 그러다가 나중에 일치되어(homologein) 그것들로부터 조화가 시가 기술에 의해 생겨났다고 말이야."에서 말하고자 했던 바이며, 다음의 리듬 관련 문장도 바로 이런 취지의 말이다.

58 **조화나 리듬과 관련하여** : 'peri'(…와 관련하여)가 대격 실명사와 함께 분명치 않은 방식으로 쓰이는 용법은 에뤽시마코스가 즐겨 쓰는 표현이다.

59 **아직** : 이 말은 '전혀'로 옮길 수도 있는 말이지만, 여기서는 다음의 '그러나'로 시작하는 문장을 염두에 둘 때 '아직'의 의미로 읽는 것이 더 좋다고 본다. 사본들이 전하는 의문사 'pōs'(어떻게)는 이해하기 어렵기

때문에 배덤의 제안에 따라 'pō'로 읽었다.

60 **많은 송가의(폴륌니아) 뮤즈 여신** : 헤시오도스의 『신통기』 76-79행에 뮤즈 여신들(Mousai) 아홉이 열거되어 있는데, 우라니아와 폴륌니아도 거기 들어 있다. 우리는 '폴륌니아'(Polymnia)를 '폴뤼-휨네이아'(Poly-hymneia)로 풀어 읽고 있는데, 플루타르코스는 '폴뤼-므네이아'(Poly-mneia)로 풀어 읽었다. 플루타르코스의 분석대로라면 '많은 기억의'라는 뜻이 될 것이다. 그러나 주지하듯이 헤시오도스에 의하면 뮤즈 여신들의 어머니가 므네모쉬네(기억)인데, 그녀와 제우스 사이의 딸들인 뮤즈 여신들 가운데 어느 하나에 기억을 할당하는 것은, 다시 말해 기억을 여러 뮤즈들 가운데 어느 하나만 가진 것으로 생각하는 것은 받아들이기 어렵다. 헤시오도스에서의 의미가 어떻게 되었든 상관없이, 여기서 에뤽시마코스가 그 두 뮤즈 여신을 180d-e에서 파우사니아스가 구분했던 두 아프로디테(따라서 두 에로스)와 연결시키려고 애쓰는 데는 상당한 무리가 따른다는 것이 중론이다.

61 **이런 것들로부터** : '앞에서 말한 대립자들이 방자한 에로스의 지배를 받을 때 이런 대립자들로부터'라는 뜻으로 볼 수 있다. 서양의 몇몇 번역자들은 '이런 일들로부터'로 옮기기도 하는데, 이 경우에는 '이런 일'이 바로 앞 문장에 나오는 '방자한 에로스의 지배로 많은 것들이 망쳐지고 해를 입는 사건들'을 가리킨다고 이해하는 것이다. 그러나 질서 있는 에로스의 경우와의 평행성을 고려하면 사건보다는 대립자들로 이해하는 것이 자연스럽다. 게다가 다음 문장에 다시 나오는 '이런 것들'이 대립자들을 가리키는 것이 거의 분명하므로, 어느 모로 보나 대립자들로 보는 것이 적절하다고 생각한다.

62 **녹병(綠病)** : 'erysibai'를 LSJ를 따라 '녹병'(rust)으로 옮겼다. '녹병'은 녹병균의 기생에 의해 식물에 발생하는 병을 총괄하는 명칭이다. 녹병균이 기생하는 식물의 잎과 줄기에 포자 덩어리를 만드는데, 이 포자 덩어리가 쇠에 스는 녹처럼 귤색 또는 갈색을 띠고 있어서 '녹병'이라 부른다. 서양의 여러 번역자들은 의역하여 'blight'(즉 마름병 혹은 장승병)

로 옮기기도 하는데, 이 병은 농작물의 줄기나 잎이 갑자기 시들어 말라 죽는 병을 가리킨다.

63 **나머지 한 에로스에게는** : 사본에 있는 'peri'(…에 관하여)는 빼고 읽었다.

64 **불경건** : 다음 문장에 나오는 '에우세베이아'(eusebeia: 경건)는 신들에 대해 느끼는 혹은 느껴야 마땅한 숭앙이나 존경(심지어 두려움)을 강조하는 개념이다. 그 반대 개념인 '아세베이아'(asebeia)는 불경건이라는 법적 죄를 가리킨다.

65 **에로스들을** : B, T 사본의 'erōtas'를 따라 읽었다. W 사본의 'erōntas'를 따라 읽으면 '바로 이 일들과 관련하여 에로스들을' 대신에 '바로 이 일들과 관련하여 사랑하는 자들을'이나 '바로 이런 사랑을 하는 자들을'로 새길 수 있다.

66 **경건** : 사본의 'asebeia'(불경건)를 'eusebeia'(경건)로 고쳐 읽었다.

67 **나를 지켜볼 필요는 없네** : 직역하면 "하지만 나를 지켜보지는 말게." 이 직역을 다음 문장과 묶어 자연스럽게 만들 수도 있다. "하지만 앞으로 말해질 것들과 관련하여 내가 혹여 우스갯소리를 하게 되지나 않을까 저어하고 있다는 생각에서 나를 지켜보지는 말게." 혹은 다음과 같이 의역할 수도 있다. "하지만 나를 지켜본다고 해도 앞으로 말해질 것들과 관련하여 내가 혹여 우스갯소리를 하게 되지나 않을까 저어하고 있다고 생각하지는 말게."

68 **치고 빠지기를** : 직역하면 '그냥 던져만 놓고 빠져나가기를'이 된다. 빠진 말들을 보충하면 '[나에게 우스갯소리 섞인 비아냥을] 그냥 던져만 놓고 [무사히, 즉 그것에 대한 대가를 치르지 않고] 빠져나가기를'로 이해할 수 있겠다. 이런 용어들은 이 일련의 연설들과 그것들을 둘러싼 대화가 서로 공방하는 일종의 힘겨루기(agōn)임을 암시하고 있다. 이런 암시는 나중에 아리스토파네스 연설이 끝난 후 소크라테스가 에뤽시마코스에게 하는 말에서도 확인된다(194a).

69 **대단한 생각** : 182c에서 파우사니아스가 같은 말을 사용한 바 있다. 여기서는 자신감, 자만 등의 일상어적 의미로 쓰였다.

70 **어떻게 하면 … 생각한다** : 이 문장에 한 번, 그리고 이어지는 인용에서 두 번 더 "그가 말했네."가 들어 있지만 우리말에서는 사족일 뿐이어서 굳이 옮기지 않았다.

71 **마가목** : 유럽의 마가목(Sorbus domestica)은 사과과에 속한다. 물푸레나무를 닮았지만 잎과 열매는 그보다 더 크고 열매는 식용으로 쓴다. 한편 우리의 마가목(Sorbus commixta)은 장미과의 활엽 교목으로서 숲속에서 저절로 나는데 높이는 5−10미터 정도다. 열매는 이과(梨果)로 10월에 익는데 약용으로 쓴다.

72 **그건 마치 마가목 열매들을 말려 저장하려고 자르는 자들이 하듯, 혹은 마치 터럭으로 계란을 자르는 자들이 하듯 했네** : '터럭으로 계란 자르기'는 플루타르코스 『모랄리아』(Moralia) 770b에 속담으로 언급되어 있다. 아주 확고하게 맺어져 있는 것으로 보이는 사랑이 사소한 일로도 쉽게 깨어질 수 있다고 할 때의 그 '쉬움'을 농담처럼 이야기하면서 쓰는 표현이라는 것이다. 사이든햄(Sydenham) 등을 따라 이 부분을 삭제하는 편집자들이 여럿 있었다. 원문을 직역하면 "그건 마치 마가목 열매들을 자르고 [말려] 저장하려는 자들이 하듯, 혹은 터럭으로 계란을 그렇게 하는 자들이 하듯 했네."가 되는데, 둘째 직유의 생략된 말을 첫째 직유에서 가져오면 '자른다' 부분은 몰라도 '[말려] 저장한다'는 부분은 부적절하다는 것이 그들의 주장이다. 하지만 '자르고 저장하려는'에 들어 있는 '…하고'(kai)를 유연하게 '저장하려고 자르는'으로 이해할 수 있다면, '자른다' 부분만 둘째 직유로 옮겨진다고 얼마든지 자비롭게 읽을 수 있다. 또한 둘째 직유는 플루타르코스에서 확인되듯이 손쉬움의 아이디어를 덧붙이고 있는데, 자르는 행위의 작동 방식을 기술하는 첫째 직유와는 다른 아이디어로서 이 문맥에 잘 들어맞는다. 여기 둘째 직유의 요점은 자기들의 몸이 확고하게 하나로 결합되어 있음을 당연시하는 각 인간들을 비웃기라도 하듯 제우스는 '무 자르듯' 툭 잘라 버린다는 것이다.

73 **낳고 출산하고** : 자식의 출생과 관련하여 'gennan'은 생겨남 혹은 태어

남(gignesthai)을 유발한다는 뜻으로 (어머니에 대해 쓰인 경우도 없지는 않으나) 주로 아버지에 대해 많이 쓰인 말이다. 반면에 'tiktein'은 부모 양쪽에 대해 고루 쓰인 말이다. 전자는 '생기게 한다'로 옮기는 것이 더 정확할 수 있지만 간명한 연결에 부족함이 있기 때문에, '부생아신'(父生我身), 즉 '아버님 날 낳으시고'라는 말을 떠올리면서 '낳다'로 옮기고자 한다. 그리고 후자는 '낳다'가 가장 적절한 번역어라 하겠으나 전자와의 중복을 피하기 위한 고육지책으로 '출산하다'로 옮기겠다.

74 〈이것을〉: 'autōn' 앞에 〈taut'〉을 보충한 베리의 추정을 따라 읽었다.

75 **마치 넙치들 모양으로 하나에서 둘로 잘라져 있으니까 말일세** : 넙치 직유는 아리스토파네스가 자신의 작품에서 이미 쓴 적이 있다. 『뤼시스트라테』에서 뤼시스트라테가 다른 여인들에게 남자들을 자신들 곁에서 떼어 놓는 지긋지긋한 전쟁(펠로폰네소스 전쟁을 가리킴)을 끝낼 계책을 사용하자고 제안하자 칼로니케는 이렇게 응답한다. "나로서는 마치 넙치처럼 / 나 자신을 반으로 잘라 [그 반쪽을] 내놓기라도 할 작정이에요." (115-116) 그런데 막상 그 계책의 내용이 일종의 성(性) 스트라이크임을 알고는 그것만은 못하겠다고 빼자 뤼시스트라테는 그녀가 했던 비유를 상기시키며 이렇게 말하고 있다. "이런 말을 해, 이 넙치야? 방금 / 자신을 반으로 자르는 일이라도 하겠다 해 놓고 말이야."(131-132).

76 **후안무치해서가 아니라 대담하고 용기 있고 사내다워서이며** : 후안무치(anaischyntia)와 용기 내지 남자다움(andreia)의 차이에 관해서는 최후 저작인 『법률』에 상세한 논의가 등장한다. 특히 1권 말미 646d 이하를 참고할 것.

77 **아무도** : 중세 사본들에는 'ouden'으로 되어 있으나, 스토바이오스 등 고대 주석가들의 인용에 나온 'oudeni'가 문맥상 무난하기에 그것을 따랐다.

78 **어렴풋하게 직감하고 막연하게 암시하는** : 직역하면 '점쳐 보고 수수께끼 같은 말을 하는'.

79 **신들에 대해 경건한 일을 하도록** : 에뤽시마코스의 연설에서도(188c) 나왔

듯이 경건(eusebeia, eusebein)과 불경건(asebeia, asebein)은 신들과의 관계에서 성립할 뿐만 아니라 부모에 대해서도 성립하는 개념이다. 여기서 '신들에 대해', 그리고 아래 193d에서 '신들에게'라는 한정어를 붙인 것은 바로 이런 이유 때문이라고 할 수 있다.

80 **말을 잘한 후에** : 중세 사본들에 없는 쉼표를 삽입하여 'eipēi eu, kai mal'로 읽자는 발렌(Vahlen)과 베리의 제안을 받아들였다.

81 **제게 주문을 걸려고 하시는군요, 소크라테스 선생님. 제 관중이 제가 말을 잘할 거라는 큰 기대를 갖고 있다는 생각을 제가 함으로 해서 혼란스럽게 되도록 말입니다** : 175e에서 이미 아가톤은 자신의 지혜에 대한 소크라테스의 과도한 칭찬을 '방자함'이라고 경고한 바 있다. 비슷한 상황인 이곳에서도 아가톤은 그가 연설을 잘해서 자기를 더욱 주눅 들게 할 것이라고 '예언'하는 소크라테스의 칭찬을 '주문(pharmakon) 거는 일'(pharmattein)이라고 경고하고 있다. 과도한 칭찬이나 지나치게 확신에 찬 예언은 초자연적인 힘의 질투나 의분(nemesis)을 살 수 있다는 생각이 바탕에 깔려 있는 대응이라 할 수 있다. ('의분'이라는 말은 조금 후 연설 시작 부분 195a에 등장하게 된다.) 그가 극장 상황에 어울리는 '관중'(to theatron)이라는 표현을 사용한 것은 "3만이 넘는 희랍 사람들이 아가톤의 지혜의 증인이었다"는 소크라테스의 과찬(175e)을 상기시키기 위한 것이다. 한편 소크라테스의 입장에서 보면 그가 한 칭찬은 아부를 즐기는, 아니 더 정확히 말해 즐길 수도 있는 아가톤에 대한 경고 섞인 아이러니일 수 있다. 상대방을 다소 지나치게 띄워 주고 그가 어떻게 나오는가를 지켜보려는 소크라테스 특유의 테스트 방식일 것이라는 말이다. 그런 점에서 보면 아가톤의 대응은 그런 의도까지도 간파한 적절한 대응이라 할 수 있다. '관중'이라는 표현이 이틀 전의 우승에 아직도 도취되어 있음을 보여 준다는 베리의 해석은 소크라테스의 입장에 경도되어 있는 일방적인 해석이다. 오히려 여기서 아가톤의 입장에서는 소크라테스의 아이러니컬한 칭찬에 제 나름의 방식으로 대응하고 있는 것이고, 작가 플라톤으로서는 이제까지 슬쩍슬쩍 집어넣어 왔던 '경연'

의 아이디어가 아가톤에게도 공유되어 있음을 확인하는 효과를 노리고 있는 것이다.

82 큰 배포 : 'megalophrosynē'는 파우사니아스와 아리스토파네스에 각각 한 번씩(182c, 190b) 나왔던 'phronēmata megala'(자신을 대단하게 생각함, 자신만만함)를 떠올리게 하는 말이다.

83 점잖지 못한 : 'agroikon'. 직역하면 '촌스런'.

84 이용해 보세나 : B, T 사본대로 읽었다. W 사본으로 읽으면 '이용할 수 있겠네'로 옮길 수 있다.

85 '국가의 왕인 법들' : 아리스토텔레스에 의하면 이 표현은 고르기아스 학파에 속하는 기원전 4세기 수사가 알키다마스의 것이라고 한다(아리스토텔레스 『수사학』 1406a17−23).

86 '국가의 왕인 법들'은, 서로 상대방과 자발적으로 동의하는 것들을 정의롭다고 말하네 : "서로 상대방과 자발적으로 동의하는 것들, 즉 '국가의 왕인 법들'을 사람들은 정의롭다고 말하네."로 옮길 수도 있다.

87 쾌락과 욕망을 지배하는 것이 절제인데, 그 어떤 쾌락도 에로스보다 강하지 않다고 다들 동의하거든. 그런데 쾌락들이 더 약하다면 에로스에게 지배받고 에로스가 그것들의 지배자가 될 것이며, 쾌락과 욕망을 지배함으로써 에로스는 유달리 절제 있게 될 것이네 : 논변을 단순하게 정리하면 다음과 같은 일종의 삼단논법으로 볼 수 있다. "i) 쾌락과 욕망을 지배하는 자는 절제 있는 자다. ii) 에로스는 모든 쾌락과 욕망을 지배하는 자다. [ii)′ 사랑(에로스)은 다른 모든 쾌락과 욕망보다 강하다.] iii) 따라서 에로스는 절제 있는 자다." 그런데 엄밀하게 말하면 소전제가 애매하게 사용되었다. 논변에서 필요한 것은 ii)인데, 정작 그것의 의미는 ii)′ 이다. '에로스'와 '크라테인'이 애매하게 사용되었다. 전자는 인격화된 것과 정서 사이에서, 그리고 이것과 연결되는 후자는 각각 '지배하다'와 '강하다' 사이에서 애매하다.

88 에로스에게 '아레스조차도 맞서지 못한다네' : 소포클레스 단편 235에서 인용되었다. 다만 그곳에서는 에로스 대신 아낭케가 나온다.

89 '심지어 이전에는 뮤즈 여신과 거리가 멀었다 해도' : 에우리피데스에서 인용되었다(단편 663).

90 인간들 사이에는 평화를, 바다에는 바람 없는 / 잔잔함을, 바람들의 안식을, 또 근심 속에 잠을 : 그의 이 '즉흥시'가 얼마나 독창적인 것인지, 그 자신의 것인지 아니면 플라톤이 그를 흉내 내어 지은 것인지는 확인할 길이 없다. 하지만 적어도 다음과 같은 점만은 확인할 수 있다. 우선 그는 호메로스의 한 구절을 인용하고 있다. 『오뒤세이아』 5.391–392(=12.168–169)에 '바람 없는 잔잔함'(galēnē nēnemia)이 등장한다. 또 그는 고르기아스 일파에 어울릴 만하게 유사음 반복을 구사하고 있다. 원문의 첫 행에는 'n'과 'r', 'l'과 'g'가, 둘째 행에는 'n'과 'm'이 반복적으로 등장하여 묘한 효과를 낸다. 원문은 다음과 같다. "eirēnēn men en anthrōpois, pelagei de galēnēn / nēnemian, anemōn koitēn hypnon t' eni kēdei."

91 친절하네 : 우제너(Usener)의 제안대로 'aganos'로 고쳐 읽었다. 사본들에는 'agathos'(훌륭하다)로 되어 있다.

92 술 마시는 가운데 : 사본대로 'en pothōi'로 읽으면 '갈망 가운데'가 된다. 바로 직전에 이 말이 나와 중복되므로 베리를 따라 'en potōi'로 고쳐 읽었다.

93 아가톤이 이야기를 마치면서 무시무시하게 말을 잘하는 고르기아스의 머리를 내 이야기 쪽으로 보내서 나 자신을 말 못하는 돌로 만들어 버리지나 않을까 두려워하고 있었다네 : 소크라테스는 호메로스를 인유하면서 아가톤의 고르기아스적 수사를 비꼬고 있다. '고르기아스의 머리를'(Gorgiou kephalēn)은 호메로스에 나오는 '고르고의 머리를'과 발음이 유사하다. 호메로스의 구절은 이렇다. "당당한 페르세포네가 하데스의 집으로부터 무시무시한 괴물 고르고의 머리를(Gorgeiēn kephalēn) 나에게 보내지 않을까 하는 창백한 두려움이 나를 사로잡았소."(『오뒤세이아』 11.633b–635) 핀다로스 등에 따르면 고르고 가운데 하나인 메두사(Medousa)의 머리는 보는 이를 돌로 변하게 한다(핀다로스 『퓌티아 경기

승자 축가』 10.44-8와 페레퀴데스 단편 11). '말 못하는 돌로'를 원문대로 직역하면 '말 못한다는 점에서 돌로'가 된다.

94 **진실을** : 원문에는 이 부분이 '어떤 것이든 찬양하는 것의 진실을'로 되어 있다. 배덤, 베리 등을 따라, '진실을'에 붙어 있는 어구가 나중에 잘못 첨가된 것으로 보고 제외하였다. 이렇게 놓고 보면 소크라테스가 알고 있다는 진실은 에로스에 관한 진실이 될 것이다. 예컨대 가가린(M. Gagarin 1977)도 이렇게 이해하고 있다.

95 **그 대상에게 가능한 한 가장 위대하고 가능한 한 가장 아름다운 것들을 봉헌하는 일이었던 것 같네** : '봉헌한다'로 옮긴 'anatithenai'는 '갖다 붙인다'로 옮길 수도 있다. "내 이야기가 그 신에게 봉헌되도록(anakeisthō) 하세."라는 아가톤의 마지막 말(197e)을 비꼬고 있다.

96 **혀는 약속을 했지만 마음은 그러지 않았네** : 에우리피데스의 유명한 시행을 인용한 것이다. "혀는 맹세를 했지만 마음(phrēn)은 맹세하지 않았소."(에우리피데스 『히폴뤼토스』 612) '마음'에 해당하는 원어는 당대인들이 일상에서는 잘 쓰지 않는 고풍스런 문학적 단어 '프렌'(phrēn)이다.

97 **'신들의 일들이 정해진 게 아름다운 것들에 대한 사랑(에로스)을 통해서다. 추한 것들에 대한 사랑(에로스)은 있을 수 없으니까.'라고 말이네** : 여기 문장으로만 보면 첫 문장은 다음과 같이 옮길 수도 있고, 실제로 그 번역 방식을 택한 서양 번역자들도 있다. "[세상] 사물들(pragmata)이 신들에 의해서 마련되었는데, 아름다운 것들에 대한 사랑을 통해서다." 그러나 여기서 소크라테스는 아가톤 연설의 내용을 상기시키고 있으므로 이런 번역은 정당하지 않다. 그가 상기시키는 대목은 197b에 있다. "신들의 일들(pragmata)이 정해진 것도 에로스가, 물론 아름다움에 대한 에로스가 (에로스는 추한 것을 향해 있지 않거든.) 그들 사이에 생겨난 후의 일이네."

98 **만티네아 여인 디오티마** : 디오티마가 실존 인물이었는지 여부는 판정하기 어렵지만 큰 문젯거리는 아니다. 설사 실존 인물이었다고 해도 여기서 플라톤이 개진하고 있는 이데아 이론(만일 그런 '이론'이 있다면)을 그

녀가 가졌고 그것을 소크라테스에게 전해 주었으리라고 곧이곧대로 생각하는 것은 소크라테스와 플라톤의 차이에 관한 아리스토텔레스의 증언에 비추어 볼 때 그럴 법하지 않기 때문이다. 여기서 아름다움에 관해 구사되고 있는 용어들은 『파이돈』 100b–d, 『국가』 474d–479e에서 사용된 용어들의 연장선상에 있다. '디오티모스'(Diotimos)라는 남자 이름은 흔했지만 '디오티마'(Diotima)라는 여자 이름은 훨씬 적게 발견된다. 그 이름의 뜻은 '제우스에게 높이 평가받는'이거나 '제우스를 공경하는'일 것이다. 만일 그녀가 플라톤이 만들어 낸 가공인물이라 한다면, 플라톤이 그녀를 만티네아(Mantinea) 출신으로 상정한 것은 그 지명이 예언자를 뜻하는 '만티스'(mantis)와 유사하기 때문일지도 모른다. 아무튼 인간 남성이 신적인 여성에게서 가르침을 받는다는 구도는 멀리는 상고 시대 시인들이 뮤즈 여신에게 기대는 것에서, 그리고 보다 가까이는 5세기 파르메니데스가 이름 모를 여신에게 이야기를 들었다고 상정하는 데서 유사한 전례들을 찾을 수 있겠다.

99 있는 것에 닿아 있는 : '있는 것을 맞춘'으로 옮길 수도 있다.

100 신령 : '다이몬'(daimōn)은 이전 시대 시인들에 의해 '신'(theos, thea)과 상호 교환 가능한 개념으로 사용되기도 했고, 여기서처럼 신보다 하위의 초자연적 존재를 가리키는 데 사용되기도 했다. 전자는 예컨대 호메로스(『일리아스』 1.222 등)나 파르메니데스(DK 28B1.3, B12.3)에서 그러하며, 후자는 예컨대 헤시오도스(『일과 날』 122)나 『소크라테스의 변명』(27b–e)에서 그러하다.

101 제사의 : 샨츠 등 '제사의'를 빼고 읽자는 제안을 하는 사람도 있다.

102 신들에게 : 문법적인 이유로 '또 신들과의 [온갖 교제와 대화가] 인간들에게'를 집어넣어 읽자는 울프(Wolf)의 제안이 있었다.

103 이런 것이니까 : 배스트(Bast)의 수정을 받아들이면 '이런 것에 대한 것이니까'로 옮길 수 있다.

104 아니 : 여기에도 "그녀가 말했네."가 덧붙어 있지만 옮기지 않았다.

105 추한 것 안에서는 출산할 수가 없고 아름다운 것 안에서는 할 수 있습니다.

남자와 여인의 함께함이 일종의 출산이거든요 : 생략된 전제까지 보충하면 다음과 같은 논변이 의도되고 있는 것 같다. "남자든 여인이든 아름다운 것과만 함께하고자 한다. (그들 모두에게) 그 함께함이 곧 출산이다. 따라서 남자든 여인이든 아름다운 것과만 출산하려 한다."

106 출산하고 낳습니다 : 이 두 동사('tiktein'과 'gennan')는 이미 앞의 아리스토파네스 연설에서 함께 나온 바 있다(191c). 미주 73을 참고할 것.

107 생각할 수 있겠지요 : 여기에도 "그녀가 말했네."가 덧붙어 있다.

108 늘 있기를, 즉 불사이기를 : '늘 불사이기를'로 읽는 사본도 있다.

109 하지만 이 사람이 같은 사람이라고 불리긴 하나, 그가 어느 때고 자신 속에 같은 것들을 갖는 적은 없고 오히려 늘 새로운 사람으로 생겨나고, 또 머리카락, 살, 뼈, 피 등 몸 전체에 있어서 어떤 것들은 잃는 것도 있습니다 : 의미를 따라 옮겼다. 직역하면 이렇게 된다. "하지만 이 사람이 어느 때고 자신 속에 같은 것들을 갖는 적은 없고 오히려 늘 새로운 사람으로 생겨나고, 또 머리카락, 살, 뼈, 피 등 몸 전체에 있어서 어떤 것들은 잃는 것도 있음에도 불구하고, 그는 같은 사람이라고 불립니다."

110 떠나가는 기억 대신에 새로운 기억을 다시 만들어 넣어 줌으로써 : 중세 사본들에 대격 'mnēmēn'으로 되어 있는 부분이 파피루스에는 'mnēmē'로 되어 있다. 파피루스의 독해를 받아들이고 다시 그것을 여격 'mnēmēi'로 간주하여 읽으면 '떠나가는 앎 대신에 새로운 앎을 기억에 의해 다시 만들어 넣어 줌으로써'로 읽을 수 있다.

111 소크라테스 : 여기에도 "그녀가 말했네."가 덧붙어 있지만 옮기지 않았다.

112 불사적인 것은 다른 방식으로 보존됩니다 : 크로이처(Creuzer)의 추정을 따라 읽으면 '다른 식으로는 불가능합니다'가 된다.

113 그걸 위해 죽는다 : 이 문맥에 나오는 죽음 관련 용어들 대부분은 이미 파이드로스 연설에서 선을 보였던 것들이다. 소크라테스는 용어만이 아니라 그 용어를 통해 열거된 사례들(즉 알케스티스, 아킬레우스의 사례)도 그 연설에서 가져오고 있다.

114 당신은 : 여기에도 "그녀가 말했네."가 덧붙어 있다.

115 그럴 리 만무합니다 : 여기에도 "그녀가 말했네."가 덧붙어 있다.

116 그런데 : 여기에도 "그녀가 말했네."가 덧붙어 있다.

117 있으니 하는 말입니다 : 여기에도 "그녀가 말했네."가 덧붙어 있다.

118 그런데 : 여기에도 "그녀가 말했네."가 덧붙어 있다.

119 국가들과 가정들의 경영에 관한 분별인데 : 다수 사본은 'hē peri tas tōn poleōn te kai oikēseōn diakosmēsis'로 되어 있는데, 밑줄 친 두 단어가 서로 어울리지 않아 어느 한쪽을 고칠 수밖에 없다. 베리는 나중 단어를 고쳐 'hē peri tas tōn poleōn te kai oikēseōn diakosmēseis'로 읽었고, 버넷은 앞 단어를 고친 조머(Sommer)의 제안을 받아들여 'hē peri ta tōn poleōn te kai oikēseōn diakosmēsis'로 읽었다. 여기서는 베리를 따라 읽었는데, 버넷 식으로 읽으면 '국가들과 가정들에 속하는 일들에 관한 경영인데'가 되겠다.

120 누군가가 신적이어서 어려서부터 바로 이것들을 영혼에 임신하고 있다고 해봅시다 : 사본의 'theios'(신적이어서)가 내용상 부담스럽다고 본 파르멘티에(Parmentier)는 'ēitheos'(결혼하지 않은 젊은이)로 고쳐 읽자고 제안했다. 그의 제안을 따라 읽는다면 이 부분을 뒷 문장에 붙여야 할 것이다. "누군가가 어려서부터 바로 이것들을 영혼에 임신하고 있다고 해봅시다. 배우자가 없는 상태에서 나이가 차게 되면 …"

121 아이들 : 이곳에 몇 번 나오는 'paides'는 '자식들'로 옮길 수도 있다. 결국 아래에서 'ekgona'(자식들)라는 말로 바뀌어 나오게 된다.

122 그러고 싶다면 : 여기에도 "그녀가 말했네."가 덧붙어 있다.

123 이 일을 향해 올바르게 가려는 자는 : 여기에도 "그녀가 말했네."가 덧붙어 있다.

124 산출하고 : 이제부터 생물학적 의미를 벗어나 있는 'tiktein'은 '출산하다' 대신 '산출하다'로 옮기겠다.

125 그러니 이제 : 여기에도 "그녀가 말했네."가 덧붙어 있다.

126 그것 자체가 그것 자체로 그것 자체만으로 늘 단일 형상으로 있는 것 : 'auto kath' hauto meth' hautou monoeides aei on'. 『파이돈』 78d의 다음

표현과 아주 유사하다. '그것 자체가 그것 자체로 단일 형상으로 있는 것'(monoeides on auto kath' hauto).

127 그렇게 되면 : 원래 사본에 있는 'kai'를 'hina'로 바꿔 읽은 우제너(Usener)의 제안을 따랐다.

128 친애하는 소크라테스 : 여기에 "그 만티네아의 이방 여인이 말했네."가 덧붙어 있다.

129 이런 삶에서 : 직역하면 '삶의 이 영역/단계에서'.

130 그렇다면 : 여기에도 "그녀가 말했네."가 덧붙어 있다.

131 당신은 : 여기에도 "그녀가 말했네."가 덧붙어 있다.

132 알맞은 수단으로 : '수단'은 그 인간에 속한 어떤 '부분'(말하자면 영혼의 눈 같은 것)을 가리킨다고 이해해도 좋을 것이다. 물론 원문에는 '수단'이나 '부분'에 해당하는 단어가 따로 있지 않지만 오해를 피하기 위해 이렇게 옮겼다. 직역에 가깝게 옮기면 '마땅히 그래야 할 것으로써'가 되거나 좀 더 풀어 옮길 경우에는 '그것을 가지고 (저것을) 바라보아야 한다고 할 때의 그것을 가지고' 정도가 되겠다.

133 아니면 당신은 : 여기에도 "그녀가 말했네."가 덧붙어 있다.

134 그가 아름다운 것을 볼 수 있는 수단으로 : 여기 쓰인 '수단'이라는 번역어는 앞 문장에서와 마찬가지 사정을 갖고 있다. 직역에 가깝게 옮기면 '그것에 의해 (아름다운 것이) 보이는 것이 된다고 할 때의 그것을 가지고' 정도가 되겠다.

135 나는 그것들에 설득되었다네. 내가 설득되었기에 다른 사람들도 설득하려 시도한다네 : 소크라테스가 디오티마의 가르침을 제시하는 방식은 훗날 데카르트가 자신의 성찰을 제시하는 방식과 아주 흡사하다. 『성찰』 서문 10쪽에서 데카르트는 다음과 같이 말하고 있다. "우선 나는 『성찰』에서, 내가 확실하고 명증적인 진리 인식에 도달했다고 생각하게 만든 저 사유들(cogitationes) 자체를 개진할 것이다. 그럼으로써 나를 설득되게 한 바로 그 근거들을 가지고 내가 다른 사람들도 설득할 수 있을지 알아보게 될 것이다."

136 나로서는 어젠 정말이지 : 여기에 "그가 말했다고 하네."가 들어 있다.

137 아가톤 : "그가 말했다고 하네."가 덧붙어 있다.

138 그것들을 양쪽으로 열어젖히면 안에 신들의 상(像)들을 갖고 있다는 것이 드러나게 되지 : 이런 식의 조각상이 유물로 전해지지 않는 것으로 보아 실제 이런 양식이 사용되었다고 해도 아주 잠깐 동안이었을 가능성이 높다.

139 악기 : 여기 '악기'로 옮긴 말 'organa'는 직역하면 '도구들'이다.

140 저자의 곡 : '곡'으로 옮긴 말에 해당하는 단어가 원문에 따로 있지는 않다. 원문은 그냥 '저자의 것들'로만 되어 있다. 아래에 계속 나오는 '곡'도 마찬가지다.

141 그건 그렇다 치고 : 혹은 '하지만'.

142 그분의 이런 모양으로 말할 것 같으면 : 베리는 이 부분을 앞 문장에 붙여 읽는다. "그분의 역할이 그렇다네."쯤이 되겠다.

143 우리가 : 사본대로 읽으면 '그분이'로 새겨야 한다. 'ededepnēkei'를 'ededepnēkemen'으로 고친 버넷을 따랐다.

144 속담마따나 아이들 없이건 아이들과 함께건 술이 진실이 아니라면 : 한 해석에 따르면 플라톤은 여기서 "술과 아이들이 진실이다(혹은 진실을 말한다)"라는 속담을 인용하고 있다. 속담에서 '아이들'은 아마 넓은 의미로 사용되었겠지만, 이 알키비아데스의 언명에서는 노예를 가리키는 좁은 의미의 말이기도 하다. 그렇게 보면 '아이들 없이건 아이들과 함께건'이라는 말은 일단 이 문맥에서는 이렇게 이해할 수 있겠다. "속담처럼 아이들과 함께 나올 때의 술도 어쨌든 진실을 말하는 것이고(즉 아이들도 진실을 말하지만 술도 진실을 말한다는 게 속담의 정신이고), 아이들(즉 노예들)이 없어서 마음 놓고 이야기할 수 있는 상황에서의 술도 (아니, 그 상황에서는 더더욱) 진실을 말하는 것이므로, 아이들 혹은 노예들이 곁에 있든 없든 상관없다." 앞의 경우는 진실을 말할 자로서의 아이들(넓은 의미의 아이들)이 함께 언급되고 있는 반면, 뒤의 경우는 술이 말하는 진실을 들어서는 안 되는 자로서의 아이들(즉 노예들)이 언급되고 있는 것이다. (뒤의 경우에 해당하는 속담이 따로 있었을 수도 있다. 이를테면 "아

이들 없을 때 술이 진실이다" 혹은 "아이들 없이 술이 진실이다"처럼 말이다.) 이 문맥만 고려하면 알키비아데스의 언명은 '아이들'의 중의성을 살려 속담과 지금 상황을 적절히 연결하고 있는 것이라 할 수 있다. 그런가 하면 속담의 '아이들'을 좁은 의미로만 (즉 진실을 말하는 자로서가 아니라 듣는 자로) 읽는 다음과 같은 간명한 해석도 가능하다. "아이들(즉 노예들)이 이 자리에 없다면 더더욱 말 못할 게 없겠지만, 옆에 있더라도 술기운에 말 못할 게 없다. 아무튼 그들이 곁에 있든 없든 상관없이 (즉 그들이 곁에 있더라도) 술에 기대어 나는 진실을 말하겠다." 이 해석은 저자 플라톤의 입장에서는 이 구절이 장차 일어날 실제 알키비아데스의 상황에 대한 극적 암시일 수 있다는 생각과 잘 어울릴 수 있다. 이듬해인 415년에 알키비아데스는 술잔치 와중에 엘레우시스 비의를 조롱했다는 이유로 고발을 받게 되는데, 그 고발의 증거는 바로 함께 참석했던 노예들과 거류 외인들의 증언이었다고 한다(투키디데스 6.28).

145 고답적인 : 'hyperēphanos'는 이 문맥만 고려하면 '대단한', '위대한', '격조 높은' 등 긍정적인 의미로만 옮길 수도 있다. 이 말은 이런 긍정적인 의미와 더불어 나중에 부정적인 의미로도 사용되므로(219c), 좀 더 아이러니컬한 표현이 적당하다고 보아 이렇게 옮겼다.

146 그때 나는 내가 말한 것에 대해 그분이 이렇게 말하는 것을 듣고 : 직역하면 '그때 나는 이런 말들을 듣고 또 말한 후에'.

147 오만 : 이 단어(hyperēphania)의 동근어 'hyperēphanos'(고답적인)가 이미 앞에서(217e) 다소 긍정적인 뉘앙스를 띤 채 사용된 바 있다.

148 내 무기와 나 자신을 함께 구해 주었다네 : 무기를 잃는다는 것이 불명예스런 일이라는 도리스적 관념과 그것을 대수롭지 않게 여기는 이오니아적 관념의 흥미로운 대비에 관해서는 키토(Kitto 1951) 특히 88쪽을 참고할 것. 그리고 이 사안에 관한 플라톤 자신의 입장이 잘 개진되어 있는 곳으로는 『법률』 12권 943e 이하를 참고할 것.

149 자기 : 아리스토데모스 자신을 가리킨다. 헤르만의 추정을 따라 'he'(자기)라는 말을 추가하여 읽었다.

작품 안내

고전을 읽는다는 것은 시공간적, 심리적, 문화적으로 거리가 먼 저자와의 만남을 시도하는 일이다. 그 직접 대면을 향한 여정이 어쩌면 당연하게도 껄끄럽고 곡절이 많을 수 있다. 그러나 그런 부담들 때문에 앞서 읽은 이나 전문가들이 키운 입소문을 별 생각 없이 확인하고 되뇌는 것으로 만족하는 것은 고전을 제대로 음미하는 일이 되기 어렵다. 가능한 한 선입견을 유보한 상태에서 읽는 이 자신이 가능한 한 원 모습 그대로의 저자를 만나 직접 대화하는 것이 최선이다. 그러므로 여기서 내가 하려는 일은 읽는 이의 몫을 해치면서까지 작품 전체를 '해설'하는 일이 아니다. 다만 읽는 이의 여행길을 앞서거니 뒤서거니 하면서 함께할 길벗으로서 이 여정 전체를 통해 어떤 종류의 풍광이나 분위기를 맛볼 수 있을지 소개하는 정도의 '안내'를 하고자 한다. 각 꼭

지별로 어떤 이야기들이 들어 있는지 옮긴이가 이해한 대로 간략히 정리하고, 그 이야기들에 접근하는 한 방식을 예시하겠다는 말이다. 이 안내를 비롯하여 주석 등 앞으로 본문에 덧붙는 내용들을 통해 수행하게 될 나의 길벗 역할은 아주 제한될 수밖에 없으며 또 그래야 한다. 그것들은 이를테면 아래에서 언급될 사다리와는 다른 종류의, 올라간 후엔 차 버리면 그만인 사다리일 뿐이다. 고전과의 만남은 궁극적으로는 아무도 대신해 주지 못하는 읽는 이만의 호젓한 여행이고, 그 여행의 수고와 보람 모두 읽는 이가 들이고 거두어야 할 몫이다. 당연한 말이지만, 이런 종류의 안내가 필요 없다고 생각하면 곧바로 본문으로 들어가도 좋을 것이다. 이제 각 꼭지별로 간단한 스케치를 시도해 보자.

1. 아폴로도로스의 도입 이야기(172a1-174a2)

작품은 기원전 404년 전후로 추정되는 때 아테네에서 소크라테스의 제자 아폴로도로스가 몇몇 동료들에게 받은 질문에 대답하는 장면으로 시작한다. 읽는 이로서는 이미 진행 중인 대화 중간에 불쑥 끼어들어가 구경하게 되는 셈이다. 동료들은 10여 년 전인 416년경 비극 경연에서 첫 우승한 아가톤의 집에서 벌어진 향연(symposion)*에서 소크라테스 등 참석자들이 펼친 사랑(에로스) 이야기에 대해 궁금해하고 있다. 아폴로도로스는 자신도 향연에 참석했던 또 다른 제자 아리스토데모스에게서 전해 들은 것이지만 원래 내용에 근접하기 위한 노력을 했을 뿐만 아니라 최근에 이미 비슷한 부탁을 한 글라우콘에게 들려준 적이 있어서 잘 준비가 되어 있다면서 먼저 그 글라우콘과 나눈 대화를 짤막하게 들려준다. 그 대화에서는 시내로 '올라가는' 아폴로도로스를 뒤에서 쫓아와 결국 함께 '올라가면서' 향연 이야기를 주고받는다는 것, 그러니까 인물들의 동선이 주목할 만하다. 그 대화를 들려준 후 아폴로도로스는 비로소 그 향연 이야기를 동료들에게 들려주는데, 최초 화자 아리스토데모스의 순서와 방식에 맞춰 재현한다. 이 두 대화 장면에서는 아폴로도로스가 이야기를 듣고 지금 동료들에게 전달하게 되기까지 향연 이야기가 전달되어 온 복잡한 과정에 초점이 맞추어져 있지만, 다른 한편 두 듣는 이 각각의 삶이 자신의 철학적 삶에 비해 매우 불행한 것이라는 아폴로도로스의 질타가 또 다른 초점을 이루면서 작품 전체의 논조와 분위기를 암시한다.

* 요즘 쓰이는 '심포지움'의 원어이지만 본래는 함께 모여 술을 마신다는 뜻이다.

2. 아리스토데모스의 향연 이야기 서두(174a3-175e10)

아리스토데모스는 우선 평소와 다른 차림새로 말끔한(원문대로 말하면 '멋진'/'아름다운') 모습을 한 소크라테스를 만나 엉겁결에 초대도 안 받은 상태에서 아가톤의 향연장에 동행하게 된 이야기로 시작한다. "훌륭한 자는 초대받지 않고도 훌륭한 자의 잔치에 간다"는 속담 패러디가 구사된다. 소크라테스에게 붙인 '아름다운'(kalos)이 '훌륭한'/'좋은'(agathos)과 통한다는 것, 아가톤(Agathōn)의 이름이 '훌륭한'/'좋은'을 뜻한다는 것이 작품 전체의 흐름과 관련하여 주목할 만하다. 아리스토데모스는 사색에 빠져 뒤처진 소크라테스보다 앞서 향연장에 도착하여 난처해하지만 아가톤의 환영을 받고 동석함으로써 앞으로 이 향연에서 벌어질 일의 보고자가 된다. 그 보고의 첫 대목에서 아리스토데모스는, 평소와 달리 식사 서빙에 신경 쓰지 않겠다는 아가톤의 말을 굳이 전해 주고 있다. 뭔가 특별한 향연이 되리라는 암시라도 되는 것처럼 말이다. 뒤늦게 도착한 소크라테스는 아직 못 끝낸 사색으로 좀 더 지체하다가 향연장에 들어온다. 사색의 결실을 나누어 달라는 아가톤과 지혜에 대한 아이러니 섞인 공방을 일차 벌이게 되며, 이는 앞으로의 대결로 이어지는 일종의 탐색전쯤이 된다. 사색의 면모는 작품 끝 알키비아데스 연설에서 다시 자세히 조명받게 된다.

3. 향연 방식과 이야기 주제 결정(176a1-178a5)

함께 식사를 하고 의례적 절차를 마친 후 본격적인 향연 행사, 즉 술판을 벌일 참인데, 파우사니아스가 전날 과음 때문에 술은 피하고 싶다고 말을 꺼낸다. 그를 시작으로 하여 아리스토파네스, 에뤽시마코스, 파이드로스가 한마디씩 거들면서 합의가 이루어지고 결국 에뤽시마코스가 술은 자율적으로 마시고 이야기로 즐기자는 제안을 하게 된다. 저자 편에서 보면 이로써 등장인물 소개가 마무리된 셈이다. 향연 방식만이 아니라 이야기 주제까지 에뤽시마코스가 제안하면서 실질적인 진행자(좌장) 노릇을 한다. 그의 제안은 그 위대함에 비추어 이제까지 다른 신이나 기타 사물들에 비해 심하게 홀대받은 에로스에 대한 찬양을 돌아가면서 한 사람씩 하자는 것이다. 결국 그 이야기의 '아버지'(즉 원인 제공자)로 밝혀진 파이드로스에서 시작하여 앉은 순서대로 돌아가면서 한 자락씩 연설을 하게 된다. 중간에 생략된 몇 사람을 제외하면 일단 여섯 명이 차례대로 발언한다.

4. 파이드로스의 연설(178a6-180b8)

첫 발언자 파이드로스는 화두를 제공한 사람답게 거의 무제한적인 찬사로 일관한다. 찬사의 주요 논점은 에로스가 가장 오래된 신이라는 것, 그리고 (혹은 심지어, 그래서) 우리에게 있는 최대선의 원인이라는 것이다. 첫째 논점은 시인들을 인용하는 것으로, 그리고 둘째 논점은 사례를 드는 것으로 확립하는 것이 그가 취하는 이야기 전략이다. 그가 보기에 에로스는 우리에게 덕과 행복을 가져다주는 힘이 있다. 그가 주목하는 덕은 무엇보다도 용기인데, 우선 '연인 부대'의 착상까지 제시하면서 에로스가 용기를 북돋는 힘이 있음을 설파한다. 기원전 379/8년에 조직된 '테베의 신성 부대'가 이 착상을 따른 것이라는 게 중론이며, 이 구절은 이 작품의 저작 연대나 크세노폰 『향연』과의 관계를 짐작하는 데 중요한 실마리가 된다. 이어 에로스의 힘으로 자기희생을 감행하여 칭송받는 알케스티스, 아킬레우스, 그리고 그보다 조금 격이 낮지만 오르페우스의 사례를 들면서 에로스의 효과를 강조한다.

5. 파우사니아스의 연설(180c1-185c3)

아리스토데모스는 이후 몇몇 발언자를 생략하고 바로 파우사니아스의 연설을 들려준다. 파우사니아스는 무작정 찬양하고 보는 파이드로스의 논의 방향은 문제가 있으며 사실 에로스가 둘이라는 것, 그러니까 천상의 에로스와 범속의 에로스로 나뉜다는 것을 지적하면서 전자에 대해서만 찬양이 돌아가야 한다고 공박한다. 이어 행위 자체에 미추가 있는 것이 아니라 행위가 이루어지는 방식에 따라 미추가 정해진다는 것으로 그 논의를 뒷받침한다. 파이드로스에게는 불분명한 상태로 다른 생각들과 섞여 있던 남성 중심의 에로스관이 이제 파우사니아스에 와서 정비되고 확연해진다. 에로스가 비난받는 빌미를 없애려면 너무 어린 소년을 사랑하지 못하게 하는 법을 마련해야 한다고 주장하게 되면서 이후 논의는 법을 중심으로 전개된다. 육체의 욕망을 채우는 데 급급한 범속의 에로스는 추한 것이므로 금지하고 더 훌륭한 사람이 되기 위해 노력하는 천상의 에로스는 아름다운 것이므로 장려하는 법적 장치의 정비가 중요하다는 점을 당대의 상이한 법 관행의 사례를 들어가며 역설한다. 한마디로 사랑의 법과 덕의 법이 만나야 한다는 것이다.

6. 아리스토파네스의 딸꾹질(185c4-e5)

파우사니아스의 도덕 교과서 읊는 듯한 연설 때문이었는지는 모르지만 딸꾹질을 일으켜 자기 차례를 지키지 못하게 된 아리스토파네스가 다음 자리에 앉은 에뤽시마코스에게 먼저 이야기하라고 권함으로써 연설 순서가 바뀌게 된다. 에뤽시마코스가 연설하는 동안 아리스토파네스는 이 의사가 처방해 준 대로 숨 멈추기, 물을 입에 물고 울걱대기, 코를 간질여 재채기하기를 차례대로 실행한다.

7. 에뤽시마코스의 연설(185e6-188e4)

에뤽시마코스는 파우사니아스의 두 에로스 구분에 동의하면서도 에로스의 적용 영역을 아름다운 자들의 영혼에만 한정한 데 대해 불만을 표시하면서 의사답게 기술의 문제를 논의 테이블 위에 내놓는다. 의술을 포함한 모든 기술이 사실상 에로스에 의해 유발 혹은 조종되며, 각 영역에서 에로스의 일들을 잘 분간하고 적용할 줄 아는 자가 기술자 혹은 전문가라는 것이 그의 요점이다. 이로써 에로스는 사람의 영혼을 넘어 세상 사물 일반으로, 심지어 신-인간 관계에까지 적용 영역이 확장된, 대립자들의 조화를 일구어 내는 우주적 에로스임이 천명된다. 너무 자연학에 경도된 것 아닌가 하는 느낌을 스스로 받았는지, 마지막에 덕, 즉 절제와 정의를 통해 우리에게 행복과 친애를 가져다주는 능력이 에로스에게 있다는 점을 간단히 덧붙인다.

8. 웃음에 관한 공방(189a1-c1)

그 사이 가장 센 요법인 재채기를 활용하여 딸꾹질을 멈추게 된 아리스토파네스가 그 치료 행위에 대해 우스갯소리로 비아냥거리고, 가뜩이나 실질적 진행자 노릇을 하던 에뤽시마코스가 이에 대해 제동을 걸면서 우스개 내지 웃음에 관한 공방이 오간 후 드디어 아리스토파네스가 입을 연다.

9. 아리스토파네스의 연설(189c2-193e2)

앞의 두 사람 이야기에서 정작 따끈따끈한 인간의 이야기가 빠졌다고 생각했던 것인지는 모르지만, 아무튼 그들과 다른 방식으로 이야기를 하겠다고 운을 뗀 아리스토파네스는 우선 인간의 본성 내지 본래 모습(physis)이 어떠했는지를 옛날 이야기로 풀어낸다. 많은 사람들이 『향연』 하면 떠올리는 원초 인간 이야기 말이다. 그 이야기에 따르면 원래 인간의 성은 남, 여 둘만이 아니라 남녀추니를 합해 셋이었다. 지금의 인간 둘이 붙어 둥글게 된 모습을 지녔는데, 남-남, 여-여, 남-여, 이렇게 세 조합이 있었다는 말이다. 이들의 힘과 자만심이 대단하여 신을 공격할 지경에 이르렀고 대책을 강구하던 제우스가 인간을 절반으로 자르게 되고 여러 후속 처치들을 가해 지금 모습으로 만들어 놓았다. 그런데 이렇게 반으로 잘린 인간들이 나머지 반쪽을 그리워하고 만나서 한 몸이 되기만을 늘 열망해 모든 일을 작파했기에 점점 멸종해 가고 있었다. 이를 본 제우스가 다시 대책을 강구하여 상대방 속에서 자식을 낳을 수 있도록 생식 방식을 바꾸게 되어 오늘날에 이르렀다. 인간들의 상이한 성적 지향도 바로 이런 본성 때문이다. 각 인간이 자신과 짝을 이루었던 반쪽의 성을 쫓아다니기 때문이라는 것이다. 이 이야기에 따르면 결국 사랑은 애초의 자기 것, 그 온전함을 회복하고자 하는 욕망이며, 그렇게 자기 것을 만나 짝을 이루어 온전한 옛 자기를 회복하게 될 때 행복이 이루어진다는 것이다. 그런가 하면 인간은 불의 때문에 신에게 밉보여서 반으로 잘렸고 계속 얌전히 굴지 않으면 다시 잘릴 수도 있다는 두려움을 안고 사는 운명이기도 하다. 희극 작가의 우스운 이야기 속에 인간의 원초적 비극성이 자리하고 있는 것이다.

10. 소크라테스의 걱정(193e3-194e3)

이제 연사로 아가톤과 소크라테스만 남았다. 둘 다 에로스에 관한 일이라면 한 가닥 하는 자칭 타칭 에로스 전문가라 하는 사람들이다. 끝자리에 있는 소크라테스가 남은 아가톤까지 말을 잘하고 나면 정말 절망적일 거라고 죽는 소리를 하자 자신을 긴장시키려는 의도가 숨어 있다고 아가톤이 대응하면서 결국 두 사람은 앞서의 공방에 이어 둘째 회전을 펼친다. 지혜로운 소수 앞에서 부끄러워할 것인가, 아니면 다수 앞에서 부끄러워할 것인가의 문제를 놓고 말이다. 이런 식의 대화를 즐기는 소크라테스의 성향을 아는 파이드로스가 나서서 대화를 제지하고 마이크는 아가톤에게 넘어간다.

11. 아가톤의 연설(194e4-197e8)

문인으로서의 데뷔를 축하하는 자리의 주인공답게 아가톤은 메타-이야기(즉 이야기에 대한 이야기)로 이야기를 시작한다. 플라톤이 사랑 이야기를 시작하면서 사랑 이야기에 대한 이야기로 서두를 꺼내듯 말이다. 플라톤도 한때 잘나가던 비극 작가 지망생이었다고 하지 않는가. 아무튼 아가톤은 제 이야기를 하기 전에 이야기를 어떻게 해야 하는지를 먼저 점검하겠다고 말한다. 에로스를 찬양한다고 하면서 에로스가 우리에게 주는 선물 이야기만 잔뜩 했지 정작 그 당사자가 어떤 자인지는 이야기하지 않았다며 일침을 가하고 있는 것이다. 후자를 먼저 이야기해야 정당한 순서라고 말이다. 이어지는 그 자신의 이야기는 에로스가 가장 아름답고 훌륭하기 때문에, 행복하기 마련인 모든 신들 가운데서도 가장 행복하다는 점을 부각시키고 있다. 아름답다는 논점은 파이드로스의 생각과 달리 에로스가 가장 젊다는 것(비슷한 것끼리 늘 어울린다는 경구가 동원된다), 섬섬하다는 것(가장 무른 인간의 영혼 속에, 그 가운데도 무른 성품을 가진 영혼 속에 살기 때문), 형태가 유연하다는 것(영혼을 두루 감싸며 침투하기 때문)에 의해 뒷받침된다. 이어 훌륭하다, 즉 덕을 갖추고 있다는 논점은 불의를 행하지도 당하지도 않기에 정의롭다는 것, 쾌락을 이기기에 절제 있다는 것, 가장 용기 있는 아레스도 사로잡으니 정말 용기 있는 자라는 것, 누구든 시인으로 만들기에 그 자신도 지혜로운 시인이라는 것* 등을 근거로 확보한다. 오류임이 비교적 쉽게 드러나는 논변들을 포함하고 있다는 것을 자각했다면 좀 자제도 하련만, 주인공 아가톤은 제대로 필을 받아 내친 김에 에로스의 선물 이야기는 아예 운문으로 하겠다고 나선다. 에로스의 찬송은 이렇게 운율이 들어간 제대로 된 찬송으로 해야 한다는 듯이, 아니, 에로스가 지혜로운 시인이듯 아름다운 시를 만드는 자신이 마치 에로스의 화신이라도 된다는 듯이 말이다.

12. 소크라테스의 계속되는 걱정(198a1-199c2)

아가톤이 온갖 기량을 다 발휘한 현란한 연설을 끝내자 참석자들이 열렬히 환호를 보내고, 소크라테스는 앞서의 걱정이 기우가 아니었다고 재차 죽는 소리를 한다. 고르기아스가 눈앞에

* 시를 만드는 것도 시인을 만드는 것도 생물이 자식을 만드는 것도 다 '만드는 것'이며, 이것들 모두를 해내는 에로스야말로 진짜 '만드는 자', 즉 '시인'이라는 것이 '포이에테스'(poiētēs: 만드는 자=시인)라는 말의 쓰임새를 통해 밝혀진다.

있는 것 같은 착각이 들 정도로 언어적 기교와 그럴듯한 논변에 압도되었음을 고백한다. 그러면서도 그의 아이러니는 진실과 수사학적 설득을 대비시키는『소크라테스의 변명』서두를 금방 떠올리게 할 만큼 그 작품과 비슷한 방식으로 잘 표현되어 있다. 위대하고 아름다운 것들을 대상에 갖다 붙이기만 하면 아름다운 찬양이 된다는 것을 자신은 미처 몰랐다고, 진실을 알고 있으니 그걸 말하면 그뿐 말의 선택과 배열은 어차피 되는대로 하면 어떠냐고 생각해서 자신만만했던 게 바보스런 일이었다고 능청을 떤다. 아가톤과의 겨룸이 이제는 법정 공방에까지 비견되고 있는 것일까? 아무튼 그런 훈련되지 않은 언어 구사도 상관 없다는 참석자들의 양해를 얻은 후, 아까 미처 끝내지 못했던 대화에 미련이라도 남은 것인지 아예 아가톤에게 질문을 해도 좋으냐고 양해를 청해 허락을 얻어 낸다. 이로써 그와의 대화 셋째이자 마지막 회전이 펼쳐지게 된다.

13. 소크라테스의 이야기(199c3-212c3)

(1) 소크라테스와 아가톤의 대화(199c3–201c9)

소크라테스는 먼저 아가톤의 메타-이야기에 공감을 표명하면서 에로스가 어떤 자인지 이야기한 후에 에로스의 기능을 다루어야 한다는 말로 그 이야기를 재정리한다. '선물'(dosis)을 '기능'(ergon)으로 바꾸면 달라질 것이 무엇인지 생각해 보는 일은 읽는 이의 몫이다. 아가톤과의 문답은 먼저 에로스의 관계적 내지 지향적 본성을 확립하는 데로 향한다. 에로스는 꼭 x의(tinos) 에로스 아니냐고 말이다. 'x의'가 가진 애매성은 곧 해소되는데 주로 'x에 대한'을 염두에 두고 쓴 것임이 드러난다. 이렇게 에로스가 반드시 x의 에로스임을 확립한 후 소크라테스는 이제 x의 성격을 묻는다. x에 대한 에로스라는 것은 그 x를 욕망한다는 것이고, 욕망한다는 것은 자기가 결여한 것을 욕망하는 것이니까, 결국 에로스는 자기가 결여한 x를 사랑하는 것이다. 그런데 아가톤은 연설 중에 에로스가 아름다운 것에 대한 것임을 공공연하게 표방했다. 이렇게 되면 그는 에로스가 아름다움을 결여한 것임을 인정할 수밖에 없게 된다. 그걸 순순히 인정하면서 아가톤은 앞서 자신이 말했던 것들 중 아무것도 알지 못하는 것 같다고 고백한다. 이 꼭지의 논의는 따로 떼어 놓으면 초기 대화편들 가운데 넣어 놓아도 크게 티 나지 않을 만한 논박의 방식으로 진행되어 결국 아가톤의 무지 고백을 받아 낸다. 거기 덧붙인, '그래도 아름다운 말이긴 했다'는 소크라테스의 대꾸는 무슨 뜻일까? 아무튼 좋은 것과 아름다운 것의 동일시를 통해 에로스가 좋은 것을 결여하고 있다는 것까지도 동의를 받은 후에야 그는 아가톤을 놓아준다.

(2) 디오티마의 이야기(201d1–212a7)

소크라테스의 연설(더 정확히 말해 이야기)의 둘째 국면은 이제 그 자신의 이야기일 것이라고 다들 기대했을 법도 한데 소크라테스의 행보는 여지없이 그런 기대로부터 엇나가고 있다. 아가톤과의 대화를 더 이상 이어 가다가는 좌장인 에뤽시마코스나 파이드로스에게 제지당할 게 너무도 뻔한 상황에서 소크라테스는 이제까지 펼친 대화의 논점과 방식을 거의 유지하면서도 연설 포맷을 해치지 않는, 혹은 적어도 그런 인상을 주는 논의를 펼치고 있다. 아가톤은 놓아주고 디오티마라는 이방 여인에게서 들은 이야기를 전해 주겠다는 것이다. 소크라테스는 이미 방금 전 자신이 아가톤과 나눈 대화와 거의 흡사한 대화를 디오티마와 나누었다고 하면서 방금 전 대화의 결론 지점에서 이야기를 시작한다. 그 이야기에서는 방금 전 아가톤이 했던 이야기와 역할을 소크라테스가 맡았던 것으로 묘사된다. 그녀가 실존 인물인지도 불분명하고 그녀가 했다는 이야기는 정작 방금 전 대화와 맞물려 있기도 하니 소크라테스가 자신의 대화를 지속하기 위한 방편으로 아이러니를 구사하고 있는 것 아니냐고 핀잔을 받을 만하다. 이 장면들을 보지도 않은 알키비아데스가 나중에 등장해서 소크라테스가 아이러니를 부리고 있다고 꼬집는 대목이 나오는데, 나름 적확하게 소크라테스를 평가하고 있다 하겠다.

1) 에로스의 정체: 중간자(201d1-203a8)

에로스의 정체와 기능을 순서대로 말하겠다는 점을 재확인한 후 소크라테스는 전자를 검토한다. 우선 방금 전 소크라테스가 아가톤에게 가했던 것과 동일한 논박을 가한 디오티마의 논변으로 에로스가 위대한 신이고 아름다운 것이라는 소크라테스의 논점이 무너지고 그 신은 아름답지도 좋지도 않다는 결론이 나왔다는 점이 새 출발점으로 확인된다. 여기서 에로스가 아름다움과 추함, 좋음과 나쁨의 사이에 있다는 점, 그리고 신조차도 아니라는 점*이 확인되고 이 둘에서 결국 에로스가 가사자와 불사자 사이의 중간적 존재, 즉 신령(다이몬)임이 귀결된다.

2) 에로스의 기원과 본성(203a8-204c6)

정체 논의는 이제 에로스의 탄생 이야기를 통해 보다 구체화된다. 요즘 사람들은 흔히 기원(genesis)으로 본성을 이야기하는 데 대해 '발생론적 오류'(genetic fallacy)라는 말로 반감을 드러낸다. 앞선 연사들도 그랬듯이** 디오티마 역시 에로스의 정체의 일

* 신은 좋고 아름다운 것을 가지고 있어 행복한데, 에로스는 좋고 아름다운 것을 결여하고 있으니까.

** 특히 에로스의 오랜 기원을 시인들에게서 확인하려던 파이드로스가 그랬고 인간의 원래 모습에 대한 이야기를 통해 사랑의 본성을 밝히려 했던 아리스토파네스가 그랬다.

면을 기원을 통해 드러내고자 한다. 이쯤 되면 '발생론적 오류'라는 것이 정말 그렇게 쉽게 이름만 붙이고 넘겨도 좋은 것인지 숙고해 볼 만한 일이 된다. 아무튼 디오티마에 따르면 에로스는 방도 내지 자원이 풍부함을 대변하는 신 포로스와 그런 것들이 궁해 가난함을 대변하는 여성 페니아가 아프로디테의 생일날 동침하여 태어났다. 부모의 본성을 다 나눠 갖고 있어서 불사적이지도 가사적이지도 않고, 풍부함과 빈곤, 아름다움과 추함의 사이에 있으며. 지혜와 무지의 사이에 있으면서 늘 지혜를 사랑하는 자다. 아가톤의 생각과 달리 에로스는 아름다운 자, 그래서 사랑받는 자가 아니라 아름다움과 추함 사이에 있는 자, 그래서 아름다움을 사랑하는 자다.

3) 에로스의 정의: 좋은 것을 늘 소유하려는 욕구(204c7-206a13)

에로스가 아름다운 것을 사랑한다고 할 때 무엇 때문에, 혹은 더 구체적으로 무엇을, 사랑하는 것인가? 그것이 자기 것이 되게 하려고, 혹은 그것이 자기 것이 되기를, 사랑하는 것이라는 게 디오티마의 대답이다. 잘 따라오지 못하는 소크라테스를 위해 아름다운 것 대신 좋은 것을 놓고 이야기함으로써 그런 사랑의 목표 혹은 궁극 대상의 질문이 결국 좋은 것을 자기 것으로 삼음으로, 최종적으로는 행복으로 귀결되며 더 이상의 질문이 필요 없게 됨을 밝힌다. 이제 에로스학(ta erōtika)의 초급 과정(혹은 기초 과정의 ABC)에 해당하는 것이 거의 마무리되는 이 지점에서 디오티마는 모든 사람의 공통적인 바람이요 욕망이요 사랑인 바로 이 행복 추구가 사랑(에로스)이라고 불리지 않고 그것의 특정 형태만 사랑이라 불리는 이유를 아가톤이 잠시 거론하기도 했던 '포이에시스'[poiēsis : 만듦=시작(詩作)]라는 말의 쓰임새에 유비하여 설명한다. 이어 중요한 논점 두 가지가 추가 내지 강조되는데, 하나는 사랑은 자기 것에 대한 추구가 아니라 좋은 것에 대한 추구라는 점*과, 여기서 확립한 논점에 '늘'이라는 계기를 추가해야 한다는 점이다. 요컨대 사랑은 좋은 것이 자기에게 늘 있기를 바라는 것이다.

4) 에로스의 기능: 아름다운 것 안에서의 출산(206b1–207a4)

이제 에로스학이 기능 논의로 이행하여 사랑이 어떤 방식으로 내지 무엇을 하면서 이루어질 때 사랑이라 할 수 있는지를 묻는다. 이제까지도 거의 그랬지만 이 질문도 소크라테스의 것이 아니라 가르치는 자 디오티마의 것이다. 대답 역시 디오티마가 하게 되는데 사랑의 기능이란 몸에 있어서든 영혼에 있어서든 아름다운 것 안에서 낳는 것이라고 이야기한다. 잘 따라오지 못하

* 사실 추가되는 논점이라기보다 앞서 확보한 논점을 가지고 아리스토파네스를 겨냥하는 논점이라 하는 게 더 정확할 것이다.

는 소크라테스를 위해 덧붙여지는 말은 모든 사람이 몸과 영혼에 있어서 임신 상태이고 일정한 나이가 되면 낳기를 욕망하는데 그 낳음은 아름다운 것, 그래서 조화하는 것 안에서만 가능하다는 것이다. 결국 사랑은 아름다운 것에 대한 것이라는 앞서의 결론까지도 극복 내지 수정되면서 더 엄밀히 말해 사랑은 아름다운 것 안에서 낳기를 추구하는 것이라는 귀결을 얻게 된다. 여기서 다시 왜 그걸 추구하는가가 문제가 되는데, 출산이야말로 가사적인 것이 불사적인 것에 다다를 수 있는 방식이기 때문이라는 점이 밝혀지고, 결국 우리가 사랑하는 것은 좋은 것이라는 논점과 더불어 우리가 불사를 추구하는 것이기도 하다는 논점이 확보된다.

5) 에로스의 원인: 새로운 것을 낳음에 의한 불사(207a5-208b6)

기능 논의는 이제 사랑의 원인 물음에 의해 한층 넓어지고 깊어진다. 마치 에뤽시마코스가 앞선 두 사람이 설정한 논의의 폭을 확장했던 것처럼 디오티마도 추론을 하는 인간들은 그렇다쳐도 짐승들은 어째서 그토록 에로틱한(erōtikōs), 그러니까 사랑에 애타는 상태가 되어 교합과 새끼 양육에 목숨을 거는 것인가 하고 묻는다. 앞서 확인된, 인간에게서 사랑이 하는 기능이 짐승들에게도 똑같이 적용된다는 논의를 펼치면서 디오티마는 흥미로운 논점으로 기능 논의에 깊이를 더해 준다. 동물 일반으로 논의를 확대해도 가사적인 것이 불사를 이루는 방법은 생겨남*을 통하는 길밖에 없다. 가사적인 것들은 죽어 가지만 자손이 생겨남으로써 오래된 것 대신 새로운 것이 언제나 남는다는 것이다. 디오티마의 논의는 여기서 한발 더 나아가 종만이 아니라 각 개체도 사실은 이 생겨남의 과정을 반복한다는 논점으로 발전한다. 사실 같은 것이라고 불리는 각 개체의 일생 동안에도 그것에 속한 것들 가운데 어떤 것은 잃고 어떤 것은 생겨나는 과정이 부단히 반복됨으로 해서 늘 새로운 개체로 생겨나는데, 이는 몸에 있어서만이 아니라 영혼에 있어서도 그렇고 영혼 가운데서도 감정, 정서, 성격 같은 것만이 아니라 심지어 가장 불변 부동일 것 같은 앎의 경우도 이런 떠나감과 생겨남을 반복한다는 것이다. 사랑은 결국 모든 동물을 종의 수준에서만이 아니라 개체 수준에서도 매 순간 존재하게 하고 살아 있게 해 주는 강한 힘이라는 논점이 확립된다.

6) 에로스의 효과: 불사의 자식(208b7-209e4)

이게 정말 그런가 하는 소크라테스의 의문에 대한 디오티마의 반응은 '완벽한 소피스트처럼' 단정적이고 권위적으로 이루어

* 이것도 앞에서 '기원'으로 새겼던 'genesis'다. 이 말 그대로가 성서의 첫 작품 '창세기'의 서양식 이름이 되었다는 것은 잘 알려진 사실이다.

진다. 이제 불사의 명성 혹은 기억에 대한 인간의 욕망이 사례로 적시된다. 그 명성이나 기억은 덕을 기반으로 한 것이다. 파우사니아스의 논의 정신과 유사하게 디오티마는 몸의 임신과 영혼의 임신을 나누고 육체적인 자식 출산과 영혼의 자식 출산을 나누면서 영혼의 자식이 바로 분별과 여타의 덕이고 그 가운데서도 가장 중대하고 아름다운 것이 국가와 가정을 잘 건사하는 절제와 정의임을 밝히고 있다. 이런 덕을 영혼에 있어서 임신한 자들이 아름다운 몸과 영혼을 만나 덕에 관한 이야기들을 나누려는 교육적 시도를 하게 되며, 결국 그 사귐 내지 교육을 통해 그들이 낳고 공유하는 아이는 육체적 임신의 경우와 달리 불사의 것이 된다. 널리 존경받는 시인 호메로스, 헤시오도스나 입법가 뤼쿠르고스 같은 사람들이야말로 이런 불사적인 아이들을 낳은 사람들이다. 앞에 읽은 것들을 떠올리며 읽는 우리들로서는 호메로스나 뤼쿠르고스가 과연 어떤 아름다운 자 혹은 아름다운 것을 만나서 그 안에 낳았다는 것인지가 분명한 모습으로 다가오지는 않지만, 아무튼 이 이야기는 교육의 문제를 논의 선상에 올리면서 두 사랑법(소년 사랑의 법과 지혜 사랑 내지 덕의 법)을 만나게 해야 한다는 파우사니아스의 화두를 잘 살려 발전, 승화시킨 것이라 할 만하며, 이제 에로스학의 중급 과정(혹은 기초 과정의 심화)이라 할 만한 것이 대강 완성을 본 상황이라 할 수 있겠다.

7) 에로스의 사다리: 아름다운 것 자체에 대한 앎으로의 상승 (209e5−212a7)

다소 곡절을 겪으면서 이 단계까지 따라온 소크라테스에게 디오티마는 아직 에로스학의 다른 한 고비가, 이제까지와는 다른 수준의 고급 과정이 남아 있으니 잘 따라오라고 다독인다. 흔히 사랑의 사다리 이야기라고도 불리는 이 최고 비의(秘儀)는 과연 '최고' 단계답게 에로스학의 전 과정을 통관(通觀)하면서 이루어진다. 에로스의 첫 단계는 인도자의 도움을 받아 특정의 아름다운 몸을 사랑하는 데서 시작한다. 그래서 그것 안에 아름다운 이야기를 낳는다. 다음에는 그런 특정의 몸들에 속한 아름다움들이 모두 서로 동류임을 깨달아 몸의 아름다움 일반으로 나아간다. 셋째 단계는 몸의 아름다움보다 더 귀중한 영혼의 아름다움을 추구하는 단계의 시작으로서 행실들과 법들의 아름다움을 바라보는 것인데, 특정 행실과 법들에 들어 있는 아름다움이 서로 동류임을 깨닫게 된다. 다음으로 인도자는 그를 앎들의 아름다움으로 이끈다. 이 아름다움의 '큰 바다'를 향해 가서 아름다움 일반을 관조하게 됨으로써 웅장한 이야기와 사유를 낳게 된다. 거기서 더 노력을 기울이다 보면 '갑자기' 아름다움 자체 혹은 아름다운 것 자체를 직관하는 어떤 단일한 앎에 이르게 된다. 이 모든 단계들을 사다리를 타고 오르듯 차례차례 올라가다 보면 마침내 아름다운 것 자체를 직관하게 된다.

그 아름다운 것 자체란 어떤 것인가 하면, 영속적인 존재로서, 생성 소멸하지 않고, 모든 아름다운 것들에 의해 분유되면서도 증감을 겪지 않으며, 관점, 시간, 장소, 관계, 관찰자 등에 따른 차이도 없고, 비물체적이며, 가시적인 세상 사물 안에서 나타나지도 않고 이야기나 앎으로 나타나지도 않는, 그야말로 그 자체가 그 자체만으로 단일 형상을 가진 것으로 있는 것이다. 바로 이 아름다운 것 자체를 직관하게 되면 모상으로서의 덕이 아니라 진짜 덕을 낳고 기르게 되어 결국 신의 사랑을 받는 자가 되고 불사자가 된다.

사다리 이야기를 주의 깊게 읽다 보면 도대체 누가 오르고 누가 바라보는지, 이끄는 자인지 이끌리는 자인지가 헷갈릴 만하게 꽤 흐릿하게 처리되어 있다. 나중에 알키비아데스가 연설 마지막에 언급하기도 하고(222b), 다른 작품(예컨대 『알키비아데스』 등)에도 비슷한 정신으로 언급되는, 사랑하는 자와 사랑받는 자의 역할 전도와 상관 있어 보이고, 교육에 대한 플라톤의 관점이 실린 다분히 의도적인 처리인 듯하다.

(3) 소크라테스의 맺는 말: 에로스로의 권유(212b1–c3)

긴 디오티마 이야기가 끝나고 소크라테스가 간단히 요약하는 말은 디오티마의 이야기에 자신이 설득되었고 또 설득되었기 때문에 다른 사람들도 설득하려고 시도한다는 것이다. 에로스의 협력을 받아 불사를 향해 나아가자고 말이다. 그의 이 에로스학으로의, 결국 에로스로의 권유는 에로스의 능력과 용기를 본받자는 것인데, 용기가 굳이 특정되고 있다는 점이 매우 특이하다. 사다리 이야기 전에 중요한 덕으로 특정했던 것이 절제와 정의였고 이는 파우사니아스에서 어렴풋이 시사되다가 에뤽시마코스가 분명히 거론한 것이었다. 이 두 사람의 논점으로 돌아갔다가 다시 용기를 힘주어 강조한 맨 처음 연사 파이드로스의 논점으로 완전히 회귀함으로써 전형적인 원환 구성(ring composition)의 면모를 보여 준다고 하겠다. 또한 나중에 에로스의 화신(化身)으로 등장할 소크라테스 자신의 용기가 부각되는데, 여기서 이미 그것에 대한 복선이 주어짐으로써 그곳에서 그리게 될 더 큰 원환 구성의 모양새가 잘 준비되고 있다고 볼 수 있다. 원환 구성적 구조는 이 대화편 도처에서 아주 잘 발견되며 그저 형식적인 기교에 그치는 것이 아니라 내용상의 함축 또한 심대하다.

14. 알키비아데스의 등장(212c4-215a3)

아리스토데모스의 보고대로라면 소크라테스의 이야기에 대해 대개 칭찬들을 하는데, 자신의 이야기에 대한 부정적 언질을 받은 아리스토파네스만은 뭔가 발언하려 했다고 한다. 그런데 '갑자기' 나타난 알키비아데스의 술기 어린, 그러나 애교스럽게 보였을지도 모를 언행 때문에 이야기의 맥이 끊기고 결국 그가 동석함으로써 향연은 새로운 국면을 맞는다. 뒤늦게 소크라테스를 발견하고는 평소처럼 예기치 않은 곳에 숨어 기다리다가 '갑자기' 나타났다고 호들갑을 떨면서도 아름다운 자 아가톤 옆에 앉아 있는 게 마땅치 않다고 불평한다. 둘의 에로스 관계가 심상치 않다는 것은 서로 상대방이 질투를 부린다고 토로하는 대목에서 쉽게 드러난다. 그러면서도 알키비아데스는 향연의 향방에 중요한 몇몇 행보를 보인다. 일부러 가져와 아가톤에게 둘러 준 머리띠*를 돌려받아 소크라테스에게 둘러 주고,** 자천으로 좌장이 되어 이야기판을 다시 술판으로 바꾼다. 에뤽시마코스가 수습에 나서 이야기판이 재개되고 알키비아데스에게 에로스 찬양 이야기를 한 자락 해 줄 것을 요청한다. 알키비아데스가 소크라테스 옆에서는 다른 누구도 찬양할 수 없다고 빼자 에뤽시마코스가 그럼 그냥 소크라테스를 찬양하라 하고, 소크라테스가 경계심을 표명하자 알키비아데스는 술에 취해 두서가 없긴 하지만 진실만을 말할 거라며*** 소크라테스의 이야기를 시작한다. 이야기의 핵

* 승자에게 축하의 의미로 주는 것이다.

** 앞서 둘의 공방은 나중에 따로 결판 보자고 미루어졌었다.

*** 이 부분은 소크라테스에 대한 패러디로 보인다.

심은 독특함이 될 거라고 예고하면서 말이다.

15. 알키비아데스의 연설 (215a4-222b7)

(1) 모상을 통한 찬양: 실레노스/사튀로스와의 유사성(215a4–216c3)

알키비아데스는 소크라테스의 찬양을 하되 모상(eikōn), 즉 이미지로 하겠다고 천명한다. 소크라테스가 무엇을 닮았는지를 이야기함으로써 찬양하겠다는 말인데, 왜 그러는지는 좀 더 나중에 드러난다. 그에 따르면 소크라테스는 실레노스 조각상들 혹은 사튀로스인 마르쉬아스를 닮았다. 일단 외모가 비슷할 뿐만 아니라 그 방자(放恣)함(hybris)에서도 그들을 닮았다. 방자하다고 말하는 이유도 이 단계에서는 선명히 드러나지 않고, 그저 소크라테스의 이야기의 힘이 마르쉬아스의 피리 연주를 닮았다는 점이 거론된다. 마치 마르쉬아스의 피리 연주처럼 사람을 홀리는 힘이 있어서 늘 정치에 뛰어들기 전에 자신을 돌보도록 감화, 강제하는데, 그의 곁에 있다가는 정치판은 근처에도 못 가고 그렇게 자신만 돌아보다 늙게 되리라는 생각에 달아났지만 그를 만나면 또 수치스러워하는 일을 반복하고 있다고 술회한다.

(2) 아이러니와 방자함/절제(216c4–219e5)

그는 이제 다른 측면에서도 왜 실레노스/사튀로스를 닮았다고 말할 수 있는지를, 자기만이 아는 소크라테스의 모습을 들어 말해 보겠다고 한다. 겉은 무지로 둘렀지만 속은 절제로 가득 찬, 겉은 장난스럽지만 속은 진중한 아이러니의 인간이라는 것이다. 자기만이 마치 실레노스 상을 열어 그 속의 조각상들을 확인하듯 소크라테스의 속을 들여다보고 그 아름다움에 반했고, 자신의 풋풋한 청춘이 가진 호소력으로 소크라테스의 마음을 사로잡아 자신을 성숙시킬 수 있는 그의 내밀하고 진중한 이야기를 전달받는 관계로 발전하리라는 것이 자기 기대였다고 회고한다. 그런 기대를 가지고 여러 차례 접촉하여 유혹을 시도했고 심지어 잠자리를 같이하여 육탄 공격하는 상황까지 연출해 보았지만 전혀 끄떡없더라고 이야기한다. 마지막 육탄 공격 이야기는 비의를 전수하듯이 아주 은밀한 어조로 자신이 겪은 아픔을 자세히 묘사하고 있다. 결국 소크라테스가 예의 그 아이러니를 구사하면서 알키비아데스가 자기 청춘으로 소크라테스의 내면적 아름다움을 얻겠다고 시도하는 것은 청동을 황금과 바꾸려는 욕심과 진배없다고 말하면서 자신의 유혹을 물리쳤고, 그토록 자부했던 자신의 청춘을 그토록 무참히 무시하는 방자함을 보였다고 힐책하면서 마치 재판정에서처럼 소크라테스를 밀어붙인다. 그런 무시를 받으면서도 내심 그의 본성과 덕(절제와 용기), 분별과 꿋꿋함을 높이 살 수밖에 없었고 유혹의 수단은 못 찾은 채 그의 노예 상태가 되었다는 한탄을 덧붙이면서 말이다. 방자함은 알키비아데스가 시작한 화두가 아니라 이미 앞에서 여러 차례 거론되어 주목받고 있는 화두인데,* 알키비아데스가 제대로 소크라테스를 향해 날리는 원망스런 하소연의 키워드가 된다. 방자함의 이면에 절제가 자리잡고 있다는 아이러니를 드러내면서 말이다. 방자함의 계기가 어떻게 거론되고 발전하는지를 음미해 보는 것도 이 대화편의 메시지에 접근하는 중요한 통로가 될 것이다.

(3) 인내와 용기(219e5-221c1)

알키비아데스가 그다음에 짚는 점은 전쟁터에서 소크라테스가 보여 준 인내와 용기다. 그의 인내가 인상적인 것은 그저 욕망이 적어서 잘 인내하는 것이 아니라 잘 즐기는 인간이 인내도 잘하는 모습을 보여 주기 때문이다. 사색에 빠져 24시간 내내 한 자리에 서 있던 모습을 회고할 때는 인고(忍苦)의 전형인 오뒤세우스를 끌어들이기까지 한다. 또 델리온 전투의 퇴각 장면에서 보인 소크라테스의 담담하고 침착함을 묘사할 때는 옆에 있는 아

* 편의상 이 안내에서는 생략하였다.

리스토파네스의 희극을 인용하여 전쟁터에서 후퇴하면서도 그저 시내 한복판을 걷듯 유유자적하는 소크라테스의 용기를 찬양한다.

(4) 독특함(221c2-222b7)

마지막으로 그가 강조하는 것은 소크라테스가 인간 어느 누구와도 비슷하지 않다는 점, 그래서 자신도 앞에서 실레노스/사튀로스와 비교할 수밖에 없었다는 점이다. 그리고 소크라테스 자신만이 아니라 그의 이야기도 그렇다는 걸 굳이 처음에 빼먹은 사항이라고 토를 달면서까지 강조하고 있다. 그의 이야기도 어휘나 화제가 아주 우스운 외양을 하고 있지만 속을 들여다보면 유일하게 제정신(nous)이 박힌, 매우 신적인 이야기로서 덕을 내장한 이야기임을 알 수 있다는 것이다. 이야기를 마치며 그가 덧붙이는 말은 소크라테스 주변의 다른 미남들을 향해 있다. 자신만이 아니라 카르미데스나 에우튀데모스 등 당대의 잘생긴 젊은이들이 다 소크라테스에게 속은 것이 있는데, 소크라테스가 자기는 사랑하는 자라 표방했지만 실은 사랑받는 자였다는 것, 그러니 다들 더 이상 속지 말라는 것이다.

16. 소크라테스의 답사와 자리에 대한 승강이(222c1-223a9)

알키비아데스 발언에 대한 좌중의 반응은 웃음이었는데, 아마 아직 소크라테스에 대한 미련을 못 버리고 미주알고주알 제 얘기를 다 하는 순박함을 애교로 보아 주는 종류의 웃음일 듯하다. 찬사에 대한 소크라테스의 답사는 찬사 자체보다는 찬사 속 깊숙이 자리잡고 있을 의도를 향해 있다. 자신과 아가톤을 떼어놓으려는 실레노스/사튀로스극 아니겠냐는 것이다. 아가톤의 이름이 '좋은', '훌륭한'이라는 점은 사실 아리스토데모스 이야기 서두에서 속담 패러디를 하면서 충분히 강조된 바 있다. 여기 언급은 그러니까 그 대목을 원환 구성적으로 다시 연상시키면서 붙이는 의미심장한 촌평일 수도 있겠다. 좋은 것과 함께하려는 자신의 사랑을, 겉만 아름다운 자가 어거지로* 제지하려 한다고 말이다. 자리를 두고 이어지는 승강이 역시 사소한 일과 말들에도 의미를 심어 놓는 플라톤의 재주를 여실히 드러낸다. 무대 위에서 벌어지는 이야기 경쟁도 흥미 있지만 막간에 펼쳐지는 공방도 나름 의미와 재미가 있다. 결국 알키비아데스가 반격한다. 소크라테스가 옆에 있으면 아름다운 사람들과 어울릴 수 없다고 말이

* 게다가 알키비아데스의 이름은 이를테면 '힘으로 강요한다' 정도의 뜻을 갖고 있다.

다. 이 반격이 무슨 의미일지는 읽는 이의 혜안에 맡긴다.

17. 향연의 파장(罷場)(223b1-d12)

소크라테스의 의중에 부응하여 아가톤이 자리를 옮기려 하자 다시 '갑자기' 술꾼들이 이번엔 떼로 몰려와 북새통을 만들어 통제 불가능한 상태에서 강제로 술을 마시는 자리가 되어 버렸다고 아리스토데모스는 마지막 장면 보고를 시작한다. 이 '갑자기'는 이 대화편에서 네 번째로 등장하는 '갑자기'이자 이전에 알키비아데스가 등장한 '갑자기'에서 시작된 파장 분위기를 완전 종결짓는 계기가 된다. 이제까지 이야기할 기회를 만나지 못했지만, 사실 이 대화편은 속속들이 이전의 유사 저작 『뤼시스』의 속편이고 『뤼시스』를 많이 닮아 있으면서도 차이가 난다. 그 유사성과 차이에 주목하는 것 또한 흥미 있고 생각거리를 많이 제공한다. 일단 파장 대목에 술 취한 이가 등장하여 황망히 정리된다는 점이 두 대화편의 뚜렷한 유사성이다. 이 작품에서는 '갑자기' 술꾼(들)이 나타나 향연이 새 국면으로 전환되는데, 앞의 그 작품에서는 파이다고고스들이 '마치 어떤 다이몬들처럼' 나타나 혀 꼬부라진 소리로 귀가를 종용함으로써 판이 마감되었다. 그러나 다른 한편 『뤼시스』의 마감은 그렇게 단순하지만, 이 작품은 두 번에 걸쳐서 '갑자기' 국면이 정리된다. 앞의 '갑자기'는 사랑의 사다리를 타고 올라가 '갑자기' 보게 된 아름다운 것 자체에 취해 있는 향연 참석자들을 '갑자기' 현실의 바닥으로 내려오게 하는 것이라면, 뒤의 '갑자기'는 그렇게 현실 세계로 내려와서,* 인간의 평범한 생각을 가지고는 예상치 못하는 자리에 '갑자기' 나타나는, 사랑(에로스)의 화신 소크라테스에 대한 아픈 사랑 이야기에 웃고·울고(울었다는 말은 텍스트에 없지만) 하는 향연 참석자들을 '갑자기' 집으로 돌아가야 하는 또 다른 진짜 현실의 바닥으로 내려오게 하는 것이다.

이 마지막 '갑자기'에 의해 맞게 된 상황에 대한 등장 인물들의 다음 행보도 작품의 마지막 부분 한 줄 한 줄까지 주의 깊게 읽도록 읽는 이를 이끈다. 에뤽시마코스와 파이드로스는 몇몇 사람과 함께 떠났고 화자 아리스토데모스 자신은 잠이 들었는데 깨어 보니 두 시인과 소크라테스가 여전히 술판을 벌이고 있는데 희극을 만드는 기술이 비극을 만드는 기술과 한데 묶인다는 이야기로 소크라테스가 두 시인을 밀어붙이고 있더라는 이야기, 결국 아리스토파네스, 아가톤의 순서로 잠이 들고 소크라테스만 쌩쌩한 채 다들 잠재우고 떠나 뤼케이온에서 여느 날처럼 하루 종일을 보내고 저녁 때 귀가했다는 이야기로 향연 이야기가 끝난

* 그러나 사실 완전히 바닥은 아니다. 아직 집에 돌아갈 생각까지는 안 해도 좋은 만큼은 향연의 흥취가 남아 있는 것이다.

다. 얼른 보아도 이상한 것은 왜 알키비아데스에 대한 보고가 빠졌을까, 어디 가서 무엇을 하고 있는 걸까 하는 점이다. 마지막 화두로 보고된 희극과 비극 이야기가 이 대화편 전체의 주제나 음조, 이야기들의 배치와 발전 등을 이해하는 데 어떤 단서가 될 수 있을지 따져 보는 것도 읽는 재미와 의미를 더해 줄 것이다.

이제까지의 요약에서 잘 드러나듯 『향연』은 사랑 이야기다. 서두에서부터 이 작품에 '에로티코스 로고스'(erōtikos logos: 172b), 즉 사랑 이야기 혹은 사랑에 관한 이야기가 들어 있다는 점이 잘 부각되어 있다. 그러니까 이 작품은 사랑이 무엇인지를 이야기하고 사랑에 아파하는 사람 이야기를 하고 사랑이 인간을 어떻게 만드는지를 이야기한다. 그런데 이 작품은 처음부터 이런 사랑 이야기로 바로 들어가지 않는다. 사랑 이야기가 어떻게 전달되었는가 하는 이야기를 먼저 한참 한 후에 비로소 그 사랑 이야기가 개진된다. 사랑을 이야기하면서 동시에 그 이야기를 이야기하고 있다는 것 자체가 사실 이 작품의, 그리고 어쩌면 플라톤 저작 전체의 중요한 이야기에 속한다고 할 수 있을 것이다. 그냥 흔히들 쓰는 '액자식 구성'이라 하면 그만 아니냐 할 수도 있겠지만, 작은 것에도 큰 뜻을 심는, 그래서 숲만이 아니라 나무도 하나하나 들여다보아야 하는 작가가 플라톤이다. 여러 가지 의도들을 풀어낼 수 있겠지만 그중 하나에 주목해 보자.

물론 액자 기법을 통해 가장 핵심에 있는 것이 주목을 받는 효과가 있을 것이다. 디오티마의 이야기를 향해 여러 겹의 이야기들을 하나씩 하나씩 벗겨 가다 보면 '갑자기' 핵심 알맹이가 드러나게 된다. 이런 식의 비의(秘儀)적 효과는 작품의 다른 곳(예컨대 알키비아데스의 연설 등)에서도 사용되고 있고 무엇보다도 디오티마 자신이 명시적으로 언급하고 있다. 이 작품이 서두에서부터 적당히 뜸 들여 가며 차근차근 준비되어 마침내 최고 비의에 도달하기까지 듣는 시간 동안 내내 긴장을 늦추지 않게 하는 이야기 방식을 구사하고 있는 것은 많은 사람들도 인정하듯이 아주 분명해 보인다.

그러나 이것은 사태의 일부일 뿐 전모는 아닐 것 같다. 디오티마는 분명 사다리를 오르는 이야기를 하고 있다. 그리고 그 이야기는 이 향연 이야기의 핵심에 속한다. 문제는 그다음에 있다. 그렇다면 거기까지 가는 동안의 이야기는 무엇이며, 그다음에 '갑자기' 벌어지는 이야기는 또 무엇인가? 비의적 접근은 디오티마 이야기라는 핵심에 도달한다는 것을 중시하기 때문에 자칫 그 배경에 놓인 것들은 핵심에 이르고 나면 별로 기억할 가치도 없는 한갓 수단일 뿐인 것으로 치부할 우려가 있다. 이런 그림으로 사랑을, 철학을 이해하면 그 본질적 면모 가운데 중요한 일면이 가려지고 만다. 이야기 속에 이야기를 심는 복잡한 구성의 이면에는 비의적 접근이 포착하려는 것보다 철학에 대한 훨씬 큰 그림이 들어 있는 것 같다.

틀 이야기 서두는 이미 말했듯이 사랑 이야기로 직접 들어가지 않고, 다소 뜬금없이 그 이야기가 '준비된' 이야기, 원어에 가깝게 말하면 '연습이 된'(ouk ameletētos: 172a) 이야기라는 말로 시작한다. 지금 하게 될 이야기가 처음 하는 이야기가 아니라 반복하는 이야기라는 것, 지금 듣는 이인 동료들만이 아니라 일전에도 비슷하게 이 이야기에 관심을 갖는 듣는 이가 있었다는 것, 그리고 이 서두를 읽게 되는 우리 읽는 이도 또 다른 듣는 이로 글라우콘이나 이 동료들처럼 이 이야기에 관심을 갖고 있거나 관심을 갖게 되리라는 것, 이런 말들을 첫 문장은 우리에게 해 주고 있다. 조금 더 읽어 내려가면 사실 이 이야기에 관심을 가진 사람들, 그래서 그걸 듣고 다른 사람에게 전해 준 사람들이 더 있었고, 그런 사람들의 관심과 전달을 통해 이 10여 년 전 이야기가 듣는 이에게, 그리고 우리 읽는 이에게 도달할 수 있었다는 것이 드러난다.

이야기의 이야기는 이렇게 끈질기고 복잡한 관심과 전달을 이야기함으로써 결국 '이야기 사랑'(philologia)을 이야기하고 있는 것이라 할 수 있다. 이야기 사랑은 이야기 전달 선상에 놓인 사람들에게만 해당되지 않는다. 본 이야기 속에 나오는 사람들 역시 마찬가지였다. 그들은 고전기 아테네 지성을 대표하는 인물들답게 서로 다른 관심과 지향, 능력을 갖고 있다. 그러나 그들에게는 그들 모두를 관통하는 공유된 관심이 있다. 그건 바로 이야기를 찾는다는 것이다. 얘기가 되는 이야기, 말이 되는 이야기, 그걸 찾는다. 술과 사랑이 당대 유흥/놀이 문화의 집약체인 향연의 감초였을 것이 틀림없는데, 그걸 마다하고 이야기를 즐겨 보자는 데 모든 참가자가 동의했다. 물론 전날 마신 술이 아직 덜 깨어서라 할 수 있으니 술기운이 완전히 떨어진 날 다시 만나면 술부터 마시고 보자 할 수도 있을 것이다. 그러나 지금 이 참석자들의 행태로 미루어 보면 그 술판에서조차도 이야기는 중요했을 것 같다. 아무튼 그런 평소 술판의 모습이 어떠할지 혹은 어떠했을지는 유보해 두어도 좋을 만큼 이 향연 자리는 독특하고 특별하게 마련되었다. 평소처럼 서빙에 신경 쓰지 않겠다는 아가톤은 등장인물로서의 그 자신은 의식 못하지만 결국 이 독특한 이야기판을 마련하는 데 앞장섰고 이후 다른 참가자들 모두 그런 독특함을 구성하는 데 일조했다.* 그런 자리 한가운데 이야기 사랑이 놓여 있다. 그러니까 『향연』은 사랑 이야기이면서 사랑 이야기의 이야기이면서 이야기 사랑의 이야기다. 이야기 사랑을 달리 일컬어 '철학'(지혜 사랑: philosophia)이라 부른다.

앞에서 비의 그림만으로는 좀 부족할 것 같다고 했는데, 이제 그 이야기를 좀 더 진전시켜 보자. 좀 단순하게 비교하면 비의

* 독특함은 맨 마지막 알키비아데스 연설에서 소크라테스를 묘사하는 중요한 개념이 된다. 이것 역시 일정 정도 원환 구성의 묘를 보여 주는 논점이라 할 수 있다.

그림은 철학을, 혹은 이 작품 등장인물들의 지혜 사랑 내지 이야기 사랑을 이를테면 스무고개와도 같은 것으로 본다. 이 그림에 따르면 앞선 연사들이 에로스가 어떤 것인가에 대해 일정한 입장, 즉 답을 내놓는데* 조금씩 답에 근접해 가다가 결국 디오티마에 의해 답이 밝혀진다. 앞선 이야기들은 그저 그 답에 이르기 위한 수단이나 과정일 뿐 디오티마의 것이 핵심이고 중요하다.

그러나 이 대화편이 그리는 이야기 사랑은 스무고개와 좀 다르다. 아니, 스무고개를 하더라도 다른 방식으로 한다. 알키비아데스의 이야기가 그렇고 소크라테스의 이야기 앞의 이야기들도 다 제 나름의 방식대로 최선을 다해 에로스를 묻고 답한 이야기들이다. 다음 단계로 넘어간다고 해서 이전 단계가 의미 없어지는 건 아니다. 끊임없이 물어지고 되새겨지고 극복되어야 할 것으로 여전히 의미가 있다. 예컨대 파우사니아스가 영혼과 몸의 사랑을 나눈 것은 사랑 이야기에 의미 있는 기여를 한 것이다. 텍스트에서는 이를 에로스에 십시일반 부조(eranos)하는 것에 비유하는데, 이 비유의 한 의미는 이렇게 함께 조금씩 자기 몫의 기여를 해내는 것이 이야기 사랑, 철학의 중요한 일이라는 것이다. 그러나 한편 파우사니아스의 이야기에는 한계가 주어져야 한다.

* 사실 이 점에서는 오히려 원판 스무고개가 더 철학 모델에 가까울 것 같다. 스무고개에서는 마지막 순간 이전에는 통상 질문을 내놓는다.

디오티마 이야기까지, 혹은 사랑의 사다리 끝까지 올라가는 과정은 분명 몸에서 영혼으로 관심을 옮기는 과정이지만, 몸의 아름다움을 추구하는 일 자체가 아예 의미 없어지는 것은 아니다. 개별 행위에서 아름다움 혹은 덕스러움을 추구하는 일이 행위 일반의 아름다움을 알게 된 후에도 아예 의미 없어지는 것은 아니듯이 말이다. 『향연』의 사랑 이야기 혹은 이야기 사랑은 각 이야기가 제 나름의 방식으로 전체 이야기에 기여하는 그런 이야기다. 이것이 답만 중요한 스무고개와의 분명한 차이인데, 이를테면 스무고개를 다시 하기 위해 앞에서 행한 스무고개를 복기하게 된다면 그것과는 그런대로 유사하다 할 수 있을 것이다. 어떻게 물으니까 답에 이르기 좀 더 용이해지더라 하는 복기 말이다.

아무튼 이 대화편은 디오티마 이야기에서 끝나지 않는다.* 아름다움을 향해, 혹은 사랑의 진리를 향해 오르고 또 오르다가 결국 그곳에 다다랐는데, '갑자기' 현실의 사랑 이야기를 가진 알키비아데스가 나타나 신선놀음은 끝나고 애증 가득한 현실을 이야기하는 것으로 향연의 장이 바뀐다. 또 그 사랑 이야기를 듣다가 '갑

* 플라톤의 정신적 사부인 파르메니데스는 여신의 핵심 메시지인 진리편 이야기에서 끝내지 않고 가사자들(인간을 가리킨다)의 의견을 덧붙인 바 있다. 플라톤 자신도 이 작품보다 나중에 쓴 것으로 보이는 『국가』편의 동굴 이야기에서 해를 본 철학자가 다시 동굴로 내려갈 수밖에 없도록 그림을 그리게 된다.

자기' 집으로 돌아가야 하는, 그러니까 이야기를 멈추고 삶의 자리로 돌아가야 하는, 혹은 이야기를 만들러 가야 하는 데까지 내려온다. 보편으로 올라갔다가 개별로 내려오는 이야기는 사다리 이야기 둘레를 큰 원환들로 감싸는 구성으로 되어 있고, 따라서 비의 그림은 다시 그것을 듣고 (혹은 보고, 혹은 깨닫고) 내려오는 이야기로 이어져야 한다. 그리고 사다리나 원환이 암시하는 단계들을 되새기려는 듯 다시 내려오는 길에도 『뤼시스』와 달리 단계가 주어져 있다. 이렇게 단계들을 거쳐가며 올라가고 내려오고, 또 깊숙이 들어갔다가 빠져나오고 하는 일이 치밀하게 묘사되고 있는 까닭 가운데 하나는 아마도 혼자만 가고 마는 길이 아니라는 생각 때문이리라 짐작된다. 사다리는 내려오기 위해서도 필요하지만, 아직 이 길을 들어서지 못한 사람을 위해서도 필요하다.

이미 이야기했듯이 이 대화편이 보여 주는 이야기 사랑은 해당 주제에 대해 말 되는 말, 얘기 되는 이야기를 추구한다. 이 대화편에 나오는 이들이 다들 그런 사랑에 매달렸다. 그런데 그런 사랑을 하다가 소크라테스 같은 사람을 만나 그 사랑을 더 키울 수도 있지만, 선생을 잘못 만나면 그 사랑에 실패할 수도 있다. 소크라테스처럼 이야기를 중요시하면서도 뭔가 다른 구석이 있는 그런 선생이 바로 소피스트다. 소피스트들과 다르다는 변명(apologia)이 『소크라테스의 변명』(아래에서 『변명』으로 줄임)의 핵심적 기획 가운데 하나지만, 사실상 '소크라테스의 변명'은 그 제목을 단 '첫 작품'(?)에 한정된 것이기보다는 플라톤 작품 전체를 아우를 만한 기획의 이름이다. 이 작품 역시 그 기획의 일환이며, 그런 점을 저자는 누누이 밝히고 드러낸다. 『변명』의 소크라테스를 계속 떠올리게 하는 이야기들을 곳곳에 심어 놓고 있는 것만 보아도 쉽게 알 수 있다. 가히 이 작품은 『변명』의 속편이라고 해도 과언이 아니다. 이제 그 변명이 이 대화편에서는 어떻게 실행되고 있는지 살펴보는 것을, 그러니까 이야기 사랑의 마지막 이야기가 될 만한 "유사품에 주의하세요."라는 이야기가 어떻게 이루어지고 있는지 음미하는 것을 안내의 마지막 화두로 삼아 보자.

말 되는 말, 얘기 되는 이야기는 우리에게 '설득'의 아이디어를 떠올리게 하고 그러다 보면 설득의 명수로 알려진 소피스트들이 떠오르는데, 그 가운데 특히 이 대화편에서도 주목받고 있는 고르기아스가 떠오른다. 이 대목에서 소크라테스가 이야기를 끝내며 덧붙인 말을 떠올려 보는 것도 좋을 것이다. "파이드로스, 그리고 나머지 여러분, 바로 이것들이 디오티마가 말한 것들인데 나는 그것들에 설득되었다네. 내가 설득되었기에 다른 사람들도 설득하려 시도한다네." 먼 훗날 데카르트도 『성찰』에서 비슷한 방식으로 자신의 성찰을 제시하고 있는데,* 바로 이 대목이 소피스트와 선명하게 대비되는 면모를 드러내는 것 같다. 이 말을 다

* 미주 135를 참조할 것.

시 풀면 이렇다. 진짜 이야기 사랑이란 말 되는 이야기를 찾는데, 무엇보다도 그것은 자신에게 말이 되는 이야기여야 한다. 남한테 말 되는 이야기라는 소리를 들으려 하기 전에 자신에게 우선 말이 되는 것이어야 한다. 소피스트들은 말로, 이야기로 남을 넘어뜨리려 한다. 그러기 위해 넘어뜨릴 수 있는(convincing) 말을 추구한다. 누구보다도 아가톤 연설의 배후에 도사리고 있는 고르기아스가 그랬었다. 넘어뜨릴 수 있는 이야기를 추구한다는 점에서는 어찌 보면 소크라테스도 크게 다르지 않다. 그러나 무엇보다도 소크라테스는 자신을 넘어뜨리는 이야기, 자신에게 말 되는 이야기를 추구했고 그것을 가지고 남을 넘어뜨리려 했다. 그러니까 자신을 넘어뜨린 이야기로 남도 넘어뜨리려 했다. 반면에 소피스트는 남을 넘어뜨리는 데만 관심이 있다. 자신이 넘어진 바로 그 말로 남을 넘어뜨리는 그런 'convinced convincing'이라는 소크라테스(플라톤)적, 데카르트적 이야기 모델은 그들의 관심사가 아니었다. 그런데 소크라테스가 보기에는 바로 그런 이야기가 우리 삶을 진짜 변화시키는 힘이 있다. 삶은, 세상은 그렇게 '함께' 만들어 가는 것이다. 이야기를 '함께' 만들고, 또 그런 이야기를 가지고 아름다운 세상, 행복한 세상을 '함께' 만들어 가는 것이다.

디오티마가 에로스학 중급 과정(혹은 기초 과정의 심화) 강의 끝무렵에 '완벽한 소피스트처럼' 말했다고 소크라테스가 전하는 대목(208c)은 아주 흥미 있다. 이제까지 이야기했듯이 소크라테스와 소피스트를 차별화하는 것이 플라톤의 변명 기획의 주력 과제였던 것을 떠올리면 정말 그렇다. 잠깐 이 대화편에 소피스트가 어떻게 그려지고 있는지 짚어 보자. '소피스트'라는 말은 이 대화편에 세 번 나온다.* 첫째 용례는 파이드로스가 에뤽시마코스에게 에로스에 대한 찬양을 눈 씻고 찾아봐도 없다고 불평하면서 당대의 '쓸 만한 소피스트'를 언급하는 대목(177b)이다. 요컨대 소피스트는 대개 쓸 만하지 않은데 개중 쓸 만한 자들을 보아도 그리 대단한 지혜를 보여 주고 있지 않다는 정도의 평가가 들어 있다. 나머지 두 용례는 당대 현실의 문맥을 넘어서 있다. 둘째 용례는 에로스 탄생 이야기를 이용하여 에로스가 아버지 포로스를 닮아 '전 생애에 걸쳐 지혜를 사랑하며, 능란한 마법사요 주술사요 소피스트'라고 말하는 대목(203d)이다. 그리고 나머지 하나가 방금 언급한 대목이다.

디오티마가 '완벽한 소피스트처럼' 말한다는 것은 플라톤에게, 그리고 아마 역사적 소크라테스에게도, 이런 그야말로 목에 힘을 주고 할 만한 양보하기 어려운 알맹이 이야기가 분명 있을 것임을 짐작케 한다. 소크라테스를 설득시킨 힘은 엄밀하게 말

* 지금 내가 보여 주고 있는 것과 같은 흥미 있는 탐색을 위해 〈찾아보기〉를 마련하였다. 관심 대상이 될 만한 용어들의 모든 용례를 망라해 놓았다.

해 디오티마의 권위가 아니다. '완벽한 소피스트처럼'이라는 말의 중요한 한 함축은 아이러니를 보여 주는 데 있는 것 같다. 이 대목에 오기까지 디오티마가 보여준 모습은 소피스트의 모습이 아니었다. 물론 디오티마도 소크라테스를 가르쳤다. 적어도 배운 소크라테스는 그렇게 표현한다(edidaske me: 207a). 그런데 그 가르침은 묻는 일로 시작하여 결국 함께 합의하는 일, 그것도 누차에 걸쳐서 합의하는 일이었음이, 디오티마의 이야기 와중에 여러 번 드러난다. 특히 207c에서는 그걸 분명히 언급하고 있다. 사랑의 본성에 대해 "우리가 여러 차례에 걸쳐 합의한 바 있다"(pollakis hōmologēkamen: 207c)고 말이다. 이것은 적어도 전형적인 소피스트의 모습은 아니다. 그런데 지금 그녀가 한 '소피스트와 같은' 말은 단언하면서, 자기 말의 권위를 이용하면서 설득을 시도하고 있기 때문에 당대의 소피스트와 비슷한 일면을 가지고 있다는 점을 드러낸다. 그러나 그녀가 덧붙인 '완벽한'(teleos)이라는 말은 당대 소피스트와 구별될 가능성을 동시에 시사한다. 현실 소피스트와 비슷한 일면을 분명 가지고 있지만 그들과 다르고, 또 그들과 다르지만 그렇게 되어야 정말 완벽한 소피스트 혹은 지혜자*라고 할 수 있다는 진정한 의미의 소피스트**

* 첫째 용례의 문맥에 이 둘의 동일시가 어느 정도 함축되어 있다.

** 이것이 어떤 것인지는 아래에서 좀 더 생각해 보자.

라는 측면에서는 소피스트라 할 수 있다는 말이다. 요컨대 디오티마는 소피스트이면서 소피스트가 아니다.

이 대화편에 명시적으로 나와 있지는 않지만 넷째로 언급될 수 있는 소피스트는 소크라테스다. 당대 문맥과 대비되어 에로스와 디오티마를 지칭했던 소피스트는 이 대화편의 구도로 볼 때 자연스럽게 소크라테스에게 이어지도록 설정되어 있다고 말할 수 있다. 그러니까 이 대화편의 주요 메시지 가운데 하나는 소크라테스는 소피스트가 아니면서 소피스트라는 것이다. 참다운 지혜자,* 당대 소피스트와 다르지만 진짜 소피스트인 자, 그가 바로 에로스의 화신 소크라테스다. 조금 바꾸어 말하면, 소피스트라고 말하고 있지만 소피스트가 아니고 또 소피스트가 아니라고 말하고 있지만 소피스트인 표면적 언표와 이면적 메시지가 차이 나는 그런 아이러니를 플라톤이 구사하고 있는 것이다.

다시 디오티마로 돌아가자. 소피스트처럼 권위를 가지고 이야기하지만 디오티마가 의존하는 건 그녀 자신의 권위가 아니라 이야기의 권위다. 이 점에서 플라톤은 철저히 정신적 사부인 파르메니데스를 따르고 있다. 파르메니데스는 자기 이야기를 하지 않고 여신이 하는 이야기를 자기 이야기로 삼고 있다. 서사시라는 형식 내지 매체에 담겨 있어서 그 여신은 시인들이 자주 권

* 위에 언급한 첫째 용례를 참고할 것.

위의 원천으로 삼은 뮤즈 등과 동렬의 위상으로 간주될 수도 있을 텐데, 파르메니데스는 바로 그런 기대를 뒤집는다. 여신을 의도적으로 이름 없는, 그것도 그냥 '여신'(thea)이라고만 하지 않고 작품 시작 부분에서는 '다이몬'(daimōn)이라고 지칭한다. 플라톤에서 디오티마의 역사성이 상당히 흐릿하며, 에로스가 다이몬으로 규정되는 것과 일정하게 연결되는 맥락이 있는 것으로 보인다. 그것보다 더 중요하게는 파르메니데스의 여신이 파르메니데스에게 설득을 시도하고 있다는 것, "내가 말로 제시하는, 싸움이 많은 테스트를 이야기(로고스)로 판가름하라"(B7.5-6)고, 그러니까 스스로 신의 권위를 벗고 이야기의 권위에 호소하고 있다는 것이다.

힘주어 뭔가를 이야기할 때는 자신감에 넘쳐 있다는 점에서 디오티마와 파르메니데스의 여신, 달리 말해 소크라테스/플라톤과 파르메니데스는 어쩌면 소피스트와 닮은꼴이라 할 수도 있을 것이다. 그것이 '완벽한 소피스트처럼'이라고 말한 플라톤의 표면적 언표 내용이다.* 그런데 그 닮은꼴 자신감의 이면에 소피스트와 차별되는 점이 또 하나 있다. 아가톤의 배후에 있는 고르기

* 그러나 앞의 논점을 다시 말하자면, 디오티마의 권위는, 결국 그것에 기대고 있는 소크라테스의 권위는 무너짐으로써 세워진 권위다. 소피스트처럼 득세하는, 승승장구하는 권위라기보다는 무엇보다도 자신을 이기는 이야기가 갖는 힘이요 권위다.

아스의 이야기는 다른 자료들에 기대어 말하면 "내가 아니면 안 된다, 이건 내 얘기다, 나만이 이걸 줄 수 있다, 그러니까 나에게 와야 한다"고 내세우는 이야기다. 반면에 소크라테스의 배후에 있는 디오티마의 이야기는 앞에서도 언급했듯이 함께 합의하면서 만들어 가는 이야기다. 달리 말해 소피스트의 이야기는 누가 하는가가 중요한 이야기다. 누구에게 가야 남을 넘어뜨릴 수 있는 이야기를 들을 수 있냐가 소피스트 이야기의 관심 대상이다. 그들의 이야기는 지적 소유권이 강조되는 이야기이고, 이야기로 장사하는 사람들의 이야기다.* 반면에 디오티마의 이야기는, 소크라테스의 이야기는 누구의 이야기인지가 중요하기보다 무슨 이야기인지, 자신이 넘어질 만한 이야기인지가 중요하다. 이 대화편의 강조 사항 가운데 하나가 바로, 아리스토파네스가 강조한 자기 것(oikeion)을 넘어서 좋은 것(agathon)을 추구해야 한다는 것이었다. 물론 다른 사람이 아닌 소크라테스의 이야기를 듣고자 했던 도입부를 떠올리면 누가 하냐는 것이 완전히 도외시되지는 않는다. 그러나 그건 어디까지나 이야기와 사람이 분리되지 않는 한에서다.

여기에 다시 아이러니가 있다. 소피스트의 이야기는 개인 상

* 요즘 논술이나 글쓰기 시장에서 인기 있는, 한마디로 '장사 되는' 철학이 얼마나 진짜 철학 이야기인지 따져 볼 일이다.

표, 저작권, 특허가 중요하다. 그러나 정작 그 개인은 팔고 나면 책임지지 않는, 그러니까 팔아넘길 때까지만 이야기와 그 개인과의 연결이 중요한 그런 개인이다. 그러니까 누구의 이야기인가는 거래가 이루어질 때까지만 중요하다. 『고르기아스』 편에 나오듯 이야기를 어떻게 활용하게 될지는 선생의 몫이 아니라 배운 자가 온전히 책임질 몫이다. 이야기의 전달은 거래, 그것도 애프터 서비스나 환불 등 판매자가 아무런 책임을 지지 않는, 그러니까 또 다른 대가가 지불되지 않는 한(즉 또 다른 거래가 일어나지 않는 한)은 서로 다시 볼 일 없는 일회적인 거래다. 그렇기에 기술적으로 가능한 한도만큼 일대다(一對多)의 거래도 얼마든지 가능하다.

반면 소크라테스의 이야기는 개인의 특허가 중요하지 않다. "너 자신을 알라"는 말이 델포이 신전에서 나온 말이지만 그는 개의치 않고 자기 것처럼 애용한다.* 그러니까 공유될 수 있는 이야기, 굳이 자신이 아니더라도 할 수 있는 이야기, 자신이 빠져도 상관없는 이야기를 한다. 그러나 다른 한편 그의 이야기는

* 그러다 보니 요즘엔 그게 그냥 소크라테스의 말이거니 생각한다. 난 그래도 상관 없다고 생각한다. 애초에 누가 말했는가보다는 그 말의 의미, 그리고 그 의미를 가장 잘 살린, 그래서 그 의미를 가장 잘 포착하고 이해할 수 있는 통로 역할을 하는 인격과의 연결이 중요하니까 그걸 소크라테스의 말이라 해도 하등 문제 될 것이 없다.

그가 산고를 거쳐 낳은 아이이고, 스스로 그것에 의해 무너진 적이 있는 경험을 담은 이야기다. 그걸 전달하는 일은 인격적인 만남이고 인격적인 공유다. 함께 낳는 일이다. 굳이 자기여야 할 필요는 없지만, 자기가 듬뿍 개입된 그런 이야기의 산출이다. 그런 이야기가 계속 퍼져나가 인류를 살찌우면 좋겠다는 희망이 들어 있는 그런 방식의 전달이다. 플라톤 작품 도처에서 강조되듯 이런 이야기는 도대체가 일대다의 전달이 불가능하다.

물론 이 작품은 소크라테스가 여러 사람과 이야기를 나눈다는 점에서 일탈이 있다. 그 일탈 가운데도 그러나 가능한 한 일대일(一對一) 대화가 막간에서, 그리고 심지어 제 차례 연설에서까지 시도된다. 이 일탈을 어떻게 바라볼 것인지, 플라톤이 그것을 통해 성취하고 있는 것이 무엇인지 추적해 보는 것도 좋을 것이다. 덧붙여, 이 작품이 인상적으로 드러내는 굵직한 이야기들, 그러니까 여러 연사들의 일방적인 연설들에만 주목할 것이 아니라 그것들 사이사이를 채우고 있는 인격적인 교감과 대화에도 주목하는 것이 좋을 것이다. 무대만 볼 것이 아니라 막간도 보라는 것이다. 무대에서 잘 안 드러나는 이야기가 있을 수도 있고, 무대 위 이야기를 더 잘 드러내 주는 이야기가 있을 수도 있다. 아무튼 인격적 교감, 감화가 실려 있는 이야기, 거래가 아닌 그런 교육의 매개가 되는 이야기가 『향연』이 추구하고 있고 보여 주고 있고 또 반복되기를 기대하는 이야기다.

사랑 이야기를 담은 대화편 『향연』이 제시하는 여정에는 크게 두 트랙이 있다. 사랑 트랙과 이야기 트랙, 혹은 사랑 이야기 트랙과 이야기 사랑 트랙이 그것이다. 이 여정에서 우리는 그 두 트랙이 서로 만나게 된다는 것, 아니 그 두 트랙이 서로 다른 것 같지만 사실 말에서만 다를 뿐 한 트랙을 지나쳐 온 것임을 확인하게 된다. 틀 이야기에서부터 차츰차츰 준비되면서 하위 이야기들로 들어가는 과정은 사랑 이야기를 심도 있게 만나는 과정이면서 동시에 이야기 사랑을 배우고 실천하는 과정이기도 하다. 가장 깊숙한 곳에 자리한 사랑 이야기는 결국 이야기 사랑 이야기이기도 하다. 이제 그 이야기 사랑으로, 사랑 이야기로 여행을 떠나 보자.

참고문헌

『향연』에 관한 수많은 문헌 자료들 가운데 비교적 기본적인 책과 논문을 중심으로 열거하였다. 번역서 가운데서는 내용에 충실한 의역인 길(Gill, 1999)이 가장 돋보이며, 번역 스타일이 반대인 알렌(Allen, 1991)이 그 부족한 부분을 채우는 데 도움이 될 것이다. 호왓슨(Howatson, 2008)도 그런대로 무난하며 가장 최근에 나온 번역이라는 점에서 참고할 만하다. 내용 해설은 수없이 많지만 굳이 꼽자면 분량이 길지 않으면서도 명쾌하게 서술되어 흥미를 놓치지 않고 읽을 수 있는 헌터(Hunter, 2004)가 추천할 만하며, 그 관심이 다소 넓게 문학이나 역사적 맥락에까지 펼쳐져 있다고 생각하면 더 밀도 있게 철학적 접근에 집중하는 본격적 연구서인 오스본(Osborne, 1994)이나 셰필드(Sheffield, 2006) 등에서 인상적인 내용들을 만날 수 있다. 희랍어 독해가 가능한 이들을 위한 텍스트 주석으로는 도버(Dover, 1980)가 여전히 표준이라 할 수 있고, 나중에 나온 로우(Rowe, 1998)가 그 빈 부분을 채울 수 있는 유용한 주석이며, 베리(Bury, 1969)는 오래된 주석이지만 여전히 참고할 만하다. 논문을 참고할 경우 워낙 다양하고 양도 많아 개별 논문을 따로 집어내기 어렵지만, 페라리(Ferrari, 1992) 같은 소개 논문에서 출발할 수도 있고, 『향연』의 이해, 해석의 문제만이 아니라 영향

사나 수용사에 관해서도 조망할 수 있는 레셔-셰필드(Lesher & Sheffield, 2006) 같은 비교적 최근의 논문 모음을 참고하는 것도 좋을 것이다. 우리말 번역이나 논문을 참고할 때는 옥석을 가리는 지혜가 좀 더 요구된다.

1. 기본 텍스트

Platon, *Symposium*: in J. Burnet(ed.), *Platonis Opera*, vol. Ⅱ, (Oxford Classical Texts), Oxford: Clarendon Press, 1989(1903년 판의 rep.).

2. 텍스트 주석

Bury, Robert Gregg, *The Symposium of Plato*, 2nd ed., W. Heffer and Sons Ltd., 1969

Dover, Kenneth, *Plato: Symposium*, Cambridge University Press, 1980.

Rowe, Christopher, *Plato: Symposium*, Aris & Phillips, 1998.

3. 번역

Allen, R. E. (tr. with comm.), *Plato: The Symposium*, Yale University Press, 1991.

Benardete, Seth (tr. with comm.) & Allan David Bloom (comm.), *Plato's Symposium*, University of Chicago Press, 2001.

Brisson, Luc (tr.), *Platon: Le Banquet*, GF, Flammarion, 1999 .

Cobb, William (tr. with introd. and comm.), *Plato's Erotic Dialogues: The Symposium and The Phaedrus*, SUNY Press, 1993.

Gill, Christopher (tr.), *Plato: The Symposium*, Penguin Books, 1999.

Griffith, Tom (tr.), *Symposium of Plato*, University of California Press, 1986.

Groden, Suzy Q. (tr.), John A. Brentlinger (ed.) & Leonard Baskin (drawings), *The Symposium of Plato*, The University of Massachusetts Press, 1970.

Hamilton, Walter (tr.), *Plato: The Symposium*, Penguin Books, 1951.

Howatson, M. C. (tr.), *Plato: The Symposium*, Cambridge University Press, 2008.

Jowett, Benjamin (tr.), *Plato: Symposium and Phaedrus*, Dover Publications, 1993 (repr.).

Lamb, W. R. M. (tr.), *Symposium: in Plato: Lysis, Symposium, Gorgias*, Loeb Classical Library, Harvard University Press, 1925, pp. 73–245.

Nehamas, Alexander & Paul Woodruff (trs.), *Plato: Symposium*, Hackett, 1989.

Schleiermacher, Friedrich (tr.), *Platon, Das Gastmahl*: in Dietrich Kurz (ed.), *Platon Werke* in Acht Bänden, Griechisch und Deutsch, Bd. Ⅲ, Wissenschaftliche Buchgesellschaft, 1974.

Sharon, Avi (tr.), *Plato's Symposium*, Focus Philosophical Library, Focus Publishing, 1997.

Waterfield, Robin (tr.), *Plato: Symposium*, Oxford World's Classics, Oxford University Press, 1994.

박희영 역, 『플라톤: 향연 — 사랑에 관하여』, 문학과 지성사, 2003.

4. 해설 및 연구서

Anderson, Daniel E., *The Masks of Dionysos: A Commentary on Plato's Symposium*, SUNY Press, 1993.

Benardete, Seth, *On Plato's Symposium / Über Platons Symposion*, Carl Friedrich von Siemens Stiftung, 1994.

Calame, C., *The Poetics of Eros in Ancient Greece*, Princeton, 1999.

Chen, Ludwig C. H., *Acquiring Knowledge of the Ideas: A Study of Plato's Methods in the Phaedo, The Symposium and the Central Books of the Republic*, Franz Steiner Verlag, 1992.

Corrigan, Kevin & Elena Glazov-Corrigan, *Plato's Dialectic at Play: Argument, Structure, and Myth in the Symposium*, The Pennsylvania State University Press, 2004.

Dover, Kenneth, *Greek Popular Morality in the Time of Plato and Aristotle*, Oxford University Press, 1974.

_____, *Greek Homosexuality*, London, 1989.

Fisher, Nick, *Hybris: A Study in the Values of Honour and Shame in Ancient Greece*, Aris & Phillips, 1992.

Gill, Christopher, *Personality in Greek Epic, Tragedy, and Philosophy: The Self in Dialogue*, Oxford University Press, 1996.

Gould, Thomas, *Platonic Love*, The Free Press, 1963.

Halperin, David M., *One Hundred Years of Homosexuality and Other Essays on Greek Love*, Routledge, 1989.

Hecht, Jamey, *Plato's Symposium: Eros and the Human Predicament*, Twayne Publishers, 1999.

Hunter, Richard, *Plato's Symposium*, Oxford University Press, 2004.

Irwin, Terence, *Plato's Ethics*, Oxford University Press, 1995.

Kahn, Charles H., *Plato and the Socratic Dialogue: The Philosophical Use of a Literary Form*, Cambridge University Press, 1996.

Kitto, H. D. F., *The Greeks*, Penguin Books, 1951.

Konstan, David., *Friendship in the Classical World*, Cambridge University Press, 1997.

Lesher, James H., Debra Nails & Frisbee C. C. Sheffield (eds.), *Plato's Symposium: Issues in Interpretation and Reception*, Center for Hellenic Studies, 2006.

Ludwig, Paul W., *Eros and Polis: Desire and Community in Greek Political Theory*, Cambridge University Press, 2002.

Mitchell, Robert Lloyd, *The Hymn to Eros: A Reading of Plato's Symposium*, University Press of America, 1993.

Murray, Oswyn, *Sympotica: A Symposium on the Symposion*, Oxford Clarendon Press, 1990.

Nichols, Mary P., *Socrates on Friendship and Community: Reflections on Plato's Symposium, Phaedrus, and Lysis*, Cambridge University Press, 2009.

Nussbaum, Martha, *The Fragility of Goodness*, Cambridge University Press, 1986.

______, *The Sleep of Reason: Erotic Experience and Sexual Ethics in Ancient Greece and Rome*, University of Chicago Press, 2002.

Nygren, A (tr. by P. S. Watson). *Agape and Eros*, University of Chicago Press, 1982.

Osborne, Catherine, *Eros Unveiled: Plato and the God of Love*, Oxford University Press, 1994.

Price, A. W., *Love and Friendship in Plato and Aristotle*, Oxford University Press, 1989.

Rosen, Stanley, *Plato's Symposium*, rev. ed., Yale University Press, 1987.

Ruprecht, Louis A., Jr., *Symposia: Plato, the Erotic, and Moral Value*, SUNY Press, 1999.

Santas, Gerasimos, *Plato and Freud: Two Theories of Love*, Basil Blackwell, 1988.

Scott, Gary Alan & William A. Welton, *Erotic Wisdom: Philosophy and Intermediacy in Plato's Symposium*, SUNY Press, 2008.

Sheffield, Frisbee C. C., *Plato's Symposium: The Ethics of Desire*, Oxford Clarendon Press, 2006.

Sier, Kurt, *Die Rede der Diotima: Untersuchungen zum platonischen Symposion*, Teubner, 1997.

Soble, A. (ed.), *Eros, Agape and Philia: Readings in the Philosophy of Love*, Paragon House, 1989.

Stokes, M. C., *Plato's Socratic Conversations: Drama and Dialectic in Three Dialogues*, The Johns Hopkins University Press, 1986.

Strauss, Leo, (ed. by Seth Benardete), *On Plato's Symposium*, University of Chicago Press, 2001.

5. 사전

Hornblower, Simon & Antony Spawforth (eds.), *The Oxford Classical Dictionary: The Ultimate Reference Work on the Classical World*, 3rd ed., Oxford University Press, 1996.

Liddell, Henry George & Robert Scott (rev. & aug. by Henry Stuart Jones), *A Greek-English Lexicon*, 9th ed., Oxford Clarendon Press, 1961. (LSJ로 줄여 부름)

6. 논문

Anton, John P., "The Secret of Plato's *Symposium*," *Southern Journal of Philosophy* 12 (1974), pp. 277–293.

Bacon, Helen, "Socrates Crowned," *Virginia Quarterly Review* 35(1959), pp. 415–430.

Belfiore, Elizabeth, "Dialectic with the Reader in Plato's *Symposium*," *Maia* 36 (1984), pp. 137–149.

Brentlinger J., "The Nature of Love," in A. Soble (1989), pp. 136–148.

Brisson, Luc, "Agathon, Pausanias, and Diotima in Plato's *Symposium: Paiderastia and Philosophia*," in James H. Lesher et alii (2006), pp. 229–251.

Carone, Gabriela Roxana, "The Virtues of Platonic Love," in James H. Lesher et alii (2006), pp. 208–226.

Chen, Ludwig C. H., "Knowledge of Beauty in Plato's *Symposium*," *Classical Quarterly* 33 (1983), pp. 66–74.

Clay, Diskin, "The Tragic and Comic Poet of the *Symposium*," *Arion* NS 2 (1975), pp. 238–261; rep. in John P. Anton & Anthony Preus (eds.), *Essays in Ancient Greek Philosophy* 2, Albany, 1983, pp. 186–202.

Cornford, F. M., "The Doctrine of Eros in Plato's *Symposium*," *The Unwritten Philosophy and Other Essays*, Cambridge, 1950, pp. 68–80; also rep. in G. Vlastos (ed.), *Plato*, vol. 2, pp. 119–131.

Cummins, Joseph W. (1981), "Eros, Epithumia, and Philia in Plato," *Apeiron* 15, pp. 10–18

Dorter, K., "The Significance of the Speeches in Plato's *Symposium*," *Philosophy and Rhetoric* 2 (1969), pp. 215–234.

Dover, Kenneth, "Aristophanes' Speech in Plato's *Symposium*," *Journal of Hellenic Studies* 66 (1966), pp. 41–50.

Dyson, M., "Immortality and Procreation in Plato's *Symposium*," *Antichthon* 20 (1986), pp. 59–72.

Edelstein, L, "The Role of Eryximachus in Plato's *Symposium*," *Transactions of the American Philological Association* 76 (1945), pp. 85–103; rep. in *Ancient Medicine: Selected Papers of Ludwig Edelstein*, The Johns Hopkins University Press, 1971, pp. 153–171.

Edmonds, Radcliffe G., Ⅲ, "Socrates the Beautiful: Role Reversal and Midwifery in Plato's *Symposium*," *Transactions of the American Philological Association* 130 (2000), pp. 261–285.

Erde, Edmond L., "Comedy and Tragedy and Philosophy in the *Symposium*: An Ethical Vision," *Southwest Journal of Philosophy* 7 (1976), pp. 161–167.

Ferrari, G. R. F., "Platonic Love," in Richard Kraut (ed.), *Cambridge Companion* to Plato, 1992, pp. 248–276.

Frede, D. "Out of the Cave: What Socrates Learned from Diotima," in R. M. Rosen & J. Farrell (eds.), *Nomodeiktes: Greek Studies in Honor of Martin Ostwald*, Michigan, 1993, pp. 397–422.

Gagarin, Michael, "Socrates' Hybris and Alcibiades' Failure," *Phoenix* 31 (1977), pp. 22–37.

Gerson, Lloyd P., "A Platonic Reading of Plato's *Symposium*," in James H. Lesher et alii (2006), pp. 47–67.

Gill, Christopher, "Platonic Love and Individuality," in A. Loizou & H. Lesser (eds.), *Polis and Politics: Essays in Greek Moral and Political Philosophy*, Aldershot, 1990, pp. 69–88.

Hackforth, R., "Immortality in Plato's *Symposium*," *Classical Review* 64 (1950), pp. 43–45.

Halperin, David M., "Platonic Eros and What Men Call Love," *Ancient*

Philosophy 5 (1985), pp. 161–204.

_____, "Plato and Erotic Reciprocity," *Classical Antiquity* 5 (1986), pp. 60–80.

_____, "Plato and the Metaphysics of Desire," *Proceedings of the Boston Area Colloquium on Philosophy* 5 (1989), pp. 27–52.

_____, "Why Is Diotima a Woman? Platonic Eros and the Figuration of Gender," in *One Hundred Years of Homosexuality*, New York, 1990, pp. 113–151.

_____, "Plato and Erotics of Narrativity," in J. C. Clagge & N. D. Smith (eds.), *Methods of Interpreting Plato and his Dialogues*, Oxford Studies in Ancient Philosophy, Supplementary volume, Oxford, 1992, pp. 93–129.

_____, "Love's Irony: Six Remarks on Platonic Eros," in Shadi Bartsch & Thomas Bartscherer (eds.) *Erotikon: Essays on Eros, Ancient and Modern*, Chicago, 2005, pp. 48–58.

Hindley, Clifford, "Law, Society and Homosexuality in Classical Athens," *Past and Present* 133 (1991), pp. 167–183.

Hyland, Drew A. (1968), "Erōs, Epithymia, and Philia in Plato," *Phronesis* 13, pp. 32–46

Kahn, Charles (1987), "Plato's Theory of Desire," *Review of Metaphysics* 41 (1987), pp. 77–103.

Kang, Chol-Ung, "Socratic Eros and Self-Knowledge in Plato's *Alcibiades*," *The Journal of Greco-Roman Studies* 32 (2008), pp. 79–102.

Konstan, D. & Young-Bruehl, E., "Eryximachus' Speech in the *Symposium*," *Apeiron* 16 (1982), pp. 40–46.

Kosman, L. A. (1976), "Platonic Love," in W. H. Werkmeister (ed.), *Facets of Plato's Philosophy*, Assen, pp. 53–69.

Kraut, R. (1973), "Egoism, Love, and Political Office in Plato," *Philosophical Review* 82, pp. 330–344.

Lawrence, Joseph P., "Socrates and Alcibiades," *Southern Humanities Review* 37 (2003), pp. 301–327.

Lear, Gabriel Richardson, "Permanent Beauty and Becoming Happy in Plato's *Symposium*," in James H. Lesher et alii (2006), pp. 96–123.

_____, "Plato on Learning to Love Beauty," in Gerasimos X. Santas (ed.), *Blackwell Guide to the Republic*, Oxford, 2006, pp. 104–124.

Lesher, James H., "The Afterlife of Plato's *Symposium*," *Ordia Prima* 3 (2004), pp. 89–105.

Levy, D., "The Definition of Love in Plato's *Symposium*," *Journal of the History of the Ideas* 40 (1979), pp. 285–291.

Lowenstam, S., "Paradoxes in Plato's *Symposium*," *Ramus* 14 (1985), pp. 85–104.

Luce, J. V., "Immortality in Plato's *Symposium*," *Classical Review* 66 (1952), pp. 137–141.

MacDowell, Douglas M., "'Hybris' in Athens," *Greece & Rome* 23, No. 1 (1976), pp. 14–31.

Mahoney, T., "Is Socratic Eros in the *Symposium* Egoistic?" *Apeiron* 29 (1996), pp. 1–18.

Markus, R. A., "The Dialectic of Eros in Plato's *Symposium*," *Downside Review* 73 (1955), pp. 219–230; rep. in G. Vlastos (ed.), *Plato*, vol. 2, pp. 132–143.

Mohr, Richard D., "Forms as Individuals: Unity, Being and Cognition in Plato's Ideal Theory," *Illinois Classical Studies* 11 (1986), pp. 113–128.

Moore, John D., "The Relation Between Plato's *Symposium* and *Phaedrus*," in Julius M. E. Moravcsik (ed.), *Patterns in Plato's*

Thought, D. Reidel, 1973, pp. 52–71.

Moravcsik, Julius M. E., "Reason and Eros in the 'Ascent' Passage of the *Symposium*," in John P. Anton & Anthony Preus (eds.), *Essays in Ancient Greek Philosophy* 1, Albany, 1971, pp. 285–302.

Neumann, Harry, "Diotima's Concept of Love," *American Journal of Philology* 86 (1965), pp. 33–59.

_____, "On the Madness of Plato's Apollodorus," *Transactions and Proceedings of the American Philological Association* 96 (1965), pp. 283–289.

_____, "On the Comedy of Plato's Aristophanes," *American Journal of Philology* 87 (1966), pp. 420–426.

Nichols, Mary P. "Socrates' Contest with the Poets in Plato's *Symposium*," *Political Theory* 32, No. 2 (2004), pp. 186–206.

_____, "Philosophy and Empire: On Socrates and Alcibiades in Plato's *Symposium*," *Polity* 39, No. 4 (2007), pp. 502–521.

Nightingale, A. W., "The Folly of Praise: Plato's Critique of Encomiastic Discourse in the *Lysis* and *Symposium*," *Classical Quarterly* 43 (1993), pp. 112–130.

Nussbaum, Martha, "The Speech of Alcibiades: A Reading of the *Symposium*," *Philosophy and Literature* 3 (1979), pp. 131–172; rev. & rep. in Martha Nussbaum (1986), Ch. 6, pp. 165–199.

_____, "Love and the Individual: Romantic Rightness and Platonic Aspiration," in *Love's Knowledge: Essays on Philosophy and Literature*, Oxford University Press, pp. 314–334.

_____, "The Ascent of Love: Plato, Spinoza, Proust," *New Literary History* 25, No. 4, 25th Anniversary Issue (Part 2) (1994), pp. 925–949.

Nye, Andrea, "The Hidden Host: Irigaray and Diotima at Plato's

Symposium," *Hypatia* 3, No. 3 (1989), pp. 45–61.

O'Brien, Michael J., "'Becoming Immortal' in Plato's *Symposium*," in Douglas E. Gerber (ed.), *Greek Poetry and Philosophy*, Chicago, 1984, pp. 186–205.

O'Connell, Robert J., SJ, "*Eros* and *Philia* in Plato's Moral Cosmos," in H. J. Blumenthal & R. A. Markus (eds.), *Neoplatonism and Early Christian Thought*, London, 1981.

Patterson, Richard A., "The Ascent in Plato's *Symposium*," *Proceedings of the Boston Area Colloquium in Ancient Philosophy* 7 (1991), pp. 193–214.

Pender, Elizabeth, "Spiritual Pregnancy in Plato's *Symposium*," *Classical Quarterly* 42 (1992), pp. 72–86.

Penwill, J. L., "Men in Love: Aspects of Plato's *Symposium*," *Ramus* 7 (1978), pp. 143–175

Price, Anthony W., "Loving Persons Platonically," *Phronesis* 26 (1981), pp. 25–34.

Reeve, C. D. C., "Telling the Truth about Love: Plato's *Symposium*," *Boston Area Colloquium in Ancient Philosophy* 8, pp. 89–114.

Rowe, Christopher, "Philosophy, Love and Madness," in Christopher Gill (ed.), *The Person and the Human Mind: Issues in Ancient and Modern Philosophy*, Oxford, 1990, pp. 227–246.

_____, "The *Symposium* as a Socratic Dialogue," in James H. Lesher et alii (2006), pp. 9–22.

Salman, Charles, "Phaedrus' Cosmology in the *Symposium*," *Interpretation* 20 (1992–3), pp. 99–116.

Santas, Gerasimos, "Plato's Theory of Eros in the *Symposisum*: Abstract," *Noûs* 13, No. 1 (1979), pp. 67–75.

_____, "Plato on Love, Beauty and the Good," in David J. Depew (ed.),

The Greeks and the Good Life, Hackett, 1980, pp. 33–68.

Saxonhouse, Arlene W., "Eros and the Female in Greek Political Thought: An Interpretation of Plato's *Symposium* (in Classical Greek Political Thought II)," *Political Theory* 12, No. 1 (1984), pp. 5–27.

______, "The Net of Hephaestus: Aristophanes' Speech in the *Symposium*," *Interpretation* 13 (1985), pp. 15–32.

Scott, Dominic, "Socrates and Alcibiades in the *Symposium*," *Hermathena* 168 (2000), pp. 25–37.

Sheffield, Frisbee C. C., "Psychic Pregnancy and Platonic Epistemology," *Oxford Studies in Ancient Philosophy* 20 (2001), pp. 1–33.

______, "Alcibiades' Speech: A Satyric Drama," *Greece and Rome* 48 (2001), pp. 193–209

______, "The Role of the Earlier Speeches in the *Symposium*: Plato's Endoxic Method," in James H. Lesher et alii (2006), pp. 23–46.

Soble, A., "An Introduction to the Philosophy of Love," in A. Soble (1989), pp. xi–xxv

Solmsen, Friedrich, "Parmenides and the Description of Perfect Beauty in Plato's *Symposium*," *American Journal of Philology* 92 (1971), pp. 62–70.

Stannard, J. "Socratic Eros and Platonic Dialectic," *Phronesis* 4 (1959), pp. 120–134

Usher, Mark David, "Satyr Play in Plato's *Symposium*," *American Journal of Philology* 123, No. 2 (2002), pp. 205–228.

Vlastos, Gregory., "The Individual as an Object of Love in Plato," *Platonic Studies*, 2nd ed., Princeton, 1981, pp. 3–34; also rep. in Gail Fine (ed.), *Plato* 2, Oxford, 1999, pp. 137–163.

_____, "Sex in Platonic Love," Appendix Ⅱ of "The Individual as an Object of Love in Plato," *Platonic Studies*, 2nd ed., Princeton, 1981, pp. 38–42.

Von Blanckenhagen, Peter, "Stage and Actors in Plato's *Symposium*," *Greek, Roman, and Byzantine Studies* 33, No. 1 (1992), pp. 51–68.

Wardy, Robert, "The Unity of Opposites in Plato's *Symposium*," *Oxford Studies in Ancient Philosophy* 23 (2002), pp. 1–61.

Warner, Martin, "Love, Self, and Plato's *Symposium*," *The Philosophical Quarterly* 29, No. 117 (1979), pp. 329–339.

Wellman, R. R., "Eros and Education in Plato's *Symposium*," *Paedogica Historica* 9 (1969), pp. 129–158.

White, F. C., "Love and Beauty in Plato's *Symposium*," *Journal of Hellenic Studies* 109 (1989), pp. 149–157.

_____, "Virtue in Plato's *Symposium*," *Classical Quarterly* 54 (2004), pp. 366–378.

Wolz, H. G. "Philosophy as Drama: An Approach to Plato's *Symposium*," *Philosophy and Phenomenological Research* 30 (1970), pp. 323–353.

강대진, 「플라톤 『향연』의 서술구조와 그 속에 나타난 소크라테스의 모습」, 서울대학교 대학원 석사학위논문, 1994.

강상진, 「플라톤 『향연』의 틀 이야기: 독특한 거리두기」, 한국서양고전학회, 《서양고전학연구》 제15집 (2000), 25~46쪽.

강철웅, 「플라톤의 『뤼시스』에서 필리아와 에로스의 관계: 논의들의 이행 과정과 통일성을 중심으로」, 한국서양고전학회, 《서양고전학연구》 제28집 (2007), 79~115쪽.

김혜경, 「『향연』에서의 이탈과 상승: 아리스토파네스, 알키비아데스, 소크라테스」, 한국철학회, 《철학》 제79집 (2004), 135~156쪽.

이경직, 「플라톤의 『향연』편에 나타난 소크라테스의 젊은이 교육」, 한국서양고전학회, 《서양고전학연구》 제14집 (2000), 93~113쪽.

이기백, 「플라톤의 에로스론 고찰」, 한국철학회, 《철학》 제34집 (1990), 145~169쪽.

이태수, 「서평: 플라톤 저 『향연』의 우리 말 번역: 개정역을 기다리는 까닭」, 철학문화연구소, 《철학과 현실》 제60호 (2004), 267~280쪽.

임성철, 「아가톤의 에로스론에 나타난 플라톤의 존재론적 거리두기(『향연』 194e-197e)」, 한국해석학회, 《해석학연구》 제16집 (2005), 281~324쪽.

_______, 「아리스토파네스의 희극적 비극 이야기(『향연』 189a-193d)에 드러난 플라톤의 철학적 의도」, 고려대학교 철학연구소, 《철학연구》 제31집 (2006), 31~67쪽.

찾아보기

일러두기

1. 표제어를 제시하거나 용례가 쓰인 곳을 열거할 때 내용에 중대한 영향을 주지 않는 문법적 차이들(예컨대 형용사와 유관 명사나 부사의 차이, 정형 동사와 유관 분사나 형용사적 동사의 차이, 능동태와 수동태나 중간태의 차이 등)은 대개 무시한다. 형용사, 정형 동사의 부정법(不定法), 능동태를 다른 관련 형태에 우선하여 표제어로 삼거나 용례를 제시한다. 예를 들어 '옳게'는 '옳은'에서, '건강함'은 '건강한'에서, '찬양받다'는 '찬양하다'에서 찾을 수 있다. 그리고 고유명사에서 형용사는 대개 관련 명사 형태로 바꾸어 제시한다.
2. 같은 자리에 해당 항목이 여러 번 등장할 수도 있으므로 자리의 수와 용례의 수가 반드시 일치하는 것은 아니다.
3. 자리 표시는 OCT의 스테파누스 행 표시(더 정확히는 TLG의 행 표시)를 기준으로 삼는다. 우리말 번역에서 반드시 소절의 구분까지 매번 정확히 반영되지 않을 수 있으므로, 앞뒤 소절까지 살펴야 할 때도 있다.
4. 이 찾아보기에서 자주 사용되는 기호들은 다음과 같은 쓰임새를 갖는다.
   - * : 번역 본문에서 채택되지 않은 형태이거나 그런 형태와 관련되어 있다는 것을 보인다. 달리 말해 그 형태 그대로 본문에서 채택되지는 않았으나 해당 항목의 다른 혹은 더 구체적인 의미나 뉘앙스를 전달해 줄 만한 대안 항목 혹은 설명을 가리킨다. 원어(즉 로마자 단어)에 붙은 경우는 사본의 독해들이 다른데 이 번역서에서 해당 항목을 받아들이지 않았다는 의미다.
   - ※ : 해당 항목의 쓰임새 가운데 특별한 강조를 받거나 주목할 가치가 있는 자리를 가리킨다.

☆ : 해당 항목에 대한 더 상세한 주석이 딸려 있는 자리를 가리킨다.

: 해당 항목의 용례가 나온 곳을 남김없이 열거하지는 않을 때, 혹은 아예 대표적인 몇몇 자리만 열거할 때 해당 항목의 원어 뒤에 붙인다. 이 표시가 없는 대부분의 항목은 TLG 등을 이용하여 해당 용례가 나온 곳을 가능한 한 모두 찾아 열거하였다.

– : 해당 항목의 구분된 쓰임새를 나누어 제시한다.

cf. : 해당 항목과 내용이 긴밀히 연결되어 있는 다른 항목을 참조하라는 표시다.

→ : 상세한 정보가 들어 있는 다른 항목으로 이동하라는 표시다.

일반용어

*가까운 것 → 제 것
*가까움 → 친근함
가득 채우다 empiplanai 214a cf. 채우다
가득한 plērēs 175d cf. 빈, 채움
가르치다 didaskein, paideuein cf. 선생, 교육
– didaskein 185c, 196e, 201d, 204d, 207a, 215c
– paideuein 209c
가사자(可死者), 가사적인, *필사자(必死者), *필사적(必死的)인 thnētos 202d☆, e, 203e, 206c, e, 207d, 208a, b, 211e cf. 불사자, 불사적인
가장 훌륭한, 가장 좋은, 아주 용감한 aristos cf. 훌륭한, 더 훌륭한, 용감한, 용기
– 가장 훌륭한 182d, 195a, 197c, e, 199a
– 가장 좋은 219a, b
– 아주 용감한 179a
가장 훌륭한 beltistos 192a, 214b, 218d cf. 훌륭한, 더 훌륭한
각자 hekastos# 193d※, 194d※ cf. 두 사람 각각
간단치 않은 → 보잘것없는
간주되다 → 받아들여지다
갈망, *그리움 pothos 197d cf. 그리워하다
갑자기 exaiphnēs 210e, 212c,

213c, 223b
강권하다 → 강제하다
강제 epanankes 176e
강제하다, 강제로 …하게 하다, …할 수밖에 없게 하다, 밀어붙이다, 필연적이라고 여기다 anankazein cf. 필연, 필연적인
– 강제하다, 강제로 …하게 하다 185b, 189b, 192b, 210c, 216a
– …할 수밖에 없게 하다 219e, 220a, 223b
– 밀어붙이다 223d
– 필연적이라고 여기다 202b
강제하다, 강제를 가하다, …할 수밖에 없도록 밀어붙이다, 강권하다 prosanankazein
– 강제하다, 강제를 가하다 181e
– …할 수밖에 없도록 밀어붙이다 223d
– 강권하다 217d
강한 → 힘센
갖바치, *구두장이 skytotomos 191a, 221e
갚다 → 복수하다
개인, 산문 작가, *비전문가, *보통 사람 idiōtēs
– 개인 178d, 185b cf. 국가
– 산문 작가, *비전문가 178b cf. 시인, 장인(匠人)
건강 hygieia 188a, 200d cf. 병
건강하다 hygiainein 200c cf. 병들다
건강한 hygiēs, hygieinos cf. 병든
– hygiēs 186b, 200b
– hygieinos 186c
건드리다 → 접촉하다
건장한, 단호한 errōmenos cf. 활력, 힘을 얻다
– 건장한 181c
– 단호한 221b
겁 → 두려움
게으름, 아무 일도 하지 않음 argia
– 게으름 182d
– 아무 일도 하지 않음 191b
겨루다 agōnizein 194a cf. 경쟁을 붙이다
겪는 일, 당한 것 pathēma cf. 겪다
– 겪는 일 189d
– 당한 것 222b
겪다, 당하다, 영향을 받다, …한 처지에 놓이다, 경험하다 paschein
– 겪다 208a, 215d, e, 216a
– 당하다 178d, 184b, 196b, 222b, e
– 영향을 받다 211b
– …한 처지에 놓이다 174a
– 경험하다 217e
겪은 일 pathos 191a cf. 겪다
견디다 → 꿋꿋하다
결심하다 → 결정을 보다

결여, 결핍 endeia
– 결여 200e, 202d
– 결핍 203d
결여하고 있는, 부족한, 필요한 endeēs
– 결여하고 있는 200a, b, e, 201b, c, 204a
– 부족한 216a
– 필요한 195d
결정을 보다, 결심하다, *좋다고 여겨지다 dedochthai 176e※, 218c
결핍 → 결여
경건, 경건함 eusebeia 188d, 193d cf. 불경건
경건한 일을 하다 eusebein 193a☆
경의를 표하다 → 존경하다
경쟁을 붙이다 agōnothetein 184a cf. 겨루다
경험 → 일
경험하다 → 겪다
곁눈질로 보다 paraskopein 221b
곁다리, *부차적인 일 parergon 222c
곁따르는 자, *종자(從者), 추종자 akolouthos
– 곁따르는 자, *종자(從者) 217a, b
– 추종자 203c
계절, 꽃다운 청춘 hōra
– 계절 188a, b
– 꽃다운 청춘 217a, 219c
계책을 꾸미는 epiboulos 203d cf. 일을 꾸미다
계획을 세우다 → 숙고하다
고귀한, 고상한 gennaios
– 고귀한 182d, 184b
– 고상한 209b
고답적인 hyperēphanos 217e cf. 오만, 방자함
고생, 노고 ponos
– 고생 197d, 219e
– 노고 208d, 210e
고의로 → 자발적인
고통 lypē, odynē cf. 쾌락
– lypē 207e
– odynē 218a
고통스러운, 고통을 주는 algeinos 218a
고통스러워하다 algein, lypeisthai
– algein 178d
– lypeisthai 206d
곡조, *가락, 팔다리 melē cf. 작곡
– 곡조, *가락 187d
– 팔다리 190a
곧은 → 옳은
곧잘 …하다 → 친애하다
골똘히 생각하다, 신경 쓰다 phrontizein cf. 사색하다
– 골똘히 생각하다 220c
– 신경 쓰다 194c

골똘히 생각하다, *자신에게 주의를 기울이다 heautōi prosechein ton noun 174d cf. 주의를 기울이다
공유, 교제, 연대 koinōnia
– 공유 209c
– 교제 188c
– 연대 182c
공유하는, 함께, 더불어 koinēi cf. 공통된
– 공유하는 192e
– 함께 181d, 219e
– 더불어 209c
공유하다 koinōnein 209c, 218b cf. 나눠 갖다, 흥정하다
공직 → 명예
공통된, 함께 가진 koinos cf. 공유하는, 공유하다
– 공통된 205a
– 함께 가진 189e, 191d
공평한 ex isou 177e, 214c cf. 정의로운
과식 → 채움
*관습 → 법
관심, *돌봄 epimeleia 185b
관심거리가 되다, 신경 쓰다 melei
– 관심거리가 되다 216d
– 신경 쓰다 215d
관심을 기울이는, 돌보는 epimelēs cf. 돌보지 않는
– 관심을 기울이는 172c
– 돌보는 197d
*관심을 기울이다 → 돌보다
*관심을 기울이지 않는 → 돌보지 않는
관심을 기울이지 않다, 신경을 쓰지 않다, *돌보지 않다 amelein cf. 돌보다
– 관심을 기울이지 않다 177c, 216a
– 신경을 쓰지 않다 181b
관여하다 → 나눠 갖다
관조하다 theōrein 210d cf. 바라보다, 쳐다보다, 직관하다
관중, 극장, *객석 to theatron 194a, b
관직 → 권세
광기 mania 213d, 218b cf. 미치다, 정신이 나가다
괜찮은 → 아름다운
교묘한 술수 sophisma 214a cf. 소피스트
교양 교육 paideia 187d
교육 paideusis 184e cf. 가르치다, 선생
교제 homilia, koinōnia
– homilia 203a cf. 모임
– koinōnia → 공유
교제를 나누다 → 함께 있다
구성, *구조, *성격 systasis 187c,

188a
구원자 sōtēr 197e, 209d cf. 구하다
구절 rhēma 198b, 199b, 221e cf. 단어
구하다, 보존하다 sōizein, syndiasōizein cf. 구원자
– 구하다 220d, e (syndiasōizein)
– 보존하다 200d, 208a
국가, *도시 polis 178d, e, 182a, 183c, 196c, 209a cf. 정치적인
국가의 → 정치적인
굴복하다 hēttasthai 216b cf. 더 약한
궁리하다, 수를 쓰다 diamēchanasthai cf. 방도
– 궁리하다 179d
– 수를 쓰다 213c
궁하다 → 방도가 없다
권력 → 능력
권세, 관직 archē cf. 다스리다, 시작하다, 시작
– 권세 182c
– 관직 183a
권위 있는 kyrios 180b, 218d
귀중한 → 존경받는
귀중히 여기는 ktētos 197d cf. 소유하다, 탐내는
귀중히 여기다 → 존경하다
균형 잡힌 symmetros 196a
그럴 법함 eikos 200a cf. 필연
그럴싸한, *설득력 있는 pithanos 223a
그리다 → 만들다
그리워하다, 필요로 하다 pothein cf. 갈망
– 그리워하다 191a
– 필요로 하다 204d
극장 → 관중
근심 kēdos 197c cf. 신경 써 주다
기꺼이 하는 노예 노릇 ethelodouleia 184c cf. 노예 노릇
기꺼이 하려 들다 prothymeisthai 185b cf. 열심인
기능 → 일
기도를 올리다 proseuchesthai 220d
기만 apatē 185b
기만하다, 기만당하다 exapatan, exapatasthai 181d, 184e, 185a, 200c, 222b
기반이 되다, 있다, …할 수 있다 hyparchein
– 기반이 되다, *당연한 것으로 놓다 198d
– 있다 212a
– …할 수 있다 217a
기술 technē 186b, e, 187b, e, 196d, 197a, 202e, 203a, 205c, 223d
기술에 능한 technikos 186c

*기술자 → 장인(匠人)
기억 mnēmē 208a, d, e, 209d
기억을 되새기다, 상기하다, 상기시키다, 생각나게 하다 anamimnēiskein, anamimnēiskesthai
– 기억을 되새기다 215a
– 상기하다, 상기시키다 201a
– 생각나게 하다 198c
기억하다 mimnēiskesthai 178a, 200a, 209c, 223d cf. 뚜렷이 기억나다, 기억을 되새기다, 상기시키는 것
기억할 만한 axiomnēmoneutos 178a
기여하다, (몫으로) 내어놓다 symballesthai
– 기여하다 184e
– (몫으로) 내어놓다 185c
기원, 생겨남, *생성, 생식, 출산 genesis
– 기원 178a, b, 204b
– 생겨남, *생성 181c, 207d
– 생식 191c
– 출산 206d
까닭 → 원인
깨닫다 gignōskein, syneidenai → 알다
깨닫다 kathoran → 직관하다
깨닫다 ennoein, katanoein → 파악하다
깨닫다 enthymeisthai → 마음속으로 생각하다
꼴사나움 aschēmosynē 196a cf. 우아함, 모양
꽃 anthos 183e, 196a, 210b
꽃다운 청춘 → 계절
꽃이 만발한 euanthēs 196b
꿋꿋하다, 꿋꿋이 견뎌 내다, 견디다 karterein 184b, 216a, 220a
꿋꿋한 karteros 220c
꿋꿋함 karteria 219d
끝 teleutē 198b
끝, 끝점, 끄트머리, 뒤끝, 정점, 종지부 telos 181e, 186a, 205a, 210e, 211b, 222c
끝까지 살다, 온 삶을 보내다 diatelein cf. 끝
– 끝까지 살다 192c
– 온 삶을 보내다 216e
끝마무리하다, 일을 이루어 내다 apotelein cf. 끝
– 끝마무리하다 186a
– 일을 이루어 내다 188d

나눠 갖다, 참여하다, 관여하다 metechein cf. 어울릴 기회를 갖다, 공유하다, 함께 가진, 몫을

못 가진, 몫을 잘 받아 가진
– 나눠 갖다 181c, 190b, 196c, 197e
– 참여하다 208b
– 관여하다 211a, b
나면서부터 들어 있는 emphytos 191d cf. 본성
나쁜, 비겁한, 험한 꼴을 한 kakos cf. 훌륭한, 아름다운
– 나쁜 185a, 186c, 197d, 201e, 202b, 205e
– 비겁한 179a
– 험한 꼴을 한 184b
나쁨 kakia 181e, 182d cf. 덕
나타나다 phantasthēnai 211a
남녀추니 androgynon 189e, 191d
남성 arren 181c, 189d, e, 190b, 191c, e, 193c cf. 여성
남의 allotrios 179c, 205e cf. 낯섦, 제 것
남자, 남편, *남정(男丁), 사나이, 사람, 이보게들, 여러분 anēr cf. 인간, 용감한, 여인
– 남자 179b, 191b, d, e☆, 192a, 193c, 206c, 215d
– 남편 179b
– 사나이 174b※, 214e※, 217c※, 218d※, 220c※, 221b※
– 사람 174c, 177b, 178d, 179a, 193a, 195d, 197e, 203a, 209c, e, 212b, 214b, c, 223d
– 이보게들, 여러분 (호칭: andres) 176a, 212e, 213e, 214a, 215a, d, 216d, 217b, 218b, 219c, 220e, 222a
*남자다운 → 용감한
*남자다움 → 용기
남편 → 남자
낯섦 allotriotēs 197d cf. 남의
낳는 자 gennētōr 209a
낳다, *생겨나게 하다 gennan 191b, c☆, 206d, 207a, 209b, c, 210a cf. 생겨나다, 출산하다
낳음 gennēsis 206c, e, 209d
내어놓다 → 기여하다
넋을 잃다, 자지러지다, 매혹되다, 압도되다, 주눅이 들다 ekplēttesthai cf. 신들리다
– 넋을 잃다, 넋이 나가다 198b, 211d
– 자지러지다 215d
– 매혹되다 216d
– 압도되다 192b
– 주눅이 들다 194b
넋이 나가다 → 넋을 잃다
넙치 psētta 191d
넥타르, *신들의 음료 nektar 203b cf. 술

노고 → 고생
노력 syntasis, prothymia cf. 열심인
– syntasis 206b
– prothymia 210a
노령 gēra 195b cf. 늙은
노예 doulos 183a cf. 아이, 종, 도망치는 노예처럼 달아나다
노예 노릇 douleia 183a, 184c cf. 기꺼이 하는 노예 노릇
노예 노릇 하다 douleuein 183a, 184b, 210d
노예 상태의 andrapodōdōs 215e
노예로 전락시키다 katadouloun 219e
논박하다 elenchein 201e cf. 증거, 반박하다, 반론하다
놀다, 놀리다 paizein
– 놀다 216e
– 놀리다 172a
놀리다 skōptein 173a
놀라다, 놀라워하다, *경탄하다, *기이해하다, *의아해하다 thaumazein 180b, 189a, 205b, 206b, 207c, 208b, c, 215a, 220c
놀라운, 놀랄 만한, *경탄할 만한, *범상치 않은, *의외의, *독특한, *황당한 thaumastos, thaumasios cf. 독특한
– thaumastos 177b, 178a, 182d, e, 186b, 192c, 198a, b, 200b, 204c, 210e, 213d, e, 217a, 219c, 220a, b
– thaumasios 177b, 215b, 216c, 217a, 220a, 221c, 222e
놀라움 thauma 221c
농사 기술 geōrgia 187a
높이 평가하다 → 존경하다
눈감아 주다 syngignōskein 218a, b
눈길을 주다 → 주의를 기울이다
눕다 → 앉다
늘품 epidosis 175e
늙게 되다 katagēraskein 216a cf. 노령
늙은 gēraios 179e cf. 노령
능란한 → 능숙한
능력, 권력, 영향력 dynamis cf. 권위 있는
– 능력 188d, 189c, d, 202e, 212b, 215c, 216c, 218e
– 권력 184a
– 영향력 183a
능력이 있다, 할 수 있다, 가능하다 dynasthai 182a, 184d, 188d, 192d, 197e, 199a, 201c, 206c, 207d, 211e, 214c, 216b
능숙한, 능란한, 능통한, 무시무시하게 잘하는, 심한, 극심한, 혹독

한 deinos
– 능숙한, 능란한, 능통한 193e, 198d, 203d, 207c
– 무시무시하게 잘하는 198c
– 심한, 극심한, 혹독한 177a, 183b, 220a, b
능통한 → 능숙한

다다르다 → 접촉하다
다스리다, 다스림을 받다 archein, archesthai 182c, d cf. 지배하다, 시작하다, 이끄는 사람
다 자라다 teleousthai 192a cf. 끝
다채로운, 다종다양한, 현란한 pantodapos
– 다채로운 193e
– 다종다양한 203a
– 현란한 198b
다투다 erizein 173e
단(甘) glykys 186d cf. 쓴
단어 → 이름
단일 형상인 monoeidēs 211b, e cf. 형태
단호한 → 건장한
닮다, …한 것 같다, …한 것으로 보이다 eoikenai cf. 비유하다, 모상(eikōn), 짐작하다
– 닮다 215b
– …한 것 같다, …한 것으로 보이다 172b, 173a, 176c, 198d, e, 202d
당하다 → 겪다
당한 것 → 겪는 일
대단한 생각, *(자신을) 대단하다고 생각함 phronēmata megala 182c☆, 190b cf. 큰 배포, 웅장한, 자신만만해하다, 분별
대단히 마음에 들어 하다 hyperagasthai 180a cf. 마음에 들어 하다
대답 apokrisis 204d, 205a cf. 질문
대답하다 apokrinesthai 194d, 199d, e, 204d, e cf. 묻다
대상 → 일
대장장이 chalkeus 221e
대장장이 기술 chalkeia 197b
대화 dialektos 203a
대화하다, 대화를 나누다, 말을 나누다, *이야기를 나누다 dialegesthai 174d, 181a, 183c, 194d, e, 213d, 217b, d, 223c
더 강한, 더 뛰어난, *더 훌륭한 kreittōn cf. 지배하다, 더 훌륭한
– 더 강한 196c, d
– 더 뛰어난 188d
더 이득을 보다 pleonektein 218e cf. 탐욕
더 뛰어난 → 더 강한
더불어 → 공유하는

더 약한 hēttōn 196c cf. 굴복하다, 더 강한, 약한
더 훌륭한, *더 좋은 ameinōn, beltiōn cf. 훌륭한, 가장 훌륭한, 더 강한
– ameinōn 184c, 185a, 208d
– beltiōn 210c
덕, 훌륭함, *탁월함 aretē cf. 훌륭한, 아름다운, 나쁜
– 덕 179a, d, 180a, b, 184c, d, e, 185b, 196b, 208d, 209a, b, e, 212a, 222a
– 훌륭함 181e
도가 지나친 → 방자한
도구, 연장, 악기 organon
– 도구, 연장 191a, 192d
– 악기 215c
도망치는 노예처럼 달아나다 drapeteuein 216b
독특한, 황당한, *괴상한 atopos 175a, 207e
독특함, *유별남, *괴상함 atopia 215a, 221d
돈 chrēmata 183a, 184a, b, 185a, 208d
돈벌이 chrēmatismos 205
돈 잘 버는 chrēmatistikos 173c
돌려드리다, 줄 것을 주다 apodidonai cf. 받아 내다
– 돌려드리다 220d
– 줄 것을 주다 194d
돌보는 → 관심을 기울이는
돌보다, *관심을 기울이다 epimeleisthai 191c, 194d cf. 관심을 기울이지 않다, 신경 써 주다
돌보지 않는, *관심을 기울이지 않는 amelēs 197d cf. 관심을 기울이는
*돌보지 않다 → 관심을 기울이지 않다
*돌봄 → 관심
동료, 친구, 벗, *동지 hetairos
– 동료, *동지 172b, 173c, 178d, 183c, 221b
– 친구, 벗 201a, 205e
동료 전사 parastatēs 197e
동류(同類)인, *친족간의 syngenes 192b, 210c cf. 혈연
동물, 생물 zōion
– 동물 186a, 188a, 207d, 211a
– 생물 197a, 206c
동성애하는 여인 hetairistria 191e☆
동요하다 → 혼란스러워지다
동의하다 → 일치하다
두려움, 겁 phobos cf. 무서운
– 두려움 193a, 197d, 207e
– 겁 221a
두려워하다, 염려하다, 저어하다

phobeisthai
– 두려워하다 174a, 198c
– 염려하다 193e, 194a
– 저어하다 189b
두 사람 각각 hekateros# 193d※, 194d※ cf. 각자
(…를) 뒤따라 죽다 epapothnēiskein 180a, 208d
뒤엉키다 symplekesthai 191a, b, e
뒤엉킴, *성교 symplokē 191c
뒤쫓다 → 추구하다
따르다 → 설득되다
딴청을 부리다, *아이러니를 부리다 eirōneuesthai 216e
딴청을 부리면서, *아이러니를 부리면서, *비아냥거리면서 eirōnikōs 218d☆
딸꾹질 lynx 185c, d, 188e
때맞춰 eis kalon → 아름다운
똑같은 → 비슷한
뚜렷이 기억나다 diamnēmoneuein 180c cf. 기억하다
뜨거운 thermos 186d, 188a cf. 차가운

리듬 rhythmos 187b, c, d

마땅한 → 정의로운
마른 xēros 186d, 188a cf. 축축한
마법 goēteia 203a
마법사 goēs 203d cf. 주술사
마셔버리다, 쭉 마셔버리다 ekpinein 214a, c
마시다, 술 마시다 pinein 176b, c, e, 181a, 211d, 212d, 214a, 220a, 223b, c
마음, *생각 noēma 197e
마음, *사유, *의도 dianoia 219a, d cf. 마음을 품다, 사유
마음 phrēn 199a
마음 nous → 지성
*마음 psychē → 영혼
마음 놓고 행동할 수 있게 허용됨, *자유, *방종 exousia 182e, 183c
마음먹다 → 파악하다
마음속으로 생각하다, 숙고하다, 생각이 들다, 깨닫다 enthymeisthai
– 마음속으로 생각하다 208c
– 숙고하다 182d
– 생각이 들다 198b
– 깨닫다 212a
마음을 품다, 의도를 갖다, 생각하다 dianoeisthai cf. 마음, 사유
– 마음을 품다 217a

– 의도를 갖다 173e
– 생각하다 207c, 218e, 219a
마음에 들어 하는 agastos 197d
마음에 들어 하다, 탄복하다 agasthai cf. 소중히 여기다, 대단히 마음에 들어 하다
– 마음에 들어 하다 179c, 180b, 197c, 199c
– 탄복하다 219d
마치다 → 죽다
막연하게 암시하다, *수수께끼 같은 말을 하다 ainittesthai 192d
만나다, 맞닥뜨리다, 접하다 entynchanein cf. 발견하다, 운명
– 만나다 191b, c, 192b, 193b, c(tynchanein), 194c, 195e, 209b, 219d
– 맞닥뜨리다 174a
– 접하다 177b
만들다, 하다, 행하다, 짓다, 그리다 poiein cf. 창작, 하다
– 만들다 179a, d, 182a, 187d, 190c, 191d, 193d, 196e, 198c, 203b, 210c
– 하다, 행하다 173e, 175b, 176a, 185d, e, 214e, 217a, 219c, 222b
– 짓다 177a, b
– 그리다 174b
만들어 넣다, 심어 넣다 empoiein cf. 집어넣다
– 만들어 넣다 178c, 186d, e, 187c, e, 208a
– 심어 넣다 182c
*만듦 → 창작
만찬 deipnon, syndeipnon 172b, 174a, b, e, 175b, e cf. 식사하다, 함께 식사하다, 연회, 잔치, 향연
말을 나누다 → 대화하다
망각 lēthē 208a
맞는 → 진실
맞닥뜨리다 → 만나다
매진하다 → 진지하다, 진지한 관심을 갖다
매혹되다 → 넋을 잃다
맨발의 anypodētos 173b, 203d, 220b
맨숭맨숭하다 → 취하지 않다
맹세 horkos 183a, b
맹세하다 omnynai 183a, b
머리 kraata 195d
머리띠 tainia 212e☆, 213a, e
머리통 krania 195e
멋있는, 멋진 → 아름다운
멋쟁이 → 아름다운
메우다, *채우다 symplēroun 202e cf. 채우다

명성 kleos 208c, 209d cf. 영광스러운, 이름난
명예, 공직, 숭배 timē
– 명예 216b, e
– 공직 178c
– 숭배 190c
명예 추구, 열망, *자부심 philotimia
– 명예 추구 208c
– 열망 178d
명예를 추구하다 philotimeisthai 178e
모르다 → 무지하다
모상(模像), *비유, *형상, *이미지 eikōn 215a cf. 비유하다, 닮다, 짐작하다, 상(像)
모상(模像), *환영(幻影), *허상(虛像) eidōlon 212a
모습 idea 196a, 204c cf. 형태, 모양
모양 schēma 216d cf. 형태, 모습
모임, 함께 어울리는 일, 함께함, *성교 synousia cf. 교제, 함께 있다
– 모임 172a, b, c, 173a, b, 176e
– 함께 어울리는 일 219d
– 함께함, *성교 191c, 192c, 206c
모임 synodos 197d
목적(牧笛) syrinx 215b cf. 피리
목적 달성 diapraxis 184b cf. 이루어 내다
목적 달성 못한 atelēs 179d cf. 끝, 이루어 내다
몫을 못 가진, 한 몫도 안 가진, 조금도 안 가진 amoiros 181c, 197d, 202d cf. 나눠 갖다
몫을 잘 받아 가진 eumoiros 197d cf. 나눠 갖다
몸, *육체, *신체 sōma 181b, e, 183e, 186a, b, c, d, 189a, 196b, 206b, c, 207e, 208b, e, 209a, b, 210a, b, c, 211a, c
무두장이 byrsodepsēs 221e
무른 → 소심한, 유약한
무서운 phoberos 194b cf. 두려움, 두려워하다
무시무시하게 잘하는 → 능숙한
무시하다 atimazein 219d cf. 존경하다
무지 amathia 202a, 203e, 204a
무지한 amathēs 202a, 204a, b
무지하다, 모르다 agnoein
– 무지하다 216d
– 모르다 194b
무색케 하다, *수치스럽게 하다 kataischynein 183e cf. 수치스러워하다
문(門) thyra 174e, 183a, 203b, d, 212c, d, 223b
문전(門前) prothyron 175a, d

문제 → 일
묻다 erōtan, pynthanesthai, diapynthanesthai, eresthai cf. 질문, 대답하다
– erōtan 172c, 199c, d, 212d
– pynthanesthai, diapynthanesthai 172a, 174a, 199b, 204e
– eresthai# 192d, 199e, 204d, 205a, 207a
물리치다 → 지배하다
뮤즈 여신 Mousa 187e, 189b, 197b
뮤즈 여신과 거리가 먼, *시가에 소양이 없는 amousos 196e
미모 eumorphia 218e cf. 형태
미미한 → 작은
미천한 재주꾼 banausos 203a
미치다 mainesthai 173e cf. 광기
*미친 *manikos 173d☆
민숭민숭한, *음악이 곁따르지 않는 psilos 215c
밀어붙이다 → 강제하다

바라다, 원하다, …하고 싶다 boulesthai 172a, 175b, 176e, 177a, b, 183a, e, 187a, 190a, 192c, d, e, 194a, e, 199b, d, e, 200b, c, d, 201a, 205a, 209d, 212c, 213c, 214b, c, d, e, 217d, 220d, e cf. 바람, 욕망하다, 사랑하다
바라보다 theasthai 190e, 210c, e, 211d, 212a, 220e, 221a cf. 우러러보는, 쳐다보다, 관조하다, 직관하다
바람 boulēsis 205a cf. 바라다
바로잡다 epanorthoun 180d cf. 옳은
반대의, 반대되는, 맞서, 마주, … 앞에서 enantios
– 반대의, 반대되는 177d, 186d, 190a
– 맞서, 마주, … 앞에서 193b, 194b, 214e
반론하다 antilegein 201c, 216b cf. 반박하다, 논박하다
반박하다 exelenchein 217b cf. 논박하다, 반론하다
반쪽 hēmisy 190e, 191a, b, 192b, 193c, 205d, e cf. 전체
반쪽 주사위 lispai 193a
받아 내다 apodechesthai 194d cf. 돌려드리다
받아들여지다, 간주되다, *통용되다 nomizesthai cf. 법, 법으로 정해지다
– 받아들여지다 182b, d, 183c, d, 184c
– 간주되다 184a
받아들이다 → 일치하다

발견하다, 찾다, 찾아내다 heuriskein, exeuriskein, aneuriskein cf. 창의력 있는, 만나다, 추구하다
– 발견하다 175d, 193b(exeuriskein), 197a(aneuriskein), 222a
– 찾다, 찾아내다 221d, 223a
방도, 수, 장치 mēchanē cf. 궁리하다
– 방도 178e, 190c, 191b
– 수 203d
– 장치 208b
방도가 없다, 궁하다, 막막해하다, 어쩔 줄 몰라 하다, 어쩔 줄 몰라 막막해하다 aporein
– 방도가 없다 203e
– 궁하다 193e
– 막막해하다 198a, b, 219e
– 어쩔 줄 몰라 하다 192d
– 어쩔 줄 몰라 막막해하다 190c
방도가 없는 aporos 204b
방도 없음 aporia 203b
방식, 성격 tropos
– 방식 176a, b, 195a, 199a, 206b, 208a, 211b
– 성격 207e cf. 성품
방자(放恣)한, 도가 지나친 hybristēs
– 방자한 215b☆, 221e
– 도가 지나친 175e
방자(放恣)함, *방약무인(傍若無人) hybris 181c, 188a
방자함을 부리다, *모욕을 가하다 hybrizein 174b, 219c, 222a
방종, *훈육 부족 akolasia 187e, 190c
방종한, *제멋대로인 akolastos 186c
배(腹) gastēr 190e, 191a
배꼽 omphalos 190e, 191a
*배심원 → 재판관
배에 함께 탄 전사 epibatēs 197d☆
배움, *배울거리 mathēma 211c
번거로움 → 일
번성, *호시절 euetēria 188a
범속(凡俗)의, *통속(通俗)의 Pandēmos, pandēmos 180e☆, 181a, e, 185c, 187e
법, *관습 nomos 181d☆, e, 182a, b, e, 183b, c, 184a, b, c, d, e, 192b, 196c, 209d, 210c cf. 받아들여지다
법으로 정해지다, *입법되다, *관습이 되다 nomotheteisthai 182b, d cf. 받아들여지다
변명하다 apologeisthai 174c
별 수 없는 → 필연적인
벗 → 동료
병, 질병 nosos, nosēma 187e, 188b, 201d cf. 건강
병든 nosōdēs 186b, c cf. 건강한
병들다, 병에 걸리다 nosein 186b,

207a cf. 건강하다
보다 kathoran → 직관하다
보다 blepein → 쳐다보다
보잘것없는, 간단치 않은 phaulos cf. 작은
- 보잘것없는 174c, 175e, 181b, 210d, 211e, 215c, d, 218d
- 간단치 않은 213c
보존하다 → 구하다
복 받은, 축복받은 makar, makarios cf. 행복한
- 복 받은 makarios 193d, 198b, 214c, 219a
- 축복받은 makar 179e, 180b
복 받았다 여겨지는 makaristos 204c
복 받았다 여기다 makarizein 216e cf. 행복한 자들이라고 축하하다
복수하다, 앙갚음하다, 갚다 timōrein
- 복수하다 180a
- 앙갚음하다 214e
- 갚다 213d
본성, *본래 모습 physis 181c, 186b, 189d, 191a, d, 192a, b, e, 193c, d, 203d, e, 204b, 206c, 207c, d, 208b, 210e, 212b, 219d
봉사하다, 시중들다, *돌보다, *섬기다 therapeuein cf. 심복
- 봉사하다 184c☆
- 시중들다 175c
봉사하다, *하인 노릇 하다 hypēretein, hypourgein
- hypēretein 184d, 185a, 196c
- hypourgein 184d
봉헌되다 anakeisthai 197e
봉헌하다, *갖다 붙이다 anatithenai 198d, e
부(富) ploutos 178c, 185a, 200d cf. 부유한, 부유하다, 소유물
*부끄러워하다 → 수치스러워하다
*부끄러운 → 추한
*부끄러움 → 추함, 수치심
부당한, *부정의한 adikos 217e cf. 불의, 정의로운
부러 → 자발적인
부러워하다 zēloun 209d cf. 탐내는, 질투하다
부분 morion 205c
부유하다, 부자다 ploutein 200c, 203e
부유한, 부자인 plousios 173c, 185a, 216e
부자다 → 부유하다
부자인 → 부유한
부적절함 akairia 182a
부절(符節) symbolon 191d☆
부조(扶助) eranos 177c☆
부족한 → 결여하고 있는

북새통, *떠들썩함, *혼란스러움 thorybos 223b cf. 혼란스러워지다
분간하다 diagignōskein 186c, 187c
분명한 saphēs 172b, c, 204d, 206c
분별, *현명함, *사려, *지혜, *실천적 지혜, *슬기 phronēsis 184d, 202a, 203d, 209a, 219d cf. 절제, 지혜
분별 있는, *사려 있는, *지각 있는, *슬기로운, *지혜로운 phronimos 204a, 218d
분별 있는, 침착한, *사려 있는, *지각 있는 emphrōn
- 분별 있는 194b
- 침착한 221b
분별 없는, *어리석은, *사려 없는, *몰지각한 aphrōn 194b, 218d
분별 없음, 어리석음, *사려 없음, *몰지각함 aphrosynē 181d
불경건 asebeia 188c☆ cf. 경건
불사(不死) athanasia 206e, 207a, 208b, e
불사자(不死者), 불사적인, 불사의 athanatos 202d, 203e, 206c, e, 207a, d, 208b, c, d, e, 209c, d, 212a cf. 가사자, 가사적인
불쌍한 athlios 173a, d cf. 불행한
불의, *부정의 adikia 182a, 193a cf. 부당한, 정의
불의를 행하다, *해를 입히다 adikein 196b
불합리함, 어리석음, *추론 못함 alogia
- 불합리함 187a
- 어리석음, *추론 못함 208c
불행한 kakodaimōn 173d cf. 행복한, 불쌍한
불화하다, *불일치하다 diapheresthai 187a, b cf. 일치하다, 화합하다
비겁한 → 나쁜
비겁함, 용기 없음, *남자답지 못함 anandria cf. 나쁜, 용기
- 비겁함 182d
- 용기 없음 178d
비교하다 → 비유하다
비극 tragōidia 173a, 223d cf. 희극
비극을 만드는 자 tragōidopoios 223d cf. 희극을 만드는 자
비난, 비난거리 oneidos 182a, 183a, b, 189e
비난받을 만한 eponeidistos 184c
비난하다 oneidizein 183b, c
비슷하지 않은 anomoios 186b
비슷한, 똑같은 homoios

- 비슷한 179a, 192a, 195b, 215a, b, 216c, 221c, d
- 똑같은 173d
비슷한 음운(音韻)으로 말하는 것 isa legein 185c
비우다 kenoun 197d cf. 채우다
비움 kenōsis 186c cf. 채움
비웃다 katagelan 181d, 212e, 222a cf. 우스운, 웃음
비웃음 → 웃음
비유하다, 비교하다 apeikazein cf. 닮다, 모상(eikōn), 짐작하다
- 비유하다 216c
- 비교하다 221c, 221d
빈 kenos 175d cf. 가득한, 비움

사나이 → 남자
사람 anēr → 남자
사람 anthrōpos → 인간
사냥꾼 thēreutēs 203d
사내다움 arrenōpia 192a
사내를 밝히는 philandros 191e cf. 여색을 밝히는
사다리, *계단 epanabathmoi, *epanabasmoi 211c
사랑, 에로스 erōs, Erōs 177a, c, d, e, 178a, b, c, d, 179a, c, d, 180b, c, d, e, 181a, c, d, 182a, c, 185b, c, 186a, b, d, e, 187c, d, e, 188a, c, d, e, 189c, 191d, 192c, 193a, b, c, d, 194d, 195a, b, c, e, 196a, b, c, d, e, 197a, b, c, 198d, e, 199b, c, d, e, 200a, e, 201a, b, c, d, e, 202b, d, 203a, c, e, 204b, c, d, 205a, b, d, e, 206a, b, e, 207a, c, 208b, c, 212b, c, 213c, 214c cf. 소년 사랑
사랑받는 것, *사랑받을 만한 것 eraston 204c
사랑받는 자 erōmenos 178e, 180b, 183c, 184a, 185c, 192e, 204c(사랑받는 것) cf. 소년 애인
사랑에 관한 erōtikos 172b cf. 사랑(에로스)에 관한 일들, 사랑에 연연하는
사랑에 끌리는 → 사랑에 연연하는
사랑(에로스)에 관한 일들, 에로스 관련 일들, 에로스가 하는 일들, 에로스의 일들 erōtika
- 사랑(에로스)에 관한 일들 177d, 193e
- 에로스 관련 일들 201d, 207a, c, 209e, 210e, 211c
- 에로스가 하는 일들 186c, 187c, 188b
- 에로스의 일들 187c, 188d, 198d,

212b
사랑에 애타는 → 사랑에 연연하는
사랑에 연연하는, 사랑에 끌리는, 사랑에 애타는, *사랑에 빠진 erōtikos cf. 사랑(에로스)에 관한 일들, 사랑에 관한
– 사랑에 애타는 207b, 208e
– 사랑에 끌리는 216d
– 사랑에 연연하는 222c
사랑하는 자, *구애자 erastēs 173b, 178c☆, e, 179e, 180a, b, 181e, 182a, b, d, e, 183a, c, d, e, 184b, d, e, 185a, 203c, 205d, 210b, 217b, c, 218c, 222b cf. 소년을 사랑하는 자
사랑하다 eran 178d, 179a, b, 180a, 181a, b, d, 182a, d, 183b, c, e, 185c, 186b, d, 188c, 192e, 197b, 198d, 200d, 201b, 204c, d, e, 205a, b, d, 206a, 208e, 210a, c, 213c, 222c, d cf. 소년을 사랑하다, 욕망하다, 바라다, 친애하다
사물 → 일
사색하다 synnoein 220c cf. 파악하다, 골똘히 생각하다
사소한 → 작은
사유, *생각 dianoēma 210d cf. 마음, 마음을 품다
사튀로스 satyros 215b, 216c, 221d, e
사튀로스 극 satyrikon drama 222d
산고 ōdis 206e
산문 작가 → 개인
산출하다 → 출산하다
살 가치가 있는 biōtos 211d, 216a cf. 삶
살갑게 응하다, 살갑게 대하다, 잘 대해 주다, 기쁘게 해 주다 charizesthai 177c, 182a, b, d, 183d, 184a, b, d, e, 185a, b, 186b, c, 187d, 188c, 217a, 218c, d cf. 호의
살무사 echis, echidna 217e, 218a
살펴보다 skopein, skopeisthai → 숙고하다
살펴보다 blepein → 쳐다보다
살피다 episkopein 188c
삶, 생애, 일생 bios cf. 살 가치가 있는
– 삶 181d, 191c, 211d, e, 216e
– 생애 178c, 192c, 203d
– 일생 183e
상(賞), 용감히 싸웠다는 상 taristeia 220d, e
상(像), *조각상 agalma 215b, 216e, 222a cf. 모상
상기시키는 것 mnēmeion 191a cf. 기억하다

상기하다, 상기시키다 → 기억을 되새기다
상처를 입다 tetrōsthai 219b
새로운 → 젊은
새싹, *자식 apoblastēma 208b
생각나게 하다 → 기억을 되새기다
생각 없는 → 어리석은
생각을 갖다 → 의견을 갖다
생각을 짜내다 → 파악하다
생각하다 → 마음을 품다
생겨나다 gennasthai 203c, 209c cf. 낳다
생겨남 → 기원
생물 → 동물
생산 → 창작
*생성 → 기원
생식 → 기원
서두 → 시작
선물 dosis 195a cf. 선사하다
선물로 넉넉하게 주는 philodōros 197d cf. 선물
선물로 주지 않는 adōros 197d cf. 선물
선사하다, *선물로 주다 dōrein 195a cf. 선물
섞다, 함께 섞다 symmeignynai 207b, 222a
섞이지 않은 ameiktos 211e cf. 순수한, 정결한
선생 didaskalos 189d, 197a, 207c cf. 가르치다, 교육
설득되다, 따르다, *믿다 peithesthai
– 설득되다 212b, 217d
– 따르다 176d, 186e, 193e, 214b,
설득하다 peithein 182b, 212b, 214c
섬섬(纖纖)한, *여린, *가냘픈, *섬세한 hapalos 195c☆, d, e, 196a, 203c
섬섬함 hapalotēs 195d
성(性) → 종족
성격 → 방식
*성교 → 뒤엉킴, 함께함
성품 ēthos 183e, 195e, 207e cf. 성격
센 → 힘센
소개하다 → 제안하다
소금 hals 177b
소년 → 아이
소년 사랑 paiderastia 181c, 184c cf. 사랑, 자기를 사랑하는 자에 대한 친애
소년 애인, 애인 paidika 178c☆, e, 179a, 180b, 183a, 184b, c, d, e, 193b, c, 211d, 217b, c, 222b cf. 사랑하는 자
소년을 사랑하는 자 paiderastēs 192b cf. 사랑하는 자, 자기를 사랑해 주는 자를 친애하는 자
소년을 사랑하다 paiderastein 192b,

211b cf. 사랑하다, 친애하다
소심한, 무른, *유약한 malthakos cf. 유약한, 유약하다
– 소심한 174c
– 무른 195d
소유물 ktēma 212b, 216e
소유하다, 얻다 ktasthai
– 소유하다 185b, 200d, 201b, 202c
– 얻다 218e
소유함, 얻는 일, *획득 ktēsis
– 소유함 205a
– 얻는 일, *획득 180b
소중한 → 친구
소중히 여기다, 흡족해하다, *존중하다, *좋아하다 agapan cf. 귀중히 여기는, 마음에 들어하다
– 소중히 여기다 180b☆, 181c
– 흡족해하다 210d
소피스트 sophistēs 177b, 203d, 208c cf. 교묘한 술수, 지혜로운
속담 paroimia, to legomenon
– paroimia 174b, 222b
– to legomenon 217e
손재주 cheirourgia 203a
솔직함 parrēsia 222c
솜씨 좋은 → 지혜로운
송가, *찬송가 hymnos 177a☆ cf. 찬송하다, 찬가, 찬미, 찬양
수 → 방도
수를 쓰다 → 궁리하다
수염이 나기 시작하다 geneiaskein 181d
수염이 없는 ageneios 180a
*수치스러운 → 추한
*수치스러움 → 추함
수치스러워하다, 수치심을 느끼다 aischynesthai 178e, 183b, 194c, 216b, 217d, 218d cf. 추한, 무색케 하다
수치심 aischynē 178d, 184e, 198b cf. 후안무치
수행하다 → 이루어내다
숙고하다, 살펴보다 skopein, skopeisthai
– 숙고하다 176a, 200a, d, 220c, 222a
– 살펴보다 219a
숙고하다, 숙의하다, 계획을 세우다 bouleuesthai cf. 조언하다
– 숙고하다 176d, 219a, b
– 숙의하다 190c
– 계획을 세우다 174d
숙고하다 ennoein → 파악하다
숙의하다 → 숙고하다 bouleuesthai
순수한 eikirinēs 181c, 211e cf. 정결한, 섞이지 않은
술, *포도주 oinos 176c, 203b,

217e, 223b cf. 넥타르
술동이 psyktēr 213e☆
술에 취하다 → 취하다
술잔 ekpōma 213e
술 취함 methē 176d, 176e cf. 취하다
술친구, *술자리 동석자 sympotēs 212e, 213b, 216d
술통 phialē 223c☆
숨어서 기다리다, *매복하다 ellochan 213b☆
숭배 → 명예
시가 기술, 시가, *음악 기술 mousikē
- 시가 기술, *음악 기술 187a, b, c, e, 196e, 197b
- 시가 205c
시간 보내기 diatribē 177d, e
시간을 보내다, 지체하다 diatribein cf. 함께 시간을 보내다
- 시간을 보내다 223d
- 지체하다 175c
시내, *중심가 asty 172a, 173b
시비를 가리다 diadikazesthai 175e
시인, 작가, *만드는 자 poiētēs cf. 창작, 만들다
- 시인 177a, b, 178b, 186e, 195c, 196e, 209a, d
- 작가 205c☆
*시작(詩作) → 창작
시작(始作), 처음, 애초, 서두 archē 174a, 177a, 183d, 190b, 197b, 199c, 223d cf. 권세, 시작하다, 다스리다
시작하다 archesthai, archein, katarchein cf. 다스리다, 시작
- archesthai 173c(서두에), 181d, 210a, 211b, c, 219a
- archein 177d
- katarchein 176a, 177e
시험하다 basanizein 184a
식사하다 deipnein 174e, 175c, 176a, 203b, 217d, 220c cf. 만찬, 함께 식사하다
신, 여신 theos 176a, 177a, c, 178a, b, 179b, c, d, 180a, b, d, e, 181b, 183b, c, 185b, 186b, e, 188b, c, d, e, 189c, 190b, c, 193a, b, c, d, 194d, e, 195a, c, d, e, 196a, b, d, e, 197a, b, d, e, 198a, 201a, e, 202b, c, d, e, 203a, b, 204a, 214d, 215b, c, 219c cf. 신적인, 신령, 여신
신경 써 주다 kēdesthai 210c cf. 근심, 돌보다
신경 쓰다 phrontizein → 골똘히 생각하다
신경 쓰다 melei → 관심거리가 되다

신경을 쓰지 않다 → 관심을 기울이 지 않다
신들리다 katechesthai 215c, d cf. 신 지핀, 넋을 잃다
신들의 의분을 살 만한 일이 아닌 anemesētos 195a
신령 daimōn 202d☆, 203a, 204b cf. 행복한, 불행한, 신
신령한, 신령스러운 daimonios 202d, 219c, 223a
신이 친애하는, *신의 사랑을 받는 theophilēs 212a
신적인 theios 180b, 186b, 187e, 206c, d, 208b, 211e, 215c, 216e, 222a cf. 신
신 지핀 entheos 179a, 180b cf. 신들리다, 영감을 받은, 넋을 잃다
*신체 → 몸
실레노스 silēnos 215a☆, 216d, 221d
실레노스 같은 silēnōdēs 216d
실레노스 극 silēnikon drama 222d
실제 경험 → 일
실행 dēmiourgia 197a
실행하다 epitēdeuein 209c cf. 행실
심문하다 anakrinein 201e
심복 therapōn 203c
심어 넣다 → 만들어 넣다
심장 kardia 215e, 218a
심한 → 능숙한
쓴 pikros 186d cf. 단
쓸 만한 chrēstos 177b, 178c, 183d, e

아낭케(필연) → 필연
아동 보호자, *아동 인도자 paidagōgos 183c☆ cf. 인도하다
아들 → 아이
아름다운, 멋있는, 멋진, 멋쟁이, 괜찮은, 잘한, 잘, *잘생긴 kalos cf. 아주 아름다운, 훌륭한, 나쁜
– 아름다운 175e, 177d, e, 178c☆, d, 179c, 180c, e, 181a, b, 182b, d, 183d, 184b, d, e, 185a, b, 186a, b, c, d, 187d, e, 194c, 195a, 197b, c, e, 198b, d, e, 199a, c, 201a, b, c, e, 202b, c, d, 203c, d, 204a, b, c, d, e, 206b, c, d, e, 209a, b, c, e, 210a, b, c, d, e, 211a, b, c, d, e, 212a, e, 213c, d, 214c, 216d, 218e, 222a, 223a
– 멋있는, 멋진 174a, 176b, 180a, 184a, 185e, 186a, 187a, 194a, d, 195d, 199d, 204c, 214c
– 멋쟁이 174a
– 괜찮은 217e

– 잘한 174e
– 잘 194e, 200b, 221a
– 때맞춰 174e(eis kalon)
아름다움 196a, b, 197b, 198b, 201a, b, 210a, b, c, d, 218e cf. 추함
아름답고 훌륭한 kalos kagathos 204a, 222a
아무 일도 하지 않음 → 게으름
아부, 아첨 kolakeia 183b, 184c
아이, 아들, 소년, 어린애, *자식, *노예 pais cf. 노예, 어리디어린 소년, 젊은이
– 아이, 아들, *자식 198a, 208d, 209c, d, e, 217e
– 소년, 어린애 181b, c, d, e, 191e, 192a, 204b, 211d
– 아이, 얘야(호칭), 얘들아(호칭), *노예 174e☆, 175a, b, 212c, 213b, e, 214a, 217e, 218c
아이 paidion 203b
아이 낳기, *자식 낳기 paidogonia 208e
아주 아름다운 pankalos 183b, c, 204c, 217a cf. 아름다운
아주 용감한 → 가장 훌륭한
아첨 → 아부
악기 → 도구
안성맞춤인 epitēdeios 173b cf. 지인
안정적인 → 확고한
앉는 일 kataklisis 175e
앉다, 침상에 앉다, 눕다, *기대어 눕다 katakeisthai, kataklinein, kataklinesthai 174e☆, 175a, c, 176a, 177d, e, 185d, 192d, 203c, 213a, b, c, e, 219b, c, 222e, 223a, b cf. 침상
알다 eidenai 172b, c, 173d, 194c, 196e, 198d, e, 199a, 201b, 202b, 207c, 210a, 213a, 216c, d, e, 217a, 219e
알다, …할 줄 알다 epistasthai 177d, 186d, e, 188d, 202a, 223d cf. 앎
알다, 깨닫다, 이해하다, 알아보다 gignōskein
– 알다 199a, 207c, 211c, 216d
– 깨닫다 222b
– 이해하다 217e
– 알아보다 181c
알다, 깨닫다 syneidenai
– (자신에 대해) 알다 216a, b
– 깨닫다 193e
알맞다 → 적절하다
알맞은 euprepēs 198d cf. 적절하다, 적당하다
알아보다 gignōskein → 알다

알아보다 kathoran → 직관하다
앎 epistēmē 186c, 187c, 188b, 202a, 207e, 208a, 210c, d, 211a cf. 알다
압도되다 → 넋을 잃다
앙갚음하다 → 복수하다
애인 → 소년 애인
애초 → 시작
야만인 → 이방인
약속 hyposchesis 183e
약한 asthenēs 190c, d, 207b cf. 힘센, 더 약한
어거지 → 완력
어렴풋하게 직감하다, *점치다 manteuesthai 192d
어리디어린 소년 paidarion 207d, 210d cf. 소년
어리석은, 생각 없는 anoētos
– 어리석은 181b, 218c
– 생각 없는, *지성을 갖추지 못한 221e
어리석은 일 anoia 210b
어리석음 → 불합리함
어린 → 젊은
어린애 → 아이
어울리다 prepei → 적절하다
어울리다 prosēkei → 적당하다
어울릴 기회를 갖다, *참여하다 metalambanein 223a cf. 나눠 갖다
어쩔 줄 몰라 막막해하다 → 방도가 없다
어쩔 줄 몰라 하다 → 방도가 없다
얻는 일 → 소유함
얻다 ktasthai → 소유하다
업적 → 일
에로스 → 사랑
에로스가 하는 일들 → 사랑(에로스)에 관한 일들
에로스 관련 일들 → 사랑(에로스)에 관한 일들
에로스의 일들 → 사랑(에로스)에 관한 일들
여겨지는 것 → 의견
여러분 → 남자
여색을 밝히는 philogynaikes 191d cf. 사내를 밝히는
여성 thēly 181c, 189d, e, 190b, 191c cf. 남성
여신 thea 180d, 219c cf. 신
여인 gynē 176e, 179b, d, 181b, e, 191b, c, e, 193c, 201d, 206c, 208e, 215d cf. 남자
역병(疫病) loimos 188b, 201d cf. 병
연대 → 공유
연설가 rhētōr 215d, e
연습 meletē 208a cf. 이야기할 준비가 된

다리
올바른 → 옳은
옳은, 올바른, 제대로, 곧은, 곧추 선 orthos cf. 정의로운, 온당함
– 옳은 180c, e, 183d, 195a, 202a
– 올바른 181a, 210a, e, 211b
– 제대로 187d
– 곧은, 곧추 선 190a, d
옳은 dikaios → 정의로운
완력, 어거지 bia 196b, 216a cf. 우격다짐
완력을 부리다 biazesthai 213d
완벽한, 최고의 teleos cf. 끝
– 완벽한 204c, 208c
– 최고의 210a
외투 himation 219b, 220b cf. 해진 옷
요리 기술 opsopoiikē 187e
욕망 epithymia 187e, 192e, 196c, 197a, 200e, 205d, 207a, e, 223a
욕망하는 epithymētēs 203d
욕망하다, 욕망을 느끼다, …하고 싶다 epithymein cf. 사랑하다, 바라다
– 욕망하다, 욕망을 느끼다 186b, 189a, 191a, 192d, 200a, b, c, d, e, 202d, 204a, 206c, 207a, 209b, 223a
– …하고 싶다 177c
용감한, 용기 있는, *남자다운 andreios cf. 훌륭한, 남자
– 용감한 192a, 203d
– 용기 있는 196d
용감히 싸웠다는 상 → 상(賞)
용기, *남자다움 andreia 192a, 194b, 196c, d, 212b, 219d cf. 용감한, 훌륭한, 사나이, 비겁함
용기 없음 → 비겁함
용서 syngnōmē 183b
용접하다 symphysan 192e cf. 융합하다, 한 몸으로 자라다
우격다짐 biaion 195c cf. 완력
우군 philioi 221b
우러러보는 theatos 197d cf. 바라보다
우스개를 부리다 gelōtopoiein 189a
우스운, 우스개, 우스갯소리, *우스꽝스런, *웃을 거리 geloios cf. 웃음
– 우스운 174e, 199d, 213c, 214e, 215a, 221e
– 우스개, 우스갯소리 189b☆, 215a
우스운, 웃음거리, *비웃음 katagelastos cf. 웃음, 비웃다
– 우스운 198c
– 웃음거리 189b☆
우스운 이야기로 치부하다, *희

극으로 치부하다, *비웃다 kōmōidein 193b, d cf. 희극
우승 기념 제사, 우승 기념행사 ta epinikia 173a, 174a
우아 habrotēs 197d
우아한 habros 204c
우아함 euschēmosynē 196a cf. 꼴사나움, 모양
운명, 모이라 (여신) Moira 206d
운명 tychē 177e(tychē agathē 행운), 203c cf. 행운, 만나다
운율 metra 187d, 205c
운율을 넣은 emmetros 197c
웃음, 비웃음 gelōs cf. 우스운
– 웃음 222c
– 비웃음 199b
웃음거리 → 우스운
웅장한, *웅대한, *통이 큰 megaloprepēs 199c, 210d
원인, 까닭 aitia
– 원인 205b, 207b, c
– 까닭 184a
원인, 원인인, 원인 노릇 하는, 가져다 준, 이유 aitios
– 원인, 원인인 178c, 192e, 195a, 197c, 198e, 207a
– 원인 노릇 하는 193c, 204b
– 가져다 준 194e
– 이유 192e
원하다 → 바라다
위엄 있는, *엄숙한, *장엄한 semnos 199a
(…를) 위해 죽다 hyperapothnēiskein 179b, 180a, 207b, 208d cf. 뒤따라 죽다
(…를) 위해 죽다 proapothnēiskein 208d cf. 뒤따라 죽다
유약(柔弱)한, 무른, *부드러운, *연약한 malakos cf. 소심한
– 유약한 173d☆
– 무른 195e
유약하다 malthakizesthai 179d cf. 소심한
유연한 → 축축한
유희, *놀이 paidia 197e cf. 진지함
*육체 → 몸
융합하다, *접합하다 syntēkein 183e, 192d, e cf. 용접하다, 한 몸으로 자라다
*음악 기술 → 시가 기술
의견, 평판, 여겨지는 것 doxa
– 의견 202a, 207e
– 평판 208d
– 여겨지는 것 218e
의견을 갖다, 생각을 갖다 doxazein
– 의견을 갖다 202a
– 생각을 갖다 194c
의도를 갖다 → 마음을 품다

전달하다 diaporthmeuein 202e
*전문가 → 장인(匠人)
전쟁 polemos 196a, 221b
전쟁 수행 ta polemika 174b
전체, 온전한 holos cf. 부분, 반쪽
– 전체 189e, 205b, c, d, e
– 온전한 192e
절제 sōphrosynē 188d, 196c, d, 209a, 216d, 219d cf. 분별, 정의
절제된, 절제 있는 sōphrōn 188a, 214b cf. 분별 있는
절제 있다 sōphronein 196c
젊은, 어린, 새로운 neos
– 젊은 175e, 180d, 181b, 182b, 195a, b, c, 196a, 210a, c, 218a
– 어린 178c, 180a, 181d, 209b
– 새로운 207d, 208b
젊은이, 젊은 사내애 meirakion
– 젊은이 223a
– 젊은 사내애 192a, 215d
접촉하다, 건드리다, 다다르다 haptesthai, ephaptesthai
– 접촉하다 175c, 195e, 209c, 212a (ephaptesthai)
– 건드리다 196c, 221b
– 다다르다 211b
접하다 → 만나다
정결한 katharos 211e cf. 순수한, 섞이지 않은
정당한 → 정의로운
정신이 나가다 parapaiō 173e
정신이 말짱하다 → 취하지 않다
정의 dikaiosynē 188d, 196c, d, 209a cf. 온당함, 불의
정의로운, 정당한, 마땅한, 옳은 dikaios cf. 공평한, 온당함, 옳은, 부당한
– 정의로운 196c
– 정당한 182a, 184d, 193d
– 마땅한 172b, 185d, 195a, 220d
– 옳은 214c
정점 → 끝
정치적인, 국가의 politikos
– 정치적인 184a, b
– 국가의 192a
제 것, 자신의 것, *자기 것, *가까운 것 oikeion 193d, 205e cf. 친근함, 자신의 것, 남의
제멋대로 굴다 aselgainein 190c, d
제안하다, 소개하다 eisēgeisthai
– 제안하다 176e, 177a
– 소개하다 189d
조금씩 새어 나가다 hypekrein 203e
조력자 epikouros 189d
조언하다 symbouleuein 174d cf. 숙고하다

조종하다 kybernan 187a, 197b cf. 키잡이
조화, *결합 harmonia 187a, b, c, d, 188a
조화하다, 조화시키다 harmottein 187b, 206d
조화하지 않는 anarmostos 206c, d
족속 → 종족
존경받는, 존경받을 만한, 귀중한 timios
- 존경받는, 존경받을 만한 178b, 180b, 209d
- 귀중한 210b
존경하다, 경의를 표하다, 높이 평가하다, 귀중히 여기다, *공경하다 timan cf. 영예롭게 하다, 특별한 존경을 표하다
- 존경하다, 경의를 표하다, *공경하다 188c, 196d, 212b
- 높이 평가하다 179d, e, 180a, b, 212b
- 귀중히 여기다 175e, 208b
종(從), *가복(家僕) oiketēs 210d, 218b cf. 노예, 아이
종(種) → 형태
종족, 족속, 성(性), *종(種) genos
- 종족 189d(anthrōpeion genos 인류), 191c, 193c
- 족속 190c, 191e
- 성(性) 189d, 190b
좋은 agathos → 훌륭한
주눅이 들다 → 넋을 잃다
주목하다 → 쳐다보다
주문 epōidē 203a
주문을 걸다 pharmattein 194a cf. 주술사
주술사 pharmakeus 203d cf. 주문을 걸다, 마법사
주의를 기울이다 prosechein ton noun
- 주의를 기울이다 *174d, 187a, 189b, 210e, 217b
- 눈길을 주다 191e, 192b
주흥(酒興)에 겨워 노니는 자 kōmastēs 212c, 223b
죽다, 마치다, 결국 …로 가게 되다, 마침내 …하게 되다, 결국 teleutan cf. 끝
- 죽다 179e, 180a, b, 188c
- 결국 …로 가게 되다, 마침내 …하게 되다, 결국 181e, 211c, 220c
- 마치다 198c
준비가 된 → 이야기할 준비가 된
줄 것을 주다 → 돌려드리다
즐거움 → 쾌락
즐겨 하다 → 친애하다
증거 tekmērion, martyria, martyrion, elenchos

– tekmērion 178b, 192a, 195b, d, e, 196a cf. 추정하다
– martyria, martyrion 179b, 196e
– elenchos 220a cf. 논박하다
증거로 생각하다 → 추정하다
증인 martys 175e, 215b
지배하다, 지배자가 되다, 물리치다, *이기다 kratein cf. 더 강한, 다스리다
– 지배하다, 지배자가 되다 196c, d
– 물리치다 220a
지성, 마음, 주의, *생각, *제정신 nous
– 지성, *생각 181c, d, 194b, 222a
– 마음 193c(kata noun 마음에 맞는)
– 주의 → 주의를 기울이다
지인(知人) gnōrimos, epitēdeios
– gnōrimos 172a cf. 알다 (gignōskein)
– epitēdeios 212d cf. 안성맞춤인
지체하다 → 시간을 보내다
지키는 일 phylakē 188c
지키다, 지켜보다, 지켜내다, 지켜 두다 phylattein 187d, e, 189b, 200a, 220d
지킴이, *감시자 phylax 189a
지혜 sophia 175d, e, 184c, e, 196d, 197a, 202a, 203e, 204a, b, 206b cf. 분별
지혜로운, 솜씨 좋은 sophos
– 지혜로운 174c, 175c(to sophon 지혜), 177b, 184d, 194c, 196e, 197d, 201d, 202a, 203a, 204a, b, 208b, 212e
– 솜씨 좋은 182b, 185c
지혜를 사랑하다, *철학하다 philosophein 173a, 203d, 204a
지혜 사랑, 지혜를 사랑하는 일, *철학 philosophia 173c, 182c, 183a, 184d, 205d, 210d, 218a
지혜 사랑의, 지혜를 사랑하는 philosophos 204b, 218b
직관하다, 깨닫다, 알아보다, 보다 kathoran cf. 바라보다, 쳐다보다, 관조하다
– 직관하다 210d, e, 211b, e
– 깨닫다 186a
– 알아보다 172a, 213a, b
– 보다 218e
직조 기술 histourgia 197b
진실, 참된, 맞는, 참으로, 정말 alēthēs
– 진실 176c, 195c, 198d, 199a, b, 213a, 214e, 215a, 216a, 217b, e, 218d
– 참된 212a
– 맞는 173d, 194c, 200b, 202a,

205a, c, d, 206a, 222e
– 참으로, 정말 181a, 208b, 219c
진실, 참으로 …인 것 alētheia
– 진실 198d, 201c
– 참으로 …인 것 218e
진지하다, 진지한 관심을 갖다, 매진하다 spoudazein
– 진지하다, 진지한 관심을 갖다 216e, 217a
– 매진하다 205d
진지함, 열성(熱誠) spoudē cf. 노력
– 진지함 197e
– 열성(熱誠) 177c, 179d, 181e, 192c, 206b, 208b
질문 erōtēma, erōtēsis cf. 묻다, 대답
– erōtēma 199d
– erōtēsis 204d
질병 → 병
질서, 장식 kosmos
– 질서 223b
– 장식 197e
질서를 어지럽힘 akosmia 188b
질서 있는, 질서에 따른, 얌전한 kosmios
– 질서 있는 187d, 188a, c, 189a(to kosmion 질서), 190e
– 질서에 따른 182a
– 얌전한 193a
질투하다 zēlotypein 213d cf. 부러워하다
짐승 thērion 188b, 207a, b
짐작하다 eikazein 190a cf. 비유하다, 닮다, 모상(eikōn)
집어넣다 entithenai 187c cf. 만들어 넣다
짓다 → 만들다
짜증내다, 못마땅해하다
쫓아가다, 쫓아다니다 → 추구하다
쭉 마셔버리다 → 마셔버리다

차가운 psychros 186d, 188a cf. 뜨거운
찬가 paiōnes 177a☆ cf. 송가, 찬미, 찬양
찬미, 찬미가 enkōmion cf. 찬가, 송가, 찬양
– 찬미 194d, 212c
– 찬미가 177b
찬미하다 enkōmiazein 177c, e, 180c, 181a, 188e, 194e, 198d, e, 199a, 212b, 214c, 223a
찬송을 부르다 ephymnein 197e
찬송하다 hymnein 177c, 193c, d cf. 송가
찬양, *칭찬 epainos 177b, d, 199a, 217e cf. 찬가, 송가, 찬미
찬양하다, *칭송하다, 칭찬하다

epainein
– 찬양하다, *칭송하다 180d, e, 188e, 195a, 198d, 199a, 214d, e, 215a, 221c, 222a, e, 223a
– 칭찬하다 175c, 182e, 212c
참된 → 진실
참여하다 → 나눠 갖다
참으로 …인 것 → 진실
참주 tyrannos 182c
참주정 tyrannis 182b
창의력 있는 heuretikos 209a cf. 발견하다, 추구하다
창작, 생산, *만듦, *시작(詩作) poiēsis cf. 시인, 만들다
– 창작 196e, 205b, c
– 생산 197a cf. 기원
찾다, 찾아내다 → 발견하다
찾아다니다, 찾아보다 → 추구하다
채우다 plēroun, anaplēroun cf. 비우다
– plēroun 175e, 197d
– anaplēroun 188e
*채우다 symplēroun → 메우다
채움, 포만(飽滿), 과식 plēsmonē cf. 비움
– 채움 186c
– 포만(飽滿) 191c
– 과식 185c
처음 → 시작
천문학 astronomia 188b
천상(天上)의, *하늘의, *우라노스의 Ourania, Ouranios 180d, e, 181c, 185b, 187d
천우신조 hermaion 217a cf. 행운, 만나다
청동 chalkeios 219a
청춘 → 계절
체력 단련을 좋아하는 일, 체력 단련을 즐김 philogymnastia 182c, 205d
체육 기술 gymnastikē 187a
쳐다보다, 보다, 살펴보다, 염두에 두다, 혈안이 되다 blepein cf. 주목하다, 바라보다, 관조하다, 직관하다
– 쳐다보다 194b, 198a, 210c, 212a
– 보다 183d, 219a
– 살펴보다 208c
– 염두에 두다 220e
– 혈안이 되다 181b
쳐다보다, 주목하다 apoblepein
– 쳐다보다 209d
– 주목하다 182a
쳐다보다 prosblepein 213d
초대받지 않은 aklētos 174b, c
최고 비의(秘儀) ta epoptika 210a cf. 입문 의례

최고의 → 완벽한
추구 diōxis 193a
추구하다, 쫓아가다, 쫓아다니다, 뒤쫓다, *추적하다 diōkein cf. 발견하다
- 추구하다 182e, 206b, 210b
- 쫓아가다, 쫓아다니다, 뒤쫓다, *추적하다 184a, 191e, 221c cf. 피하다
추구하다, 찾아다니다, 찾아보다, *탐색하다 zētein
- 추구하다 207d, 210c
- 찾아다니다, 찾아보다, *탐색하다 172a, 174e, 191b, d, 205e, 209b, 220c cf. 발견하다, 만나다
추론 logismos 207b
*추적하다 → 추구하다
추정하다, 증거로 생각하다 tekmairesthai cf. 증거
- 추정하다 204c
- 증거로 생각하다 222e
추한, *수치스러운, *부끄러운 aischros 178d☆, e, 180e, 181a, 182a, b, c, d, e, 183d, 184a, c, e, 185a, 186c, d, 194c, 197b, 201a, e, 202b, 206c, d, 209b, 211a cf. 수치스러워하다
추함, *수치스러움, *부끄러움 aischos 197b, 201a cf. 아름다움, 수치심
축복받은 → 복 받은, 행복한
축축한, 유연한 hygros cf. 마른
- 축축한 186d, 188a
- 유연한 196a☆
출산 genesis → 기원
출산 tokos 206b, c, e
출산하다, 산출하다 tiktein cf. 낳다, 생기다
- 출산하다 191c☆, 206c, d, 209a, b, c
- 산출하다 210c, d, 212a
취하다, 술에 취하다 methyein, methyskesthai 176c, 203b, 212d, e, 214a, c, 215d, 220a cf. 술 취함
취하지 않다, 맨숭맨숭하다, 정신이 말짱하다 nēphein 213e, 214c cf. 술 취함
치료하다 → 치유하다
치부(恥部) aidoia 190a, 191b
치유 iasis 188c
치유자 → 의사
치유하다 iatreuein 188c
치유하다, 치료하다 iasthai
- 치유하다 189d, 191d, 193d
- 치료하다 190e

친구 hetairos → 동료
친구, 친한, 친애하는, 소중한 philos cf. 친애
– 친구 183a, c, 188d, 193b, 218d, 221b
– 친한 186d
– 친애하는 194d, 199c, 204b, 211d, 218d, 222d
– 소중한 173e
친근함, *제 것임 oikeiotēs 192c, 197d cf. 제 것
친애(親愛), *우정 philia 179c☆, 182c, 184b, 185a, 188d, 192b, 195c, 209c cf. 친구
친애하는 philos → 친구
친애하는, *사랑받는 philoumenos 201c
친애하다, 즐겨 하다, 곧잘 …하다, *예사로 삼다 philein cf. 사랑하다, 소년을 사랑하다
– 친애하다 191e
– 즐겨 하다 182c
– 곧잘 …하다 188b, c
친절을 제공하다 euergetein 184b
친족 prosēkōn 179c cf. 적당하다
친한 → 친구
침상 klinē 217d cf. 앉다
침상에 앉다 → 앉다
침착한 → 분별 있는
침해 → 탐욕
*칭찬 → 찬양
칭찬하다 → 찬양하다

코뤼바스적 광란에 빠진 자 korybantiōn 215e☆
코튈레 kotylai 214a☆
쾌락, 즐거움 hēdonē cf. 고통
– 쾌락 187e, 196c, 207e
– 즐거움 176e
큰 배포 megalophrosynē 194b cf. 대단한 생각, 웅장한
큰 소리로 떠들다 → 환호하다
키잡이 kybernētēs 197e cf. 조종하다

*탁월함 → 덕
탄복하다 → 마음에 들어 하다
탄원 deēsis 183a(애타게), 202e
탐내는 zēlōtos 197d cf. 부러워하다, 귀중히 여기는
*탐색하다 → 추구하다
탐욕, 침해 pleonexia cf. 더 이득을 보다
– 탐욕 182d
– 침해 188b
태아 kyēma 206d cf. 임신하다
토막 temachion 191e☆
특별한 존경을 표하다 presbeuein 186b, 188c

파악하다, 깨닫다, 생각을 짜내다, 숙고하다 ennoein
– 파악하다 207c, 208c, 210b
– 깨닫다 198c
– 생각을 짜내다 190c
– 숙고하다 200c
파악하다, 깨닫다 katanoein
– 파악하다 182d
– 깨닫다 210a
파악하다, 마음먹다 noein
– 파악하다 182a
– 마음먹다 219a
팔다리 → 곡조
평판 → 의견
평화 (eirēnē) 189b, 195c, 197c
포만(飽滿) → 채움
피리 aulos 215b
피리를 불다, 피리로 연주하다 aulein 176e, 215c
피리 부는 소녀 aulētris 176e, 212c, d, 215c
피리 연주 aulēma 216c
피리 연주자 aulētēs 215b, c
피하다, 피해 달아나다, 도망가다, 도망치다 pheugein
– 피하다, 피해 달아나다 184a, 195b, 216b
– 도망가다, 도망치다 216a, 221c
피하다, 빠지다, 빠져나가다 ekpheugein
– 피하다 193b, 198b
– 빠지다, 빠져나가다 189b
피하다, 피해 빠져나가다, 피해 나오다 diapheugein 174a, 184a, 219e
필연, 필연적인, …할 수밖에 없는, 아낭케(필연) anankē cf. 필연, 강제하다, 그럴 법함
– 필연, 필연적인 200a, b, c, 201b
– …할 수밖에 없는 180d, 195e
– 아낭케(필연) 195c, 197b
필연적이라고 여기다 → 강제하다
필연적인, …할 수밖에 없는, 별 수 없는 anankaion cf. 필연, 강제하다
– 필연적인 201e, 204b, 207a
– …할 수밖에 없는 180e, 193c, 194d
– 별 수 없는 185e
필요로 하다 → 그리워하다
필요한 → 결여하고 있는

…하고 싶다 → 바라다
…하고 싶어 하다 → 힘을 얻다
하다, 행하다 prattein 172c, 173a, 181a, b, 182a, 183a, b, d, 193b, 216a, 218b, 219b cf. 행위, 이루어내다, 만들다

하다, 행하다, 만들다 ergazesthai cf. 일, 이루어내다, 만들다
– 하다, 행하다 179c, 182e, 213d
– 만들다 215b
하데스 Hāidēs 179c, d, 192e
하찮은 smikrologos 210d cf. 작은
…한 것 같다 → 닮다
…한 것으로 보이다 → 닮다
…한 마음 homonoia 186e, 187c cf. 마음
한 몸으로 자라다 symphynai 191a cf. 융합하다, 용접하다
…한 처지에 놓이다 → 겪다
…할 수밖에 없게 하다 → 강제하다
…할 수밖에 없는 → 필연, 필연적인
…할 수밖에 없도록 밀어붙이다 → 강제하다
…할 수 있다 → 기반이 되다
…할 줄 알다 → 알다
함께 → 공유하는
함께 가진 → 공통된
함께 눕다 synkatakeisthai 191e cf. 앉다
함께 만나다 symballein 184c
함께 모아주는 자 synagōgeus 191d
함께 사는 synoikos 203d
함께 삶을 공유하다 symbioun 181d
함께 섞다 → 섞다
함께 시간을 보내다 syndiatribein 172c cf. 시간을 보내다
함께 식사하다 syndeipnein 174e, 217c cf. 식사하다, 만찬
함께 어울리는 일 → 모임
함께 일하는 자 → 협력자
함께 있다, 함께 지내다, 교제를 나누다 syneinai, syngignesthai cf. 모임
– 함께 있다 195b, 217c(syngignesthai)
– 함께 지내다 181d, 192c, 211d, 212a
– 교제를 나누다 176e
함께함 → 모임
해내다 → 이루어내다
해석하다 hermēneuein 202e
해진 옷 tribōn 219b cf. 외투
행동 praxis → 행위
행동 ergon → 일
행복 eudaimonia 180b, 188d, 189d, 208e
행복한 eudaimōn 193c, d, 195a, 202c, 204e, 205a cf. 복 받은
행복한 자들이라고 축하하다 eudaimonizein 194e cf. 복 받았다 여기다
행복함 eudaimonein 205d
행실, 행적, *실행, *관행, *일 epitēdeuma cf. 실행하다

– 행실 210c, d, 211c
– 행적 221c
행운 eutychēma, tychē agathē cf. 운명, 천우신조, 만나다
– eutychēma 217a
– tychē agathē 177e
행위, 행동 praxis cf. 하다
– 행위 180e, 181a, 206b
– 행동 183a
행적 ergon → 일
행적 epitēdeuma → 행실
행하다 prattein, ergazesthai → 하다
행하다 poiein → 만들다
헐뜯다, *비난하다 kakēgorein 173d cf. 비난하다
험한 꼴을 한 → 나쁜
현란한 → 다채로운
현혹하는 doleros 205d
혈안이 되다 → 쳐다보다
혈연 syngeneia 178c cf. 동류인
협력자, 함께 일하는 자 synergos
– 협력자 212b
– 함께 일하는 자 180e
*형상 → 형태
형언할 수 없는 amēchanos 218e
형제, 형제지간인 adelphos 199e, 210b, 219d (adelphos presbyteros 형) cf. 자매
형태, 외모, 종(種), *종류, *형상 eidos cf. 단일 형상인, 모습, 모양, 미모
– 형태 189e, 196a, 205b, d
– 외모 215b
– 종(種) 210b
호의 charis, eumeneia
– charis 183b, 197d cf. 살갑게 응하다
– eumeneia 197d cf. 적대
호의적으로 대하지 않다 acharistein 186c
*혼 → 영혼
혼란스러워지다, 동요하다, *시끄러워지다 thorybeisthai cf. 북새통, 환호하다
– 혼란스러워지다 194a, 215e
– 동요하다 194b
혼화(混和) krasis 188a
화관 stephanos 212e
화관을 쓰다 stephanoun 212e
화음 symphōnia 187b☆
화합하다 sympheresthai 187a, b cf. 일치하다, 불화하다
확고부동한 monimos 183e, 184b
확고한, 안정적인 bebaios
– 확고한 182c, 209c
– 안정적인 184b
환영(幻影) phasma 179d
환호하다, 큰 소리로 떠들다 anatho-

rybein cf. 혼란스러워지다
- 환호하다 198a
- 큰 소리로 떠들다 213a
활력 rhōmē 190b cf. 힘을 얻다, 건장한
황금, *금 쪼가리 chrysion 211d
황금, 황금과 같은 chrysous 217a, 219a
후안무치 anaischyntia 192a cf. 수치심
후안무치한 anaischyntos 192a
훌륭한, 적절한 epieikēs
- 훌륭한 210b
- 적절한 201a
훌륭한, 좋은 agathos cf. 더 훌륭한, 가장 훌륭한, 용감한, 덕, 보잘것없는, 아름다운, 아름답고 훌륭한, 나쁜
- 훌륭한 174b, 181e, 182d, 184d, 185a, 186b, c, d, 187d, 189a, 196e, 197d, 204a, 209c, d, 215c, d, e, 222a
- 좋은 177e(tychē agathē 행운), 178c, 181b, 188d, 194e, 197b, 201c, e, 202b, c, d, 203d, 204e, 205a, d, e, 206a, 207a
훌륭함 → 덕
흘끔거리다 hypoblepein 220b cf. 쳐다보다
흡족해하다 → 소중히 여기다
흥정하다 koinousthai 218e cf. 공유하다
희극 kōmōidia 223d cf. 우스운 이야기로 치부하다, 비극
희극을 만드는 자 kōmōidopoios 223d cf. 비극을 만드는 자
힘 menos, ischys
- menos 179b
- ischys 190b, 200d
힘센, 센, 강한 ischyros 182c, 185e, 200b, 207b cf. 약한
힘을 가진 enkratēs 188a
힘을 얻다, …하고 싶어 하다 errōsthai cf. 활력, 건장한
- 힘을 얻다 210d
- …하고 싶어 하다 176b

고유명사

가이아 Gaia 178b
게 Gē 178b
고르기아스 Gorgias 198c
글라우콘 Glaukōn 172c, 222b
네스토르 Nestōr 221c
델리온 Dēlion 221a
디오네 Diōnē 180d
디오뉘소스 Dionysos 175e, 177e
디오클레스 Dioklēs 222b
디오티마 Diotima 201d☆, e, 202d, 204d, 207c, 208b, 212b
라케다이몬 Lakedaimōn 182b, 193a, 209d
라케스 Lachēs 221a, b
뤼케이온 Lykeion 223d
뤼쿠르고스 Lykourgos 209d
마르쉬아스 Marsyas 215b☆, c, e
만티네아 Mantinea 201d, 211d
메넬라오스 Menelaos 174c
메티스 Mētis 203b☆
멜라니페 Melanippē 177a
모이라 Moira 206d
뮈리누스 Myrrinous 176d
뮤즈 여신 Mousa 187e, 189b, 197b
보이오티아 Boiōtia 182b
브라시다스 Brasidas 221c☆
세이렌 Seirēn 216a
소크라테스 Sōkratēs 172b, c, 173a, b, d, 174a, c, d, e, 175a, c, d, e, 176a, c, 177d, 178a, 193e, 194a, b, d, e, 198a, b, 199c, e, 200a, b, d, e, 201a, b, c, 202b, d, 204b, d, e, 205a, 206c, e, 207a, 208b, c, 209e, 210e, 211d, 212c, 213a, b, c, e, 214a, c, d, e, 215a, b, 216a, d, 217a, b, e, 218b, c, 219c, d, 220a, c, e, 221a, c, e, 222a, c, d, e, 223a, b, c, d
솔론 Solōn 209d
아가멤논 Agamemnōn 174b, c
아가톤 Agathōn 172a, c, 173a, 174a, d, e, 175a, b, c, d, e, 176b, 177d, 193b, d, e, 194a, b, d, e, 198a, c, 199b, c, d, 200b, c, d, 201a, b, c, d, e, 212c, d, e, 213a, b, c, e, 218a, 222b, d, e, 223a, b, c, d
아낭케 Anankē 195c, 197b
아드메토스 Admētos 208d
아레스 Arēs 196d
아르카디아 Arkadia 193a
아리스토게이톤 Aristogeitōn 182c
아리스토데모스 Aristodēmos 173b,

옮긴이의 말

10개월 만에 돌아온 케임브리지의 공기는 상큼했다. 그러나 지난 한 달은 그 상큼함을 허허롭게 누릴 여유를 빼앗긴 힘든 시간이었다. 하지만 배운 것도 많고, 무엇보다 오랜 산고를 거쳐 나오게 될 우리말 『향연』에 대한 기대로 부푼 시간이기도 했다. 3년 전 『뤼시스』를 펴낼 때도 마지막 작업을 여기서 했는데, 『향연』도 여기서 마무리하고 있으니 이래저래 케임브리지는 내 번역서들과 인연이 깊다. 지난 달 중순께 첫눈을 맞으며 첫 원고를 보냈었다. 애들 방학이 시작되던 날인데 큰아이 학교는 아예 쉬었다. 둘째 원고를 보낸 1월 2일인가에도 또 눈이 왔었다. 마지막 원고를 쓰고 있는 어제와 오늘도 눈이 왔다. 이렇게 계속 눈이 오는 것도, 게다가 그 눈이 세상을 하얗게 뒤덮는 건 더더욱, 여기 살던 예전 세 해엔 꿈도 못 꾸던 일이다. 그 3년간 거의 못

보던 눈을 지난 3주 동안 눈이 시리게 보았으니 이젠 『향연』을 볼 때마다 아주 다른 색깔의 케임브리지를 떠올리게 될 것 같다.

『뤼시스』를 옮길 땐 늘 걸리던 것이 '필리아'(그리고 '에로스')였고 말하자면 '사랑'과 '우정' 사이에서 헤맸다. 결국 선택은 '사랑'을 '필리아'에 주고 '연애'를 '에로스'에 주는 방식이었다. 그때 해 둔 고민 덕분에 이번에는 그 말들로 인한 문제가 많은 시간을 잡아먹지는 않았다. 같은 옮긴이가 앞선 『뤼시스』에서는 '필리아'에 '사랑'을 주었다가 이제 『향연』에서는 '에로스'에 '사랑'을 줄 수 있겠느냐는 고민도 『뤼시스』 때 대강 끝냈기 때문에 더욱 그랬다. 나의 『뤼시스』 번역을 읽은 이들은 이 작품에서도 당연히 '사랑'이 '필리아'를 가리키리라고 예단하는 일이 없기를 바란다. 주요 어휘가 '필리아'에서 '에로스'로 이행했기 때문에 어쩔 수 없이 우리말에서도 가장 유연하고 적용력 있는 어휘인 '사랑'을 '에로스'의 번역어로 선택할 수밖에 없었다. '필리아'에는 대신 '친애'를 주었다.

주요 번역어에서 고민을 덜었던 대신 이번에는 마지막 작업의 과정에서 '로고스'가, 그리고 번역의 주 타깃을 누구로 삼느냐가 새삼 문제로 떠올랐다. 말하자면 이번 『향연』에서는 '이야기'와 '연설'/'담론' 사이에서, 전문가와 대중 사이에서 헤맸다. 처음 문제에서는 '이야기'를 택했다. 오래전에 생각해 보고 접어 둔 선택지였는데, 새삼스러웠지만 '사랑'을 '에로스'에 할당한 정신과 맞닿아 있는 것이어서 선뜻 받아들였다. 둘째 문제에서는 두 마리 토끼를 다 잡겠다는 원래 생각에다 대중의 수준을 조금 더 올려 잡는 방식을 추가했다. 우선 지시어('그', '그것', '그런' 등)의 지시 대상을 번역문에 드러낼 것인가가 문제로 대두되었다. 조잡하게 주석 처리하느니 아예 본문에 올려 편하게 읽히도록 하자는 의견과 읽는 이의 수준을 미리부터 낮추어 보는 일이라는 상반되는 의견이 부딪쳤다. 두 의견 사이에서 결국 후자 쪽을 받아들여 우선 지시어를 밝혀 주는 주석의 거의 대부분(아마도 95퍼센트 이상)을 없앴다. 그러면서 그 정신에 따라 내용의 맥락을 해설하는 주석들, 다소 기본적인 내용에 속하는 주석들도 과감히 삭제하였다. 더 나아가 해석의 문제를 다루는 주석에서도 자주 나의 결론 부분을 빼고 읽는 이에게 맡기는 방식으로 바꾸었다. 대신 약간 세세하여 모두의 관심 대상은 안 될 내용이지만 중요성은 큰 주석들 몇몇은 과감히 추가하였다. (다만 해석을 제시한 학자들의 이름을 일일이 열거하는 것은 난삽하다는 의견을 받아들여 아주 중요한 경우가 아니면 삭제하였다.)

또한 본문에서도 읽는 이의 편의를 위해 원문에 없는 말을 보충한 부분들 가운데 상당수를 다시 삭제하고 원문의 투박함으로 돌아갔다. 읽는 이 스스로 맥락을 짚어 가며 충분히 찾아 읽을 수 있으리라 믿으면서, 개악이 아니리라 확신하면서 말이다.

비슷한 정신에 따라 『뤼시스』에서처럼 본문에 넣었던 분절(장, 절 구분)을 마지막 작업을 하면서 모두 삭제하고 본문 앞에 참고 사항으로만 두기로 하였다. 다만 내용이 전환되는 중요한 지점들에서 한 줄씩 띄어 놓았다. 이 정도의 가공은 옮긴이가 부릴 수 있는 재량이라고 믿지만, 이것 역시 원문에 없는 것이므로 얼마든지 무시해도 좋다. 대안 번역어 제시도 많이 줄이고 대신 해당 단어의 대안 번역어나 유사어 등을 〈찾아보기〉에 제시하였다. 〈찾아보기〉는 나의 작업에 쓴 후 주요 어휘만 따로 모을 생각이었지만, 읽는 이들이 연구나 깊이 있는 독서를 위해 추가적인 도구들을 사용하는 일을 좀 더 줄일 수 있게 정보와 도구를 제공하는 차원에서 나의 작업 내용을 거의 그대로 실었다. 아주 공들여 만든 것이므로 여러 어휘들의 상세한 정보(뉘앙스, 사용 빈도, 유사 어휘, 해당 원어 등)를 얻거나 개념들을 중심으로 이 대화편을 천착해 보겠다는 이들에게는 작지 않은 도움이 되리라 믿는다.

본래 이미지 자료들을 부록에 담을 생각이 있었지만 저작권 문제가 있어서 짧은 시간에 할 수 있는 일이 별로 없었다. 게다가 이제는 읽는 이들이 인터넷을 활용하여 직접 확인하는 것이 더 효과적이라고 판단하였다. 구글 등 여러 검색 엔진들을 사용해도 좋고, 이미지만이 아니라 텍스트 자료도 매우 잘 집성되어 있는 온라인 보고(寶庫)인 페르세우스 프로젝트 홈페이지(http://

www.perseus.tufts.edu) 같은 곳을 직접 방문해도 좋을 것이다. 검색할 때 희랍어 모음이 라틴어화, 단순화되거나 다른 방식으로 표기되었을 가능성도 고려할 필요가 있다. 예컨대 'ai'는 'ae', 'oi'는 'oe'나 'e', 'ou'는 'u', 'y'는 'u' 등을 함께 고려하면 더 풍부한 자료를 얻을 가능성이 높다.

이런 일련의 과정들을 지난 한 달간 겪으면서 옮긴이가 모든 걸 다 하겠다는 욕심을 버려야 한다는 것을 배웠다. 번역서가 옮긴이의 손을 떠나고 나면 발언할 기회를 다시 갖기 어려운 게 사실이다. 바로 그 점 때문에 플라톤도 글을 쓰면서 글 쓰는 것의 한계를 계속 말하지 않았던가! 그 한계를 지나치게 의식한 나머지 모든 걸 다 집어넣으려는 유혹을 떨치지 못했지만, 그건 과잉 친절이며 읽는 이의 몫, 그리고 현장에서 가르치는 선생의 몫으로 남겨야 한다는 것을 새삼 깨닫게 되었다. 다만 옮긴이의 책임을 다하기 위해 앞으로 이 번역서의 내용 가운데 중요하게 변경 혹은 개선되는 사항들이 있을 때는 정암학당 홈페이지(http://www.jungam.or.kr)에 공지할 예정이며, 필요하다면 그곳에서 이 번역서에 관련된 여러 가지 방식의 부가적인 논의를 할 수 있을 것이다.

예정보다 빨리 출간하기로 되어 마음은 바빴지만 생각만큼 일에 속도가 붙지 않았다. 느긋하게 〈본문과 주석〉을 손보고 그것을 주변 분들에게 읽혀 교정받고 여유 있게 생각을 정리하면서 〈작품 안내〉를 쓰고 〈찾아보기〉도 하겠다는 원래 계획은 일찌감치 접었지만, 그래도 〈본문과 주석〉의 교정을 받겠다는 욕심은 버릴 수 없었다. 결국 촉박한 일정에도 불구하고 이태수, 김혜경 두 분 선생님의 신세를 졌다. 두 분 덕택에 긴장을 늦추지 않고 굵직굵직한 해석과 번역의 문제에서 중요한 가닥을 잡으면서 군더더기도 과감히 없애는 작업을 쉽게 해낼 수 있었다. 세세한 부분들에까지 두 분의 손길이 닿아 있지만, 특히 '로고스'를 '이야기'로 옮긴 것은 이태수 선생님의 조언을, 그리고 각주와 미주를 나누고 지나치게 자상한 주석들을 과감히 삭제한 것은 김혜경 선생님의 조언을 따른 것이다. 귀중한 시간과 노력을 제자와 후배에게 아낌없이 할애해 주신 두 분 선생님께 머리 숙여 감사드린다. 두 분과의 교신 이후 〈작품 안내〉에 많은 시간을 할애할 작정이었지만, 결과는 정반대였다. 시간과 공을 정당하게 들이지 못하고 마지막 순간에 허겁지겁 쓴 〈작품 안내〉는 애초의 의도를 넘어 길고 주까지 달려 다소 난삽한 모양이 되어 버렸다. 설익은 아이디어들을 그냥 두자니 화장기 없는 맨 얼굴로 외출하는 새색시 같은 난감함을 느끼지만, 읽는 이들에게로 옮겨 가서 더 잘 익어 갈 수 있으리라는 기대와 함께 남겨 놓았다. 마지막 순간까지 〈본문과 주석〉에 좀 더 시간을 할애한 것은 어쩌면 당연한 일이라 하겠지만, 마지막 순간까지 오랫동안 〈찾아보기〉

에 매달렸던 것은 사실 알아줄 사람 별로 없이 노력만 많이 드는 일이었다. 그래도 뒤에 읽는 이들이 같은 수고를 불필요하게 되풀이하는 일이 없어야겠다는 생각을 하면서, 또 사전의 일부 항목들을 채우기 위해 일생을 보냈다는 일본 학자들 이야기를 기억하면서 끝까지 버텼다. 〈찾아보기〉라 하기엔 너무 길고 단조로운 용례 사전(lexicon) 모양이 되어 줄여 볼 용의도 없지 않았지만 필요로 하는 이들에게는 지금 이 상태가 더 의미가 있다는 생각에 그냥 두었다. 출판사 전응주 사장님의 조언에 힘입은 바 크다. 지금 이 순간도 밤잠 설쳐 가며 마지막 원고를 기다리는 조두진 선생님 등 출판사 실무진들에게도 노고와 배려와 인내를 보여 주신 데 대해 고맙다는 말씀 드린다.

지금 돌이켜 보니 2004년 6월말에서 2005년 3월까지 정암학당 식구들과 첫 강독 세미나를 했다. 절반 이상 완성된 초고로 시작하여 9월경엔 초역을 끝내고 이를 바탕으로 많은 동료 선후배들과 함께 읽었다. 이후 2005년 어느 시점에 교열 독회를 다시 열어 출판에 필요한 공동 작업을 마쳤다. 2006년 1학기에 숭실대 대학원 학생들과 이 작품으로 수업을 했고, 이후 영국에 와서 『뤼시스』 출간 및 다른 일들에 매달리다가 귀국 직후인 지난 2009년 1학기 3월에서 7월까지 정암학당에서 다시 여러 동료 선후배들과 원전 강독을 함께했다. 5년 반에 걸친 긴 세월 동안 함께 읽고 고민해 준 많은 분들의 땀과 정성이 이 작품에 녹아 있다. 그분들 모두와 함께 이 번역본의 출간을 기뻐하고 싶다. 이 향연을 차리는 데 손수 앞장서신 이정호 선생님이 계셨기에 신발 끈 풀고 넉넉한 마음으로 즐길 수 있었다. 또한 향연을 즐기는 자의 자세와 입맛을 전수해 주신 김남두 선생님이 아니었다면 스승을 따라 향연에 들어선 아리스토데모스의 행복을 맛볼 수 없었을 것이다. 혹 즐긴 것에 값하지 못하는 어쭙잖은 역서로 누를 끼치지나 않을까 염려될 뿐이다.

삭막할 수도 있었던 케임브리지 생활을 따뜻하게 함께한 벗 오쿠사 테루마사(大草輝政) 박사와 주은영 선생님에게도 출간 소식을 전할 수 있게 되어 기쁘다. 주 선생님이 빨리 쾌유하여, 무수하게 지새운 이 한밤의 향연 동지들이 다시 모여 추억을 되새길 날이 곧 오기를 간절히 빈다.

가으내 기다리다 겨우 만났는데 늘 책상 차지만 하던 아빠를 기다려 주고 다독여 준 두 아이 예은과 의준에게 미안하고 고마운 마음 이루 다 말할 길 없다. 분초를 다투는 이 순간 서둘러 썼기에 허점투성이인 〈작품 안내〉를 다듬는 데 바쁜 손길을 보태 주고 있는 문지영 박사는 이 소중한 아이들의 엄마이기도 하지만, 제일 가까이서 지적인 아이도 함께 만들고 키우는 아름다운 길벗이기도 하다.

아름다운 사람을 만나 영원히 살 자식을 만드는 일이 『향연』의 사랑이다. 나를 만나 주고 함께 이 알량하나마 나름 의미 있는 자식을 만드는 데 힘을 보태 주신 모든 아름다운 이들에게 감사 드린다.

2010년 1월 7일

하얀 케임브리지에서

강철웅

사단법인 정암학당을 후원해 주시는 분들

정암학당의 연구와 역주서 발간 사업은 연구자들의 노력과 시민들의 귀한 뜻이 모여 이루어집니다. 학당의 모든 연구는 시민들의 자발적인 후원을 바탕으로 하기 때문입니다. 그 결실을 담은 '정암고전총서'는 연구자와 시민의 연대가 만들어 내는 고전 번역 운동의 산물이라고 할 수 있습니다. 이 같은 학술 운동의 역사적 의미를 기리고자 이 사업에 참여한 후원회원 한 분 한 분의 정성을 이 책에 기록합니다.

평생후원회원

Alexandros Kwanghae Park 강대진 강상진 강선자 강성훈 강순전 강창보
강철웅 고재희 공기석 권세혁 권영경 권장용 기종석 길명근 김경랑
김경현 김기영 김남두 김대오 김미성 김미옥 김상기 김상수 김상욱
김상현 김석언 김석준 김선희(58) 김성환 김숙자 김영균 김영순 김영일
김영찬 김운찬 김유순 김 율 김은자 김은희 김인곤 김재홍 김정락
김정란 김정례 김정명 김정신 김주일 김진성 김진식 김출곤 김 헌
김현래 김현주 김혜경 김혜자 김효미 류한형 문성민 문수영 문종철
박계형 박금순 박금옥 박명준 박병복 박복득 박상태 박선미 박세호
박승찬 박윤재 박정수 박정하 박종민 박종철 박진우 박창국 박태일
박현우 반채환 배인숙 백도형 백영경 변우희 서광복 서 명 서지민
설현석 성중모 손병석 손성석 손윤락 손효주 송경순 송대현 송성근
송순아 송유례 송정화 신성우 심재경 안성희 안 욱 안재원 안정옥
양문흠 양호영 엄윤경 여재훈 염수균 오서영 오지은 오흥식 유익재
유재민 유태권 유 혁 윤나다 윤신중 윤정혜 윤지숙 은규호 이기백
이기석 이기연 이기용 이두희 이명호 이미란 이민숙 이민정 이상구
이상원 이상익 이상인 이상희(69) 이상희(82) 이석호 이순이 이순정 이승재
이시연 이광영 이영원 이영호(48) 이영환 이옥심 이용구 이용술 이용재
이용철 이원제 이원혁 이유인 이은미 이임순 이재경 이정선(71) 이정선(75)
이정숙 이정식 이정호 이종환(71) 이종환(75) 이주형 이지수 이 진 이창우
이창연 이창원 이충원 이춘매 이태수 이태호 이필렬 이향섭 이향자
이황희 이현숙 이현임 임대윤 임보경 임성진 임연정 임창오 임환균
장경란 장동익 장미성 장영식 전국경 전병환 전헌상 전호근 정선빈
정세환 정순희 정연교 정 일 정정진 정제문 정준영(63) 정준영(64) 정태흡
정해남 정흥교 정희영 조광제 조대호 조병훈 조익순 지도영 차경숙
차기태 차미영 최 미 최세용 최수영 최병철 최영임 최영환 최운규
최원배 최윤정(77) 최은영 최인규 최지호 최 화 표경태 풍광섭 하선규
하성권 한경자 한명희 허남진 허선순 허성도 허영현 허용우 허정환
허지현 홍섬의 홍순정 홍 훈 황규빈 황유리 황예림 황희철
나와우리〈책방이음〉 도미니코 수도회 도바세 방송대문교소담터스터디
방송대영문과07 학번미아팀 법률사무소 큰숲 부북스출판사(신현부)
생각과느낌 정신건강의학과 이제이북스 카페 벨라온

개인 249, 단체 10, 총 259

후원위원

강성식 강승민 강용란 강진숙 강태형 고명선 곽삼근 곽성순 구미희
권영우 길양란 김경원 김나윤 김대권 김명희 김미란 김미선 김미향
김백현 김병연 김복희 김상봉 김성민 김성윤 김순희(1) 김승우 김양희(1)
김양희(2) 김애란 김영란 김옥경 김용배 김윤선 김장생 김정현 김지수(62)
김진숙(72) 김현제 김형준 김형희 김희대 맹국재 문영희 박미라 박수영
박우진 박현주 백선옥 사공엽 서도식 성민주 손창인 손혜민 송민호
송봉근 송상호 송연화 송찬섭 신미경 신성은 신영옥 신재순 심명은
오현주 오현주(62) 우현정 원해자 유미소 유형수 유효경 이경진 이명옥
이봉규 이봉철 이선순 이선희 이수민 이수은 이승목 이승준 이신자
이은수 이재환 이정민 이주완 이지희 이진희 이평순 이한주 임경미
임우식 장세백 전일순 정삼아 정은숙 정현석 조동제 조명화 조문숙
조민아 조백현 조범규 조성덕 조정희 조준호 조진희 조태현 주은영
천병희 최광호 최세실리아 최승렬 최승아 최이담 최정옥 최효임
한대규 허 민 홍순혁 홍은규 홍정수 황정숙 황훈성 정암학당1년후원
문교경기〈처음처럼〉 문교수원3학년학생회 문교안양학생회
문교경기8대학생회 문교경기총동문회 문교대전충남학생회
문교베스트스터디 문교부산지역7기동문회 문교부산지역학우일동(2018)
문교안양학습관 문교인천동문회 문교인천지역학생회
방송대동아리〈아노도스〉 방송대동아리〈예사모〉 방송대동아리〈프로네시스〉
사가독서회

개인 124, 단체 16, 총 140

후원회원

강경훈 강경희 강규태 강보슬 강상훈 강선옥 강성만 강성심 강신은
강유선 강은미 강은정 강임향 강주완 강창조 강 항 강희석 고경효
고복미 고숙자 고승재 고창수 고효순 곽범환 곽수미 구본호 구익희
권 강 권동명 권미영 권성철 권순복 권순자 권오성 권오영 권용석
권원만 권정화 권해명 권혁민 김경미 김경원 김경화 김광석 김광성
김광택 김광호 김귀녀 김귀종 김길화 김나경(69) 김나경(71) 김남구 김대겸
김대훈 김동근 김동찬 김두훈 김 들 김래영 김명주(1) 김명주(2) 김명하
김명화 김명희(63) 김문성 김미경(61) 김미경(63) 김미숙 김미정 김미형 김민경
김민웅 김민주 김범석 김병수 김병옥 김보라미 김봉습 김비단결 김선규
김선민 김선희(66) 김성곤 김성기 김성은(1) 김성은(2) 김세은 김세원 김세진
김수진 김수환 김순금 김순옥 김순호 김순희(2) 김시형 김신태 김신판
김승원 김아영 김양식 김영선 김영숙(1) 김영숙(2) 김영애 김영준 김옥주
김용술 김용한 김용희 김유석 김은미 김은심 김은정 김은주 김은파
김인식 김인애 김인욱 김인자 김일학 김정식 김정현 김정현(96) 김정화
김정훈 김정희 김종태 김종호 김종희 김주미 김중우 김지수(2) 김지애

김지열 김지유 김지은 김진숙(71) 김진태 김철한 김태식 김태욱 김태헌
김태희 김평화 김하윤 김한기 김현규 김현숙(61) 김현숙(72) 김현우 김현정
김현정(2) 김현철 김형규 김형전 김혜숙(53) 김혜숙(60) 김혜원 김혜정 김홍명
김홍일 김희경 김희성 김희정 김희준 나의열 나춘화 나혜연 남수빈
남영우 남원일 남지연 남진애 노마리아 노미경 노선이 노성숙 노채은
노혜경 도종관 도진경 도진해 류다현 류동춘 류미희 류시운 류연옥
류점용 류종덕 류진선 모영진 문경남 문상흠 문순혁 문영식 문정숙
문종선 문준혁 문찬혁 문행자 민 영 민용기 민중근 민해정 박경남
박경수 박경숙 박경애 박귀자 박규철 박다연 박대길 박동심 박명화
박문영 박문형 박미경 박미숙(67) 박미숙(71) 박미자 박미정 박배민 박보경
박상선 박상준 박선대 박선희 박성기 박소운 박순주 박순희 박승억
박연숙 박영찬 박영호 박옥선 박원대 박원자 박윤하 박재준 박정서
박정오 박정주 박정은 박정희 박종례 박주현 박준용 박준하 박지영(58)
박지영(73) 박지희(74) 박지희(98) 박진만 박진현 박진희 박찬수 박찬은 박춘례
박태안 박한종 박해윤 박헌민 박현숙 박현자 박현정 박현철 박형전
박혜숙 박홍기 박희열 반덕진 배기완 배수영 배영지 배제성 배효선
백기자 백선영 백수영 백승찬 백애숙 백현우 변은섭 봉성용 서강민
서경식 서동주 서두원 서민정 서범준 서승일 서영식 서옥희 서용심
서월순 서정원 서지희 서창립 서회자 서희승 석현주 설진철 성 염
성윤수 성지영 소도영 소병문 소선자 손금성 손금화 손동철 손민석
손상현 손정수 손지아 손태현 손혜정 송금숙 송기섭 송명화 송미희
송복순 송석현 송염만 송요중 송원욱 송원희 송유철 송인애 송진우
송태욱 송효정 신경원 신기동 신명우 신민주 신성호 신영미 신용균
신정애 신지영 신혜경 심경옥 심복섭 심은미 심은애 심정숙 심준보
심희정 안건형 안경화 안미희 안숙현 안영숙 안정숙 안정순 안진구
안진숙 안화숙 안혜정 안희경 안희돈 양경엽 양미선 양병만 양선경
양세규 양예진 양지연 엄순영 오명순 오승연 오신명 오영수 오영순
오유석 오은영 오진세 오창진 오혁진 옥명희 온정민 왕현주 우남권
우 람 우병권 우은주 우지호 원만희 유두신 유미애 유성경 유정원
유 철 유향숙 유희선 윤경숙 윤경자 윤선애 윤수홍 윤여훈 윤영미
윤영선 윤영이 윤 옥 윤은경 윤재은 윤정만 윤혜영 윤혜진 이건호
이경남(1) 이경남(72) 이경미 이경선 이경아 이경옥 이경원 이경자 이경희
이관호 이광로 이광석 이군무 이궁훈 이권주 이나영 이다영 이덕제
이동래 이동조 이동춘 이명란 이명순 이미옥 이병태 이복희 이상규
이상래 이상봉 이상선 이상훈 이선민 이선이 이성은 이성준 이성호
이성훈 이성희 이세준 이소영 이소정 이수경 이수련 이숙희 이순옥
이승용 이승훈 이시현 이아람 이양미 이연희 이영숙 이영신 이영실
이영애 이영애(2) 이영철 이영호(43) 이옥경 이용숙 이용웅 이용찬 이용태
이원용 이윤주 이윤철 이은규 이은심 이은정 이은주 이이숙 이인순

이재현 이정빈 이정석 이정선(68) 이정애 이정임 이종남 이종민 이종복
이중근 이지석 이지현 이진아 이진우 이창용 이철주 이춘성 이태곤
이평식 이표순 이한솔 이현주(1) 이현주(2) 이현호 이혜영 이혜원 이호석
이호섭 이화선 이희숙 이희정 임석희 임솔내 임정환 임창근 임현찬
장모범 장시은 장영애 장영재 장오현 장재희 장지나 장지원(65) 장지원(78)
장지은 장철형 장태순 장해숙 장홍순 전경민 전다록 전미래 전병덕
전석빈 전영석 전우성 전우진 전종호 전진호 정경회 정계란 정금숙
정금연 정금이 정금자 정난진 정미경 정미숙 정미자 정상묵 정상준
정선빈 정세영 정아연 정양민 정양욱 정 연 정연화 정영목 정옥진
정용백 정우정 정유미 정은정 정일순 정재웅 정정녀 정지숙 정진화
정창화 정하갑 정은교 정해경 정현주 정현진 정호영 정환수 조권수
조길자 조덕근 조미선 조미숙 조병진 조성일 조성혁 조수연 조슬기
조영래 조영수 조영신 조영연 조영호 조예빈 조용수 조용준 조윤정
조은진 조정란 조정미 조정옥 조증윤 조창호 조황호 주봉희 주연옥
주은빈 지정훈 진동성 차문송 차상민 차혜진 채수환 채장열 천동환
천명옥 최경식 최명자 최미경 최보근 최석묵 최선회 최성준 최수현
최숙현 최영란 최영순 최영식 최영아 최원옥 최유숙 최유진 최윤정(66)
최은경 최일우 최자련 최재식 최재원 최재혁 최정욱 최정호 최정환
최종희 최준원 최지연 최혁규 최현숙 최혜정 하승연 하혜용 한미영
한생곤 한선미 한연숙 한옥희 한윤주 한호경 함귀선 허미정 허성준
허 양 허 웅 허인자 허정우 홍경란 홍기표 홍병식 홍성경 홍성규
홍성은 홍영환 홍은영 홍의중 홍지흔 황경민 황광현 황미영 황미옥
황선영 황신해 황은주 황재규 황정희 황주영 황현숙 황혜성 황희수
kai1100 익명

리테라 주식회사 문교강원동문회 문교강원학생회
문교경기〈문사모〉 문교경기동문〈문사모〉 문교서울총동문회
문교원주학생회 문교잠실송파스터디 문교인천졸업생
문교전국총동문회 문교졸업생 문교8대전국총학생회
문교11대서울학생회 문교K2스터디 서울대학교 철학과 학생회
(주)아트앤스터디 영일통운(주) 장승포중앙서점(김강후)
책바람

개인 695, 단체 19, 총 714

2022년 4월 30일 현재, 1,068분과 45개의 단체(총 1,113)가 정암학당을 후원해 주고 계십니다.

▌옮긴이

강철웅

서울대학교 철학과를 졸업하고 플라톤 인식론 연구로 석사 학위를, 파르메니데스 단편 연구로 박사 학위를 받았으며, 하버드 대학교 철학과에서 박사 논문 연구를, 케임브리지 대학교 고전학부에서 기원전 1세기 아카데미 철학을 주제로 박사후 연수를 수행했다. 정암학당 창립 멤버이자 케임브리지 대학교 클레어홀 종신 멤버이며, 풀브라이트 학자로 초청받아 보스턴 칼리지 철학과에서 활동했다. 현재 강릉원주대학교 철학과 교수로 있다.
저서로 『설득과 비판: 초기 희랍의 철학 담론 전통』, 『서양고대철학 1』(공저)이 있고, 역서로 『소크라테스 이전 철학자들의 단편 선집』(공동 편역), 플라톤의 『소크라테스의 변명』, 『뤼시스』, 『향연』, 『법률』(공역), 『편지들』(공역), 존 던의 『민주주의의 수수께끼』(공역) 등이 있다. 고대 희랍이 가꾼 진지한 유희의 '아곤(콘테스트)' 정신을 재조명함으로써 우리 담론 문화가 이분법과 배타성을 넘어 보다 건강하고 열린 대화의 장으로 성숙해 가도록 하는 데 관심을 기울이고 있으며, 그 일환으로 작업 중인 『소피스트 단편 선집』이 출간을 앞두고 있다. (이메일: cukang@gwnu.ac.kr)

정암고전총서는 정암학당과 아카넷이 공동으로 펼치는 고전 번역 사업입니다.
고전의 지혜를 공유하여 현재를 비판하고 미래를 내다보는 안목을 키우는
문화적 기반을 마련하고자 합니다.

정암고전총서 플라톤 전집

향연

1판 1쇄 펴냄 2020년 2월 12일
1판 6쇄 펴냄 2023년 4월 3일

지은이 플라톤
옮긴이 강철웅
펴낸이 김정호
펴낸곳 아카넷

출판등록 2000년 1월 24일(제406-2000-000012호)
주소 10881 경기도 파주시 회동길 445-3 2층
전화 031-955-9511(편집) · 031-955-9514(주문)
팩스 031-955-9519
www.acanet.co.kr

Printed in Paju, Korea.

ISBN 978-89-5733-666-3 94160
978-89-5733-634-2 (세트)

도서의 국립중앙도서관 출판예정도서목록(CIP)은
서지정보유통지원시스템 홈페이지(http://seoji.nl.go.kr)와
국가자료공동목록시스템(http://www.nl.go.kr/kolisnet)에서 이용하실 수 있습니다.
(CIP제어번호: CIP2020005305)